［新版］

ディープ・ステイトの真実

The Truth of the Deep State

日本人が絶対知らない!
アメリカ〝闇の支配層〟

西森マリー
Marie Nishimori

まえがき

La plus belle des ruses du Diable est de vous persuader qu'il n'existe pas !
——Charles Baudelaire
悪魔の最も狡猾な策略は、悪魔など存在しない、と思わせることだ！
——シャルル・ボードレール

ディープ・ステイトとは、「陰で政策（特に外交政策）を牛耳る闇の支配層」のことです。

１９６１年１月、ケネディにバトンを渡したアイゼンハワーが退任演説で軍産複合体《ミリタリー・インダストリアル・コンプレックス》の脅威を警告。以降、２００８年の大統領選でオバマが出現するまでの47年間、ディープ・ステイトとは、軍産複合体と諜報機関、軍需産業で儲ける財政組織や石油業界、国務省（日本の外務省に当たります）高官、タカ派政治家・評論家のことでした。

オバマ政権時代は、あらゆることを政府が牛耳る社会主義的な政策を好むオバマを守るために、どんな手を使ってでも反オバマ派を政治的に抹殺しようとする役人や、政府肥大化を歓迎する高官がディープ・ステイトと呼ばれていました。

しかし、２０１６年に、過剰福祉拒否、不法移民受け容れ反対、を説き、アメリカが外国に干渉することを望まないトランプが台頭して以来、反トランプ！という共通の目的の下に右記の二つのグループが合体。その結果、ディープ・ステイトは、軍産複合体と、戦争で儲ける財政組織や燃料関連業界、諜報機関、タカ派と民主党派エリート、政権が変わっても解雇される恐れのない公務員、海外干渉・政権交代をイデオロギー上の理由で支持するネオコン、人道的理由で支持するリベラル派エリート、人道主義という大義名分の下で実は金儲けを企むソロス、さらに、トランプを傷つけるためならどんなフェイク・ニューズでも平然と〝報道〟する大手メディアが加わった、前代未聞の強大な超党派勢力になったのです！

この本は、ディープ・ステイトが操った数々のクーデターの知られざる実態を検証し、平和主義者の顔をしたリベラル派エリートの正体を暴き、フェイク・ニューズと化した大手メディアの偽善の数々をご紹介する〝ディープ・ステイト入門書〟です。

ロシア疑惑とウクライナ疑惑に端を発した弾劾裁判《インピーチメント》は、事実をジグソーパズルのようにつなぎ合わせていくと、ロシアという敵がいないと存在の必然性を主張できない軍産複合体と諜報機関、ウクライナの体制変更を望むネオコンと、オバマの政治的遺産を守りたいリベラル派エリートがトランプ潰しのために仕組んだ罠に、大手メディアが便乗して、ディープ・ステイトが起こしたクーデターだった、ということがハッキリと見えてきます。

推理小説を読む感覚で、謎解きの旅をお楽しみください！

『ディープ・ステイトの真実』◆目次

装丁・泉沢光雄

ディープ・ステイトの真実

――日本人が絶対知らない！アメリカ〝闇の支配層〟

第1章　大手メディアが伝えたロシア疑惑

ロシア疑惑とは、2016年の大統領選で、「ヒラリーを倒すためにトランプ陣営がロシアと共謀した」という〝お話〟です。フェイク・ニュースと化したアメリカのメディアが作った〝お話〟（作り話）であると、まず初めに押さえておきましょう。

■始まりは民主党全国委員会のコンピュータ・ハッキング

2016年7月、ヒラリーが民主党候補に決まった後、前の年にヒラリーが31、830通のメールを消去した事件が再び話題になっていました。

一方、共和党候補のトランプは、ロシアとの友好関係（緊張緩和）を求め、NATO《ネイトー》を批判。さらに、諜報機関の全面的な改革を望むフリン元国防情報局（DIA）長官や、ロシアとビジネスをしているコンサルタントのマナフォートを顧問（選対委員長）にしました。これにディープ・ステイトがイラついていました。

そんな中、4月26日に、ヤフー・ニュースが「マナフォートはロシアの富豪の資金洗浄をしている」と、報道。直後に、民主党全国委員会（DNC）のコンピュータがハッキングさ

ヒラリー・クリントン

マイケル・フリン

ポール・マナフォート

れて、クラウドストライクというコンピュータセキュリティの会社が「このハッキングはロシアの仕業だった」と発表。7月中旬、共和党大会の綱領の中の「ウクライナに致死性防御用兵器（lethal《リーサル》 defensive《ディフェンシブ》 weapons《ウェポン》）を提供する」という部分が、「ウクライナ軍に適切な支援を提供する」に変更されたことで、メディアが一斉に「トランプはロシアに甘い」とトランプを非難し、トランプはロシアとつるんでいる！、という、ロシア疑惑の種が蒔かれました。

7月21日の共和党大会の演説で、トランプはNATOを軽んじ、アメリカ・ファースト！（アメリカ一般庶民の利益を優先し、外国への干渉はなるべくしない）という姿勢を打ち出しました。そのため、元共産圏でのレジーム・チェンジ（体制変更）を望むディープ・ステイトが、ロシアの脅威を無視して〝世界の安全保障の基盤〟であるNATOを軽視するトランプを批判しました。

そして、7月24日にウィキリークス（ジュリアン・アサンジ代表）が民主党全国委員会のメールをウェブ上に公表。その直後、ヒラリーの選挙参謀、ロビー・ムークが、「ロシアがトランプを助けるために民主党全国委員会のコンピュータをハックして、メールをリークした」と発言し、「トランプはロシアと共謀している！」という疑惑の苗が植えつけられました。

数日後、民主党大会で、元NATO国際治安支援部隊指揮官のジョン・アレンが、NAT

ロビー・ムーク

O縮小・撤廃を求めるトランプを酷評し、「アメリカの自由と平和を守るためにヒラリーを大統領に」と熱弁をふるい、後にCNNのインタビューで、ロシアの脅威を強調。

このあと、トランプが記者会見でカメラに向かい、「ロシアよ、ヒラリーの行方不明の3万通のメールを見つけてくれたら、記者団から歓迎されると思うよ」と、皮肉を込めた発言をし、大手メディアが一斉に「トランプが、ロシアにヒラリーのメールのハッキングを依頼した！」と〝報道〟し、これで一気に、トランプはロシアと共謀している！、というイメージが定着しました。

その後も、〝トランプのアドヴァイザーたちがロシアと共謀している〟というフェイク・ニューズが続出し、トランプが当選した後は、ヒラリーも民主党議員も大手メディアも一斉に〝トランプはロシアの助けを借りて選挙を盗んだ！〟と言い始め、アメリカ各地で〝レジスタンス！〟を合い言葉にデモが起き、アメリカ人の半数がトランプは正当な大統領ではない、と信じるようになりました。

トランプが新大統領に就任する直前の2017年1月10日、情報サイト、バズフィードが〝トランプが（過去のビジネスマン時代に）ロシア訪問の際に泊まったモスクワのホテルで娼婦に放尿させた、などのブラックメールの対象になるネタを、ロシアが握っている〟と伝え、〝ロシアが握っているトランプとトランプ側近の悪事〟なるものを集めたスティール調査書をアップロード。10日後に、新聞大手のマクラッチー社が〝FBI、CIAなどの諜報機関が、複数のトランプ側近をロシアと共謀の容疑で捜査している〟と報道し、アメリカ中がロシア疑惑の渦に巻き込まれました。

1月20日がトランプの大統領就任式でしたが、トランプ派が感無量！という表情で見守る中、『ワシントン・ポスト』紙が、「弾劾裁判《インピーチメント》の準備開始」を告げ、以降、反トランプ派の意向にそぐわないことをトランプが行うたびに、大手メディアも民主党議員も「弾劾せよ！」と叫び続けます。

狙われたトランプ

トランプを陥れる機会を虎視眈々と狙っていたディープ・ステイトの最初の獲物は、諜報機関の仇《かたき》、マイケル・フリンでした。フリンは、２０１７年1月23日、トランプ政権の国家安全保障担当補佐官に就任しました。しかし、就任の前にロシア大使と話したことで2月13日に辞任に追い込まれました。

〝ロシアとの共謀者は反逆者！〟というテーマを掲げると、アメリカ人の大半が赤狩りならぬトランプ狩りに賛同してくれる、ということを確認したディープ・ステイトは、この後、同じ手口で次々にトランプ選挙キャンペーンのコンサルタントたちを陥れていきます。

一方、トランプはホワイトハウス入りした後、プライヴェートな席でジェイムズ・コーミーFBI長官から「あなたは捜査の対象ではありません」と告げられます。が、コーミーが

ジェイムズ・コーミー

この件を公表してくれないので、５月９日にトランプはコーミーを解雇。これが引き金となって、すでにＦＢＩが捜査をしているロシア疑惑に司法妨害の嫌疑も追加されたロシア干渉捜査を、ロバート・モラー特別検査官が指揮することになりました。

しかし、モラー率いる検察側の捜査の手口があまりにも卑劣だったため、ＦＢＩの捜査と平行して、マイケル・ホロウィッツ司法省監察官が、ＦＢＩの職権濫用、ＦＩＳＡ（外国情報監視法）濫用の調査を行いました。

そして、２０１９年３月22日、モラーの捜査が完結し、大手メディアは、「ロシアによる選挙干渉はあったが、トランプ陣営がロシアと共謀した、という証拠はない」と報道。

ホロウィッツの調査は12月９日に完結し、大手マスコミは「ホロウィッツは、〝ＦＢＩや検察側の人員のトランプ嫌いという偏見が捜査に影響を及ぼした証拠はない〟という結論を出した」と伝えました。

フェイク・ニューズが伝えた〝ロシア疑惑〟という〝お話〟が分かったところで、次に、テーマ別にロシア疑惑の真相に迫ってみましょう。

ロバート・モラー

マイケル・ホロウィッツ

第2章　スティール調査書

■あら探し専門会社に雇われた元MI6のスパイ

まず、「スティール調査書」に関する〝お話〟を頭に入れておきましょう。

スティール調査書は、フュージョンGPSという、政敵やビジネスのライヴァルのあら探し専門会社に雇われた英国の元スパイ、クリストファー・スティールが集めたトランプ陣営に不利になる情報の記録です。もともとは、共和党大統領候補のマーコ・ルビオの支持者がフュージョンGPSを雇いました。しかし、ルビオ脱落後は民主党全国委員会とヒラリー選挙事務所が、マーク・イライアスという弁護士を通じてフュージョンGPSを雇うことになりました（マーク・イライアスはオバマの選挙キャンペーンの顧問で、オバマ選挙本部はイライアスが所属する法律事務所に約１００万ドル払っていました）。

２０１９年12月9日に発表されたホロウィッツ監察官の捜査報告書で、FBIが「スティールは当てにならない」という評価を下していたこと。CIAが「スティール調査書の〝情報〟は根も葉もないネット上の噂にすぎないので無価値」と判断していたこと。〝情報源〟の一人がモラー捜査陣に「ほとんどは又聞きのネタを大幅に誇張したものだ」、「カーター・

クリストファー・スティール

マーコ・ルビオ

マーク・イライアス

ペイジに関する〝情報〟を含め、多くの〝情報〟は作り話だ」、別の〝情報源〟が「そんなこと言った覚えはない」と証言していたことが発覚しました。

次に、スティール調査書に記されていた〝情報〟（＝大嘘）の中から、特に頻繁にフェイク・ニューズにリークされたデッチ上げ情報をご紹介しましょう。

●プーティン（プーチン）は欧米に亀裂を生じさせるために、５年前からトランプを養成、援助していた。

●トランプは、ロシア滞在中、リッツ・カールトンのオバマが泊まった部屋に泊まり、複数の娼婦を呼び寄せて、ベッドの上で放尿させた。このホテルは、部屋に隠しカメラが設置されているので、トランプを恐喝するネタになるビデオをクレムリンが保管している可能性がある。

●ロシアは大規模なハッキング工作を準備中。

●プーティンはヒラリーに対して深い恨みを抱いている。

●民主党全国委員会のハッキングはロシアの仕業だとトランプ陣営は知っている。

●トランプ陣営とロシアの共謀は、ＮＹとマイアミのロシア公使館を通じて行われている。

●マナフォート（トランプの選挙コンサルタント）がカーター・ペイジ（トランプの外国政策顧問）を仲介役としてロシア政府幹部と通信している。

カーター・ペイジ

●2016年7月、カーター・ペイジがクレムリンのトップ、イーゴリ・セチン（ロシア石油公社《ロスネフチ》会長）とモスクワで密会し、エネルギー資源共同開発計画を話し合った。

●ロシアは、トランプが協力的なので、恐喝のネタは使わない、と約束した。

●2016年8月にトランプの弁護士、マイケル・コーエンがプラハでクレムリンの人間と密会し、マナフォートとヤヌコヴィッチ（親ロシアの元ウクライナ大統領）の関係に関するネガティヴな報道への対策を話し合った。

●ウクライナの前々大統領の〝親ロ派〟ヤヌコヴィッチはプーティンに「マナフォートへ裏金を渡したことを証明する記録はないので安心してほしい」と打ち明けた。

●トランプはサンクトペテルブルグでセックス・パーティを開いた。しかし、目撃者は口封じされたか、姿を消すことを強要されたので、証拠を得るのは困難。

●10月、プーティンの側近のイーゴリ・セチンと親しい消息筋が、「7月にセチンがカーター・ペイジと密会したときにロスネフチ（ロシア最大の国営石油会社）の利権の19パーセントをペイジに与えてもいい、と言っていた」と伝えた。

●アルファ銀行（ロシア最大の民間商業銀行）、プーティン、トランプの3者は裏取引をしている。

これらはねつ造情報でした。スティールは2016年9月19日にローマでFBIの捜査官

イーゴリ・セチン

マイケル・コーエン

ヴィクトル・ヤヌコヴィッチ

に調査書を渡しました。しかし、FBIが大統領選の最中だからトランプを逮捕できなかったことにイラついて、9月22日にワシントンに出向き、『ワシントン・ポスト』紙、『ニューヨーク・タイムズ』紙、ABC、CNN、ヤフー・ニューズに〝情報〟をリーク。9月23日、ヤフー・ニューズのマイケル・イシコフが「米国諜報機関、トランプの外交政策顧問カーター・ペイジとクレムリンの関係を捜査」と報道し、この後、『ワシントン・ポスト』紙、『ニューヨーク・タイムズ』紙もリークに基づく報道をし、他社も後追い報道をしました。

しかし、選挙中のリークではトランプを傷つけられず、トランプが勝ってしまいました。その後は、スティールはトランプ中傷作戦をさらに強化するために、ネオコンの胴元ジョン・マケインの側近のデヴィッド・クレイマー（ロシア専門家として元国務省勤務）に接触します。11月28日、クレイマーはロンドンに飛び、スティールに会い、帰国後フュージョンGPSから調査書を受け取って、『ワシントン・ポスト』紙、『ニューヨーク・タイムズ』紙、『ウォール・ストリート・ジャーナル』紙、『マザー・ジョーンズ』（左派オンライン誌）のデヴィッド・コーン、CNN、ABCのブライアン・ロス、マクラッチー社、NPR（公平であるべきアメリカの公共ラジオ）、情報サイトのバズフィード、そしてウォーターゲート・スキャンダルを暴いてニクソンを辞任に追いやったカール・バーンスタイン（CNNのコメンテイター）に調査書を渡し、スティールの〝情報〟は〝信頼すべき消息筋が伝えてきた特ダネ！〟として〝報道〟され、あらゆる報道機関が絶え間なく後追い報道を繰り返しました。

マイケル・イシコフ

ジョン・マケイン

デヴィッド・クレイマー

デヴィッド・コーン

カール・バーンスタイン

この最中《さなか》、スティールは『マザー・ジョーンズ』誌のコーンとスカイプで話し、ＦＢＩがまだトランプを逮捕していないことへの不満を漏らしていました。

同時期、クレイマーは、「オバマにも伝えなくてはいけない」と思い、オバマ政権の国家安全保障担当スタッフ、オバマ政権の外交政策を陰で操っていたネオコンの女帝、ヴィクトリア・ニューランド（ヌーランド）国務次官補にもコピーを渡しました。

そして、情報サイトのバズフィードが２０１７年1月10日にスティール調査書の全文をアップロードした後は、これまで断片的にリークされていた内容の全貌がつかめ、この大嘘を鵜呑みにした民主党派は「トランプはプーティンが送り込んだトロイの木馬だ！」と、本気で信じるようになりました。

トランプの弁護士コーエンがプラハに行ったことがない、という事実は、入国審査の記録を調べればすぐに分かることですが、オバマの国務省は真相追求には興味がなかったので、調べませんでした。

■「スティール調査書は〝作り話〟」とFBIもCIAも知っていた

ちなみに、あら探し専門会社のフュージョンＧＰＳの創設者の一人で、スティールを雇ったグレン・シンプソンは、元『ウォール・ストリート・ジャーナル』紙の記者で、２００７年からマナフォートの資金洗浄を暴こうとしていました。

ヴィクトリア・ニューランド

グレン・シンプソン

実は、オバマ政権の国務省で、ネオコンの女元締め、ヴィクトリア・ニューランド国務次官補の下で働いていたキャスリーン・キャヴァレックは、カーター・ペイジへの盗聴依頼書が提出される前の２０１６年10月11日にスティールに会って詳しい話を聞いていました。キャヴァレックは、手書きのメモに「スティールのプライオリティは、雇用主のニーズ、ＦＢＩ、『ワシントン・ポスト』紙と『ニューヨーク・タイムズ』紙、情報源を守ること」と記しています。さらに、アメリカ在住のハッカーへの支払いはマイアミのロシア領事館を通じて行われている、という〝情報〟に関して、「マイアミにはロシア公使館は存在しない。スティールは、政治的な締め切り日があり、選挙の日の前にこの情報を公開したがっている」など、スティールの信ぴょう性に疑問を抱くメールをＦＢＩを含む複数の機関に送信しています。つまり、２０１６年10月11日の時点で、ＦＢＩもスティールのメモは信ぴょう性に欠け、スティールがトランプを傷つけるために動いていた、と察知していたはずなのです。

　スティールがＭＩ６のスパイだったことは事実ですが、フュージョンＧＰＳに雇われた時点のスティールは、政敵やビジネスのライヴァルのあら探しをする私立探偵のような存在でした。キャヴァレックのメモに記されているとおり、雇われの身のスティールにとって最重要なことは、クライアントのニーズです。だとすると、スティールが「お客様は神様です！」という姿勢で、クライアントであるヒラリーが喜ぶアンチ・トランプ情報をでっちあげていたとしても、何の不思議もありません。

キャスリーン・キャヴァレック

政敵を倒すために情報をねつ造してメディアにリークし、メディアを見方にして世論操作をする、というこの手段、まさに大昔から存在したディープ・ステイトのお家芸ですよね！

そして、2020年4月、私がこの本を書いている最中に、英国でアルファ銀行（ロシア最大の民間商業銀行）が名誉毀損でスティールを訴え、以下の事項が明らかになりました。

●スティールは報告書関連のメール、メールアドレスをコンピュータから消し去っていた。

●アルファ銀行とトランプは裏取引などしていなかった。

●〝クレムリンがトランプが娼婦に放尿させているセックスのビデオを持っている〟というネタは、ビル・クリントンのセックス・スキャンダルの火消しをしたクリントン夫婦の忠実な家臣、コーディー・シアラーが〝制作〟した。

●シアラーの義理の兄で、クリントン政権国務副長官、ブルッキングス研究所の外交政策顧問のストロブ・タルボットが、スティールとオバマ国務省の橋渡しをした。

●オバマ国務省でスティールの窓口になったのは、ヒラリーが国務長官だった期間に遂行されたリビアの石油・黄金乗っ取り作戦（252ページ参照）のときに国務省リビア担当顧問だったジョナサン・ワイナーで、スティールはニューランドと連絡を取っていた。

スティールと接したアメリカ側の人脈も、まさにディープ・ステイトそのものです！

コーディー・シアラー

ストロブ・タルボット

ジョナサン・ワイナー

第3章　モラー報告書

共謀の証拠がなくても「共謀はあった」と信じて疑わない民主党派

ロバート・モラー特別検査官の指揮下で行われた「２０１６年の大統領選におけるロシア干渉の捜査」は、２０１７年5月17日に始まり、約2年後の２０１９年3月22日にモラーがバー司法長官に捜査報告書を提出し、24日、司法長官が「共謀の証拠はなかった」と発表、4月18日にかなりの部分が黒く塗りつぶされた４４８ページの報告書を公開しました。

約40人のＦＢＩ捜査官、19人の弁護士を動員し、22ヶ月と２５００万ドルの費用をかけ、５００通の捜査令状を発し、２３０件以上の通信記録、約50件の電話交信記録、５００人の証言を徹底捜査した結果、干渉容疑で34人と3組織が起訴されました。モラー報告書は、「プーティンの指示でロシアが民主党全国委員会のコンピュータをハッキングして、反ヒラリーのネット上の偽情報宣伝活動を行ったというロシアによる選挙干渉はあったが、トランプの司法妨害は証拠不十分であり、トランプ陣営とロシアが共謀した証拠は見つからなかった」という結論に達しました。しかし、モラーは「共謀の証拠は見つからなかったが、トランプの無罪が証明されたわけではない」とコメントをしました。

ウィリアム・バー

これを受けて大手メディアの民主党派コメンテイターたちもリベラル派の人々も一斉に、「ソーシャル・メディアでロシアが反ヒラリーの偽情報を流し、ロシアがハッキングしたヒラリーに不利になるメールをウィキリークスがリークした。そのせいで、ヒラリーが負けた。だからトランプは違法な手段で選挙を盗んだことが証明された！」と叫びました。ヒラリー派の人々は、さらに一歩踏み込んで、「共謀の証拠がない、というのは〝証拠が存在しない〟という意味ではなく〝証拠が今のところまだ見つかっていない〟というだけのことで、トランプはロシアと共謀したに決まっている！」と断言しています。

バー司法長官が「共謀の証拠はなかった」とコメントした直後、２０１９年3月27日に『ニューヨーク・タイムズ』紙が「詳しい共謀の記録など無用。トランプが親ロシア政策を採る代わりに、プーティンがヒラリー打破を助ける、という取引をしていた」と断定する社説を掲載。これこそが、〝トランプに有利な事実は絶対に受け容れない！〟という民主党派の断固たる信念を象徴する一言で、選挙から約4年経った今でも、トランプの無実を証明するいかなる証拠も彼らの固定観念を覆すことはできない、という状態に陥っています。

▒メール・ハッキングもロシアの仕業とは断定してないモラー報告書

次に、モラー報告書を検証してみましょう。

起訴された34人のうちの28人と三つの組織はトランプ選挙キャンペーンとは無関係でした。

容疑はソーシャル・メディアでの偽情報配信、あるいはロシア疑惑とは無縁の詐欺、捜査官への偽証で、共謀容疑ではありません。トランプ選挙キャンペーンに関わった６人の罪も、マナフォートとコーエン（トランプの個人弁護士）は選挙とは無関係の過去の罪。マイケル・フリンとキャンペーン・コンサルタントのロジャー・ストーン、パパドポロス（トランプの外交政策顧問）、リック・ゲイツの罪は、捜査官に小さな嘘をついたことで揚げ足を取って有罪にしましたが、ロシアとの共謀とは無縁です。

ロシアの干渉がどれだけ効果的だったか。民主党御用達《ごようたし》の選挙アナリスト、ネイト・シルヴァーの記事を見てみましょう。統計学的に選挙を的確に分析することで知られるシルヴァーは、「ロシアはひと月に１２５万ドルの費用をかけてソーシャル・メディアで反ヒラリー情報を広めたが、ヒラリー陣営の選挙に費やした12億ドルに比べたら微々たるものだ。ロシアのソーシャル・メディアでの干渉のせいでヒラリーが負けたとは考えにくい」とコメントしました。

最近の２０２０年の大統領選民主党予備選では、立候補したマイケル・ブルームバーグが、約４ヶ月で５億ドルという巨額の資金を投じて、あらゆるメディアでＣＭを打ちまくり、何百個もの選挙事務所を設置して何千人ものスタッフに選挙運動をさせました。しかしブルームバーグは、アメリカ領サモアでしか勝てず、３月４日に選挙戦から撤退しました。

英語に、You can lead a horse to water but you can't make it drink.「馬を水辺に連れて

ロジャー・ストーン

ジョージ・パパドポロス

リック・ゲイツ

ネイト・シルヴァー

マイケル・ブルームバーグ

行くことはできるが、水を飲ませることはできない」という諺があります。「人に機会や得になる情報などを与えてあげても、その人にやる気がなければ機会や情報の応用を無理強いすることはできない」という意味です。ロシアが蒔いた反ヒラリーの噂は、もともとヒラリーに好感を抱いていなかった人のみに受け容れられただけで、反ヒラリーの票を増す原動力にはならなかった、と考えるのが妥当な線でしょう。

一方、民主党全国委員会のメールがウィキリークスによってリークされたことは、確実にヒラリーにダメージを与えました。ヒラリー陣営が大手メディアと陰でつるんでいたこと、CNNのコメンテイターだった民主党幹部のドナ・ブラジルが、CNN主催のディベートの前に質問の内容をヒラリーに密かに教えていたことが露呈してしまったからです。しかし、これは、身から出たサビ、自業自得なので、ロシアの干渉のせいでヒラリーが負けた、というのは筋が通りません。

そして、何よりも重要なのは、民主党全国委員会のコンピュータへのハッキングが本当にロシアの仕業なのか？という疑問です。

モラー報告書をしっかり読んでみると、実はモラーがこのハッキングがロシアの仕業であるとは断定していないことが分かります。報告書は、プーティン指揮下のロシア軍部の精鋭ハッカー部隊が民主党全国委員会のメールをハッキングしたかどうかに関する調査結果で、Unit 26165 officers appear to have stolen thousands of emails and attachments, which

ドナ・ブラジル

were later released by WikiLeaks in July 2016.「ウィキリークスが2016年7月にリークした何千通ものメールとアタッチメントを、ユニット26165（ロシア軍部精鋭ハッカー部隊）の隊員たちが盗んだようだ」としています。このように、appear「ようだ」「そのように見える」というあいまいな表現を繰り返し使って、断言を避けています。

ウィキリークスのジュリアン・アサンジは、「僕にメールを渡したのはロシアではない」、「ロシアは関係ない」と、繰り返し発言しています。モラーはアサンジを尋問していません。

さらに驚くことに、FBIは民主党全国委員会のコンピュータを直接捜査したわけではありません。「犯人はロシアだ」は、民主党全国委員会が雇った「クラウドストライク」社というサイバーセキュリティ会社の分析の受け売りだったのです！

それだけではありません！「プーティンが直接命令を下したハッキングだった」という結論を導くために、モラーはFBI、CIA、NSA《エヌエスエイ》（国家安全保障局）が、2017年1月7日に発表した「ロシアの活動の査定」を参考資料にしています。しかし、この査定には、「プーティンはトランプを援助した、という査定（事実認定）に関し、FBIとCIAは強い確信を持っているが、NSAは適度な確信 moderate confidence しか持っていない」と記されています。世界中のあらゆる通信を傍受しているNSAの査定のほうが、国内の捜査を専門とするFBIや、露骨にトランプ嫌いを表明しているブレナン（詳しくは175ページ参照）率いるCIAよりも信ぴょう性があるでしょう。

ジュリアン・アサンジ

ジョン・ブレナン

■クラウドストライクの分析は当てになるのか？

アメリカの元諜報機関専門家たちが構成するＶＩＰＳ（ヴェテラン・インテリジェンス・プロフェッショナルズ・フォー・サニティ、健全性を求める元諜報プロ集団）は、民主党全国委員会から盗まれたメールのメタデータを分析して、「ハッキングではなく、民主党全国委員会のコンピュータに直接アクセスできる内部の者が、インターネットを通じての遠隔ハッキングで可能なスピードを超越した速度で記録装置にコピーした」という結論を提示しています。

当のクラウドストライク（コンピュータセキュリティ会社）は、２０１４年に始まったウクライナ内紛のまっただ中、英国の国際戦略研究所（ＩＩＳＳ）の分析を証拠として挙げて、「２０１４年から２０１６年にかけて、ロシア軍のハッカー部隊がウクライナ軍をハッキングして多大な損害を与えた」と発表しました。しかし、このことにつき国際戦略研究所は、「我々の分析を歪曲している」と苦言を呈し、クラウドストライク社を非難し、ウクライナ軍も、「ハッキングされたこともなければ、損害が出たこともない」と発表しました。

クラウドストライク社は、アメリカ人のプログラマー、ジョージ・カーツとソ連からアメリカに移住してきたディミトリー・アルペロヴィッチによって２０１１年に設立されました。アルペロヴィッチはワシントンのシンクタンク、アトランティック・カウンシルの上級研究員です。アトランティック・カウンシルは、筋金入りのロシア嫌いで、「ロシアのクリミア

ジョージ・カーツ

ディミトリー・アルペロヴィッチ

（半島）併合に対して西側が取るべき三つの対策強化法」、「ロシアとの政治的戦争に立ち向かう方法」、「ロシアのプロパガンダをあなどれない理由」、「ロシアより憎しみをこめて――クレムリン、中欧の暴徒を支援」、「テロではなく、ロシアこそが今そこにある最大の安全保障上の脅威だ」など、ロシアへの激しい憎しみが行間からもにじみ出てくる論文をいくつも発表しています。

アトランティック・カウンシルは、NATO、ウクライナの大富豪ピンチュクなどからの資金援助で成り立っています。ピンチュクはクリントン財団《ファウンデイション》にも2500万ドルの大口寄付をしています。

クラウドストライクに、2015年にグーグル・キャピタル（現在はキャピタルG《ジー》）が1億ドルの投資をしました。キャピタルGは、グーグルの持ち株会社であるアルファベットの子会社で、アルファベットの取締役兼顧問のエリック・シュミットは、オバマ政権下で科学・テクノロジー関連の顧問を務め、2014年以降はヒラリーに資金援助をする傍ら、選挙キャンペーンのアドヴァイザーとしてキャンペーンのウェブサイト制作などにも協力していました。

2016年4月、オバマはクラウドストライクの重役、スティーヴン・チャビンスキーをサイバー・セキュリティ強化対策委員会の一員にしたのですが、このような裏の人脈を見ているだけでも、まさにディープ・ステイト！、という感じがします。

ヴィクトル・ピンチュク

エリック・シュミット

スティーヴン・チャビンスキー

一方、ウクライナ系アメリカ人でロシアを心底憎んでいる民主党全国委員会の幹部、アレクサンドラ・チャルパは、親ロシアのウクライナ大統領、ヤヌコヴィッチ（在任２０１０‐２０１４年）のコンサルタントを２０１４年からしていたマナフォートをなんとか陥れようと、虎視眈々と機会を狙っていました。２０１６年にマナフォートがトランプの選挙参謀になった後は、チャルパはマナフォートのあら探し調査に一層力を入れるようになり、民主党全国委員会のコンピュータがハックされる以前から、ロシアのハッキングの脅威を警告していました。

上記の事実をふまえて民主党全国委員会のメール・リーク事件を見直してみると、これはロシアのハッキングではなく、民主党全国委員会内部の何者かがメールをリークした際に、かねてからロシア嫌いのチャルパが〝災い転じて福となす〟という素早い反応でロシアに罪をなすりつけた、と思えてきます。反ロシア＝NATOの利益＝ウクライナの国益＝ヒラリーの大口寄付者ピンチュクの利益、トランプ・ロシア談合＝ヒラリーの利益、ということで、NATO派とヒラリー派（＝反トランプ派）の人々の利害関係が一致したのです。チャルパは、たまたま起きたリーク事件を、渡りに船とばかりに利用して、ロシアが親ロシア外交政策を採りたがっているトランプを助けるためにハックした、という噂を広め、トランプとロシアを一石二鳥で打ち負かそうとした。これが真相でしょう。

米下院が、２０１７年から２０１８年にかけて非公開で行ったロシア疑惑調査の喚問記録

アレクサンドラ・チャルパ

が最近２０２０年5月7日に発表され、クラウドストライクのＣＥＯ、ショーン・ヘンリーが「民主党全国委員会のコンピュータからロシアが情報を引き出した、という証拠は見つからなかった」と証言していたことがついに分かりました！

つまり、ロシア嫌いのアルペロヴィッチ率いるクラウドストライクは、事の真相をつきとめるためではなく、ハッキングはロシアの仕業だ、という証拠をねつ造するために雇われたのです。

ちなみに、２０１６年7月10日、民主党全国委員会のスタッフであり、コンピュータ応用システム開発の仕事をしていた27歳の青年、セス・リッチが〝強盗〟に遭って、銃殺されています。クレジットカードを含め、何も奪われた形跡がないので、リークしたのはセス・リッチで、口封じのために殺されたのではないか？と囁かれていました。ところが、このような報道をしたメディアが、２０１７年8月に彼の両親に名誉毀損で訴えられて以来、セス・リッチのことを口にする人はいなくなりました。

また、大手メディアは〝モラーは清廉潔白な正義の味方〟と報道し続けました。ところが、報告書発表後に開かれた公聴会で、質問の意図を理解できず、捜査の内容もほとんど把握していないボケ老人だった、という実態がアメリカ国民に露呈しました。つまり、ロシア疑惑の捜査は、事実上は民主党派の検察官と捜査官が行った魔女狩りだったのです。

ショーン・ヘンリー

セス・リッチ

第4章　魔女狩りの執行人たち

ロシア疑惑捜査陣の面子《メンツ》

ロシア疑惑捜査は、どんな人々によって行われたのでしょうか？

まず、検察官を見てみましょう。

モラーは18人の検察官を雇いましたが、そのうちの10人が、民主党関係者、あるいは民主党に政治献金をしている民主党支持者でした。

1．アンドリュー・ワイスマン――2006年の中間選挙で民主党に2000ドル、2008年の大統領選でオバマに2300ドル献金。

2．ジニー・リー――オバマ政権のエリック・ホールダー司法長官の補佐。2015年にヒラリーのメール公開を求める裁判でヒラリーの弁護士、クリントン財団が恐喝容疑で訴えられたときの裁判でクリントン財団の弁護士を兼任。2008年以来、民主党に1万6000ドル献金。

3．ジェイムズ・クォーレル――1988年以来、2750ドルを共和党、3万2500

アンドリュー・ワイスマン

ドルを民主党（オバマ、ヒラリー、ジョン・ケリー、アル・ゴア、チャック・シューマー民主党上院議員など）に献金。

4．アーロン・ゼルビー――オバマ政権時代の司法省に勤務。

5．グレッグ・アンドレス――オバマ政権時代の司法省に勤務。

6．アーロン・ゼリンスキー――オバマ政権時代の国務省勤務。

7．カイル・フリーニー――2014年にオバマが出した、不法移民に労働許可証を与え、不法移民の子どもにさまざまな福祉を与える大統領令を巡る裁判におけるオバマ政権弁護士。2008年の大統領選でオバマに250ドル、2012年にオバマに250ドル、2016年にヒラリーに250ドル献金。

8．エリザベス・プレロガー――リベラルの最高裁判事ルース・ベイダー・ギンズバーグと同エレーナ・ケイガンの助手を務めた。

9．ブランドン・ヴァン・グラック――オバマ政権司法省国家安全保障部門防諜担当者。モラーの検察団参加後、フリンの裁判を仕切った。

10．ユーゾ・アソナイ――2008年の大統領選でヒラリーに800ドル献金。

残りの8人は政治献金はしていないので、少なくとも8人は分かりやすい政治的偏見はなかった、と言えそうです。

カイル・フリーニー

ブランドン・ヴァン・グラック

■トランプ嫌いの捜査関係者

次に、マイケル・ホロウィッツ監察官《インスペクター》による捜査や議会の公聴会で明らかになった捜査関係者の非行の一部を見ていきましょう。

●ジェイムズ・コーミー

コーミーは2013年、オバマに任命されてFBI長官になりました。

トランプ政権発足直後、コーミーは、「FBIの訓練に関してフリンと話したい」という名目で捜査官二人をホワイトハウスに送り込み、フリンを弁護士無しで尋問し、罠にかけました。

コーミーはトランプを安心させて警戒心を低め捜査をしやすくするために、3度に渡って「あなたはロシア疑惑捜査の対象ではありません」と嘘をつきます。この言葉を信じたトランプは、コーミーに「この一言を公表してほしい」と告げましたが、コーミーが拒否したため、2017年5月9日、コーミーは解任されました。

この直後、コーミーは「フリンの捜査を中止してほしい、と、トランプに頼まれた」と記したメモを、親友のコロンビア大学法学部教授ダニエル・リッチマンにリークして、リッチマンがこれを『ニューヨーク・タイムズ』にリークしました。これが直接の原因となり、ロシア疑惑とトランプの司法妨害に関する捜査指揮官にモラーが任命されました。

ダニエル・リッチマン

フリンの捜査中止願いは、ロシア疑惑があったとすれば確かに司法妨害です。が、ロシアと談合などしていないトランプの立場から見ると、正当な依頼です。

●ロッド・ローゼンスタイン司法長官代理

上院議員時代にロシア大使と会ったことがある（というだけの理由で）セッションズ司法長官が、李下に冠を正さず、という姿勢でロシア疑惑捜査に関与しない（できない）ことになった後、司法省におけるロシア疑惑捜査の指揮を執っていたのがローゼンスタインです。

ローゼンスタインは、トランプがコーミーを解任した後、トランプ内閣の誰かに「大統領は職務遂行が不可能になった」と宣言させて、トランプを大統領の座から引きずりおろそう、と画策しました。さらに、自分が盗聴器を身につけるか、マケイブか他のＦＢＩ捜査官に盗聴器を身につけさせて密かにトランプ、及びホワイトハウス内部を盗聴しよう、と企んでいました。

●アンドリュー・マケイブＦＢＩ副長官

マケイブは、捜査関連の機密をメディアにリークし、さらに公聴会で「私はリークしていない」と偽証し、２０１８年2月に発表された司法省監察官の調査で「誠実さの欠如」が指摘され、２０１８年3月16日、解任されました。

また、マケイブ夫人は、２０１５年にヴァージニア州議会議員に民主党候補として出馬した際、ヴァージニア知事のテリー・マコーリフの政治団体から50万ドル、ヴァージニア民主

ロッド・ローゼンスタイン

アンドリュー・マケイブ

党から約21万ドルという巨額の政治献金を受け取っていました。マコーリフはビル・クリントン再選キャンペーン会長、２００８年のヒラリー大統領選キャンペーン会長、クリントン財団重役でもあり、長年に渡ってクリントン一族がクリントンという名前を利用して私腹を肥やす援助をし、自分の私腹も肥やしてきました。

●スティーヴン・ソンマ

ホロウィッツ報告書でAgent １と表記されているソンマは、ヒラリー支持者でトランプを忌み嫌っていました。

２０１６年7月6日に、同僚のモイヤーに、「ヒラリーは未来の大統領だ」、「トランプが勝てるはずはない」というメッセージを送っていました。

さらに、ソンマは、２０１６年8月15日、カーター・ペイジが昔ロシアの諜報員と会ったことがあり、数ヶ月前にロシアに行った、というだけの理由で、ペイジの盗聴を開始しました。そして、ペイジが「自分はマナフォートと会ったことがない」と証言し、「ロシアがヒラリーのメールを持っている」と聞いたパパドポロスが、この情報をトランプ陣営に伝えなかったことを知りました。ところがソンマは、これらのトランプの潔白を証明する証拠をすべて隠し続けました。ソンマは国務省のキャヴァレックのメモを受け取り、スティールに情報を提供した人間が情報に信ぴょう性がないことを指摘した後も隠しつづけました。

●サリー・モイヤー

スティーヴン・ソンマ

サリー・モイヤー

ホロウィッツ報告書で Agent 5 と表記されているサリー・モイヤーも、熱烈なヒラリー支持者、大のトランプ嫌い。

2016年8月29日、ソンマに、「トランプに投票したいと思う連中って哀れで悲惨だわ」、9月9日に、「オハイオ州のトランプ支持者は知恵遅れよね」、11月4日には、「ヒラリーが勝たなかったら、拳銃を二つ持って歩くしかないわ。その場で退職するかもしれない」、2016年12月6日には、Fuck Trump!、2017年2月9日には、FBI捜査官の公務遂行に関して「トランプが大統領となった今は、拒絶するしかないわね。考えただけでも侮辱としか言いようがないわ」などのトランプへの反感に満ちたメッセージを送っていました。

●ケヴィン・クラインスミス

ホロウィッツ報告書で弁護士2 Attorney 2 と表記されているクラインスミスは、トランプ当選直後の11月9日、同報告書でFBI職員と表記されている人間と、下記のようなメッセージを交換していました。

ケヴィン・クラインスミス

クラインスミス　僕は感覚が麻痺しちゃってるよ。

職員　私は泣いてるの。

クラインスミス　そんなこと言われるともっと悲しくなる。

職員　こんなことにはならないって、あなた、約束したじゃない！　約束したわよね！

クラインスミス　何か別の行動が取れたかも、と悔やんで、僕はイラついてるんだ。

職員　トランプ支持者はみんな貧乏か中流で、無教養で怠け者の取るに足らないクソったれで、何もしなくてもトランプが魔法のように仕事を作り出してくれると思ってるのよ。きっとディベートも見てなくて、彼の政策をちゃんと理解できず、愚かにも無価値な熱狂に浸りきってしまったのよ。

クラインスミス　僕はひどいショックで落ち込んでる。今までの8年間で大きな進歩を遂げたのに、そのすべてが崩されてしまうだろう。オバマケアーも終わりだ。（不法移民の）送還や壁も単なるレトリックじゃなくて実現するだろう。キチガイどもが遂に勝ったから、銃犯罪も増えるだろう。（中略）それに、ペンスもバカだ。

職員　言えてる。

クラインスミス　彼（トランプ）のスタッフの捜査に関する法的書類には、僕の名前が載りまくってる。彼がかぎつけたら、何をするか分かったもんじゃない。

クラインスミスは、さらに別の同僚に、「共和党による破壊、という暗黒の時代。僕は小さな幸せになんとかしがみついてる」というメッセージを送っていました。

明らかにトランプ嫌いのクラインスミスは、カーター・ペイジが無実である証拠を隠滅しました。2016年8月17日、CIAはFBIに通報。「カーター・ペイジがロシアの諜報員と会ったのは、ペイジがＣＩＡに頼まれて諜報活動をしていたからだ」と。２０１７年６月に、ＦＢＩがペイジを盗聴していることが発覚した後、ペイジがフォックス・ニューズなどで「スティール調査書に書かれていることは大嘘で、私がロシアの諜報部員と会ったのはアメリカの諜報機関に頼まれたからだ」と反論しました。この後、ペイジの盗聴を続けるため、クラインスミスは約１年前にＣＩＡから来たメールを「ペイジはＣＩＡの情報源ではない」と改ざんして、盗聴許可更新申請をＦＩＳＡ法廷（外国情報監視を管理する法廷）に提出し、盗聴更新を許可されました。

●ＦＢＩの弁護士リサ・ペイジ（カーター・ペイジと同姓ですが無関係）とＦＢＩ捜査官ピーター・ストロック

リサ・ペイジはストロックの愛人。二人は、トランプへの反感をあらわにしたメッセージを頻繁にやりとりしていました。特に嫌悪感に満ちたメッセージをいくつかご紹介しておきましょう。

リサ・ペイジ

ピーター・ストロック

２０１６年３月４日

ペイジ　トランプって忌まわしい人間ね。

ストロック　それでも勝ちそうだ。（中略）あいつはバカだ。

ペイジ　ひどいヤツよね。

ストロック　ヒラリーが1億対ゼロで勝つべきだ。
ペイジ　そうよね。
（トランプが予備選で勝ち進んでいることに関して）
ペイジ　マジで、みんなどうしてこんなにバカなのかしら。
２０１６年３月16日
ペイジ　ドナルド・トランプが実際に本物の大統領候補になるかもしれないなんて信じられないわ。
２０１６年６月12日
ストロック　トランプの偏見に満ちたナンセンスに、みんな抗議のデモをすべきだ。
２０１６年７月26日
（民主党大会でヒラリーが正式に民主党候補にノミネートされた後）
ストロック　二大政党の一つで大統領候補になった女性を祝福しよう！　やっと、という感じだ！

2016年7月27日

ペイジ　彼女、絶対勝たなきゃダメよね。でも正直言って、きのうトランプのこと思ってちょっと心配になったわ。サンダーニスタ（左翼ゲリラのサンダニスタとサンダースをかけた造語）が大間違いをおかす可能性があるから……

2016年7月28日

ペイジ　私はジョー・バイデンが大好きなの。

2016年8月6日

（トランプを批判したパキスタン系移民を絶賛する『ニューヨーク・タイムズ』の記事をペイジから送られた後）

ストロック　すばらしい記事だ。みんなでシェアすべきだ。ファック・トランプ。

ペイジ　あなたは運命の導きで今のポジションにいるのよ。あの脅威（トランプのこと）からこの国を守るのがあなたの運命よ。

2016年8月9日

ペイジ　トランプが大統領になることなんかないわよね？　有り得ないわよね？

２０１６年8月15日
（ロシア疑惑捜査のミーティングの後）
ストロック　アンディ（マケイブ）のオフィスで君が提案した方向でうまくいくといいね。まさか彼（トランプ）が当選するとは思わないけど、そんなリスクはおかせない。40歳になる前に死ぬような、万が一のときに備えた保険のようなものさ。

２０１６年8月26日
ストロック　さっきヴァージニア南部のウォールマートに行ってきた。トランプ支持者の（イヤな）臭いがした。

２０１６年9月2日
（ヒラリーのメールに関する捜査の話をした後）
ペイジ　大統領（オバマ）は私たちがやってることのすべてを知りたがってる。

２０１６年10月20日
（トランプがＦＢＩを批判した後）

ストロック　アッタマに来るぜ。トランプは最悪のバカ fucking idiot だ。

二人のトランプ嫌いもさることながら、万が一に備えた保険、とは、いったいどんな企みだったのでしょうか!?

■これは魔女狩りだ！

ホロウィッツ監察官の捜査報告書が2019年12月9日に発表されるや否や、大手マスコミは一斉に「ホロウィッツは、〝FBIや検察側の人員のトランプ嫌いという偏見が捜査に影響を及ぼした証拠はない〟という結論を出した」と伝え、大方のアメリカ人は今でもこれを鵜呑みにしてます。しかし、実際には報告書には、「政治的な偏見や不適切な動機が捜査に影響を及ぼしたという証拠となる文書や証言 documentary or testimonial evidence は発見できなかった」と記されているだけです。ホロウィッツ監察官の捜査は、単にFBI捜査官、弁護士、職員に、「あなたの反トランプの偏見が捜査に影響を与えましたか?」と尋ね、「与えませんでした」と答えた彼らの言葉を額面通り受け取っただけのものです。ホロウィッツ報告書に詳細に記されているおびただしい数の反トランプの偏見に満ちたコメントを読めば、良識のある人間は「これほどまでの嫌悪感が捜査に影響を及ぼさなかったとは思いにくい」という結論に達するでしょう。

それでも（反トランプの）大手メディアは、ホロウィッツの結論をわざと曲解して、FBIが偏見のない公正な捜査をした、というフェイク・ニューズを繰り返し、民主党派はこの言い分を信じ切っています。

おもしろいことに、彼らはモラーの「共謀の証拠は見つからなかったが、トランプの無罪が証明されたわけではない」というコメントを信じ、ヒラリー派の人々は、今でも「共謀の証拠がない、というのは〝証拠が存在しない〟という意味ではなく〝証拠が今のところまだ見つかっていない〟というだけのことで、トランプはロシアと共謀したに決まっている！」と断言しています。

これと同じ理論をホロウィッツに当てはめると、「物的証拠や証言の欠如は、偏見が捜査に影響を及ぼさなかった、という証拠ではない」ということになるでしょう。

とはいえ、モラーとホロウィッツの捜査を比べることは、そもそも無意味です。モラーの捜査では、ヒラリー支持派で、強烈なトランプ嫌いの人間たちが、22ヶ月と2500万ドルの費用をかけて、必死になってあらゆる卑劣な手段を講じてトランプを投獄できる証拠を血眼になって探しました。それでも、ロシアとトランプが共謀したという証拠は見つからなかった。一方、ホロウィッツは、単にFBIの人間たちを（職務として）尋問しただけです。FBIの人間が自分にとって不利な証言をしたり不利な証拠を残すとは思いがたいので、物的証拠がないからといって、反トランプの偏見が捜査に影響を及ぼさなかった、とは考えにくいでしょう。

トランプ大統領は、ロシア疑惑捜査が始まった時点から、「これは魔女狩りだ！」と言っていました。まさしく捜査班のトランプへの反感と憎しみ、オバマ・ヒラリーへの思い入れを目の当たりにすると、捜査は公正なものではなく、たとえてみると、大審問官《グランド・インクイジター》だったトルケマダが率いたスペイン異端審問に近かったことが分かります。

第5章　ホロウィッツ報告書

■ホロウィッツ監察官の調査で分かったこと

この章では、ホロウィッツ調査で分かった捜査班の内部事情の中から、特に重要な条項をおさらいしておきましょう。

●ＦＢＩのロシア疑惑捜査、クロスファイアー・ハリケーンは、２０１６年7月31日に正式に開始された。

●ＦＢＩは、コンピュータのハッキングがロシアの仕業だろうと疑っていた。だが、ちょうどその時期に、駐英オーストラリア大使アレクサンダー・ダウナーから、「〝ロシアがヒラリーのメールを持っている〟という情報をパパドポロスが取得している」と伝えられ、これが直接のきっかけとなり、ロシア疑惑捜査が本格的に開始された。

●モラー報告書は「ロシアと関係のあるジョセフ・ミフサドがパパドポロスに〝ロシアがヒラリーに不利になる情報を持っている〟と伝えた」と、まるでミフサドがロシアのスパイであるような書き方をしている。ミフサドがロシアのスパイだという証拠はない。

アレクサンダー・ダウナー

ジョセフ・ミフサド

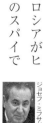

●ＦＢＩは情報提供代としてスティールに1万５０００ドルを支払った。
●スティールの情報源の多くが、情報の信ぴょう性を否定し、又聞きだった、噂を聞いただけ、などと証言していた。
●元ＭＩ６のスティールは２０１３年以降、ＦＢＩの情報源として契約を結んでいた。だが、２０１６年10月31日に『マザー・ジョーンズ』（左傾オンライン誌）がスティール調査書の情報を記事にした後、スティールは自分が同誌にリークしたことを認め、ＦＢＩはスティールとの関係を切った。
●その後、司法省の高官、ブルース・オーが密かに12回もスティールと会っていた。オーの奥さん、ネリー・オーは、元ＣＩＡ外郭組織のロシア専門家で、スティールを雇ったフュージョンＧＰＳの調査員。オー夫婦とスティールは親しい友だちだ。
●ＣＩＡは、スティールの情報は「インターネット上の噂に過ぎない」と判断していた。
●「娼婦に放尿させた」という情報を伝えた情報源は、「ビールを飲みながらの冗談交じりの会話で聞いたことにすぎない」と証言。
●スティールの情報の中で確認できるものは一つもなかった。
●ＦＢＩは法廷にカーター・ペイジの盗聴依頼をする際に、「ペイジがロシアと共謀している疑いがある証拠」としてスティール調査書とイシコフが書いたヤフー・ニュースの記事から得た情報（＝スティールの偽情報）を政府機関から得た情報と偽って提出した。つまり、

ブルース・オー

ネリー・オー

〝共謀の証拠〟は複数の情報源から来たものではなく、当てにならないスティールの情報のみだった。
●FBIはスティールがヒラリー陣営に雇われていた事実を法廷に伝えなかった。
●スティール調査書は信ぴょう性がない、と認知していたことも、スティールと仕事をした人々が「スティールは当てにならない」と評価していた事実も、FBIは法廷に伝えなかった。
●FBIはカーター・ペイジが無罪であると分かった後も、無罪の証拠を隠蔽、改ざんしてペイジを盗聴した。
●FBIは、複数のCHS（Confidential Human Sources 秘密人材情報源＝スパイ）を使って、トランプ選挙キャンペーン関係者、及びトランプとつながりのある人間たちと接触させた。
●トランプ選挙キャンペーン内部にも一人CHSが存在した。
●別の人材は、トランプ当選後もトランプの周辺に残っていた。このため、FBI捜査官のピエントカはこの人材に、トランプ政権でなんらかの地位を獲得する可能性があるかどうか尋ねていた。ピエントカはホロウィッツ監察官に「この人材がトランプ政権に関わったら捜査が複雑になって困ると思ったから尋ねただけだ」と〝証言〟したのだが、FBIはトランプ政権にスパイを潜り込ませたかった、と考えることも可能。
●トランプ当選後にCHSになった人材の中には、合衆国政府に勤務する人間もいて、この人材はＦＢＩに依頼されたからではなく、自らの意志でトランプ政権に関する情報をＦＢＩに提供していた。つまり、オバマ政権からの居残り官僚であるディープ・ステイトが、トランプをスパイしていた。

●ＦＢＩは複数の覆面捜査官 Undercover Employees も使っていた。彼らの正体や活動は明らかにされていない。

●スパイの一人（ステファン・ハルパー）は、カーター・ペイジとパパドポロス（トランプの外交政策顧問）との会話を録音した。

●ペイジは、ハルパーとの会話中に「私は〝マナフォート氏に会ったことがない〟などの無罪の証拠となる発言をした」と証言。パパドポロスは「ハルパーがヒラリーのメールの話を持ち出したとき、そんなことは反逆だ、と答えた」と証言。つまり、ハルパーは、ペイジとパパドポロスの無罪を証明する発言を録音したのだが、ＦＢＩはこれらの証拠を無視した。

●ハルパーは誘導尋問のような手法を使い、ペイジとパパドポロスにロシアとの共謀の証拠となるようなコメントを言わせようとした。

●「政治的な偏見や不適切な動機が捜査に影響を及ぼしたという証拠となる文書や証言 documentary or testimonial evidence は発見できなかった」という結論を出してはいるものの、複数の捜査関係者が「影響はあったか？」というホロウィッツの審問に対し、「覚えていない」、「記憶にない」、「思い出せない」などというあいまいな表現を約４００回も使っ

ステファン・ハルパー

て答えていた。

不法な監視

ホロウィッツ報告書が発表された後に開かれた上院の公聴会で、ＦＢＩがカーター・ペイジを盗聴するに至ったのは捜査陣が反トランプの偏見を持っていたからか、という質問に、ホロウィッツ監察官はこう答えていました。

「動機は断定できません。甚だしい無能と重大な過失のせいなのか、意図的な決断だったのか、その中間だったのか。結論を出せる証拠は見つかりませんでしたが、偏見のせいだった可能性を私は排除してはいません」

さらに、偽《にせ》情報を根拠にペイジを盗聴したことに関して、「もし、合法的な根拠がないのに誰かを偵察し続けたとしたら、それは悪いことであり、スパイ活動だと言えませんか？」という質問に対し、ホロウィッツは、「それは不法な監視 illegal surveillance です」と答えています。

第6章　オバマ政権の悪事

■トランプ当選後から大統領就任までのオバマ政権の非行の数々

オバマとオバマ政権、とりわけジョン・ケリー率いる国務省（日本の外務省に相当）は積極的にトランプを潰そうと暗躍していました。

ジョン・ケリー

① 2016年9月からオバマ政権はスティールの情報を民主党下院議員にリークしていた

情報公開法を駆使して政府の不正を調べる非営利団体、ジューディシャル・ウォッチ（法の番人、という意味）の調べで、ヴィクトリア・ニューランド国務次官補（ヨーロッパ、ユーラシア担当）、国務省リビア担当のジョナサン・ワイナー、ステニー・ホイヤー民主党下院議員（当時、民主党院内幹事《マジョリティ・ホイップ》。現在、民主党院内総務《マジョリティ・リーダー》）、クリストファー・スティール、フュージョンGPSのグレン・シンプソンたちが緊密に連絡を取り合って、動きをコーディネートしていたことが分かりました。

ニューランドは、ウクライナ・ロシア関連の政策を仕切ったネオコンの女将で、夫ロバート・ケイガンは２００８年の大統領選でマケインの外交顧問、オバマ政権でヒラリー・クリントン国務長官、ジョン・ケリー国務長官の外交顧問を務めたネオコンの旗頭《はたがしら》です。

②トランプ当選後、オバマ政権のスパイ行為が激化した

アメリカの諜報機関は何のハードルも無しに外国人の電話を盗聴することができます。しかし、盗聴のターゲットとなっている外国人の話し相手がアメリカ人である場合は、盗聴記録を表示するときにアメリカ人が話したことは隠され、外国人の話したことだけが提示されます。また、ターゲットである外国人が通話の中でアメリカ人の名前を口にしたりアメリカ人のことを話した場合は、アメリカ人の名前、アメリカ人が誰であるか特定できる表現は隠されます。これは、アメリカ人のプライヴァシー侵害を避けるためです。

しかし、通話の全貌を把握することが国家の安全保障にとって不可欠だ、と、諜報機関や政府高官が判断した場合は、こうした〝覆い（マスク）〟を取り外して、アメリカ人の正体を明かし、アメリカ人が言ったことを知ることができます。この覆いを外す行為をアンマスキングと言います。

共和党が多数党だった下院が行った調査で、トランプ当選直後から２０１６年の暮れにかけてオバマ政権のブレナンＣＩＡ長官、クラッパー国家情報長官、サマンサ・パワー国連大

ロバート・ケイガン

ジェイムズ・クラッパー

サマンサ・パワー

使、スーザン・ライス国家安全保障担当大統領補佐官（元国連大使）が何百件ものアンマスキングを要求していたことが発覚しました。

パワーは２６０件ものアンマスキングを要請した、という記録が残っているのですが、下院の取り調べに「アンマスキングの依頼は私の名前で出されているが、すべてに私が関わっていたわけではない」と答えています。

ライスは、「私は２０１６年12月にアラブ首長国連邦の皇太子がトランプ暫定政権関係者に会う、と聞き、ロシアとの談合の橋渡しかもしれないと思い、皇太子の盗聴記録のアンマスキングを依頼した」と説明しています。アラブ首長国連邦は、オバマのイラン核合意に強く反対していたので、恐らくライスは〝トランプと皇太子がイラン核合意を覆すために談合するだろう〟と心配してアンマスキングを行ったのでしょう。しかし、仮にトランプ側と皇太子がそのような話をしたとしても、それは数週間後に発足するトランプ政権の外交方針の下準備をした、というだけで、犯罪ではありません。このアンマスキングは、ライスがあらゆる手段を講じてトランプの揚げ足取りを企んだ結果の非行に他なりません。

スーザン・ライス

③ 国務省のキャヴァレックと司法省のオーが結託してロシア疑惑の種蒔きに専念していた

情報公開法で入手された国務省のキャスリーン・キャヴァレックと、司法省のブルース・

オーのメールで、以下の事実が明らかになりました。

●選挙中はスティール調査書に疑問を抱いていた国務省のキャヴァレックは、トランプ当選後は疑問をかなぐり捨て、ロシア疑惑流布に専念。キャヴァレックとオーが、スティールの〝情報〟に基づく『マザー・ジョーンズ』の記事を根拠として、ロシア疑惑の捜査をさらに強化しよう、と画策していた。

●オーは、ＦＢＩがスティールとの関係を断ち切った後も夫婦共にスティールとのコンタクトを保ち、共和党のグラスリー上院議員が要求していた〝ＦＢＩがスティールに代金を払ったかどうか〟をつきとめる調査を妨害していた。

④オバマ政権国務省上官たちが、トランプ当選直後から就任する日の前日まで、クラッパー国家情報長官の部下の許可を得て、トランプに不利になるロシア関連の情報を、マーク・ワーナー上院議員、ベン・カーディン上院議員などの複数の民主党議員、及び、トランプ嫌いのボブ・コーカー共和党上院議員に提供していた

ジューディシャル・ウォッチの調べで、オバマ政権幹部たちが、ＦＢＩが調査中のロシア疑惑に関するナマの情報（裏が取れていない情報）を、オバマ政権と親しい議員たちにリークしていたことが分かりました。

チャック・グラスリー

まず、リークされた情報の中から、すでにご紹介したスティールの情報以外のものをいくつかご紹介しましょう。

●ロシア政府が資金を出しているコーカサス・リサーチ・ネットワークという非営利団体は、反ＥＵ、反ＮＡＴＯだ。（↑反ロシア感情を煽るための警告と言えそうです）

●急いでクリミア半島を併合したロシアの政策を擁護するために、ロシアはドイツ、オーストリア、フランスに働きかけている。（↑この何気ない情報が、ロシア疑惑からウクライナ疑惑へスムーズに移行するカギとなったことは間違いありません。トランプがロシアの回し者だと確信してもらえれば、トランプがウクライナへの兵器売却を拒絶する、という〝お話〟をすんなり信じられます。この情報は、ウクライナの新大統領との電話に端を発したトランプ弾劾の布石になりました）

●ロシア人弁護士、ナタリヤ・ヴェセルニツカヤは、オバマが取ったロシア経済政策を覆すためのロビー活動をしている。（↑２０１７年７月８日に、『ニューヨーク・タイムズ』が「２０１６年６月９日、選挙キャンペーン最中にトランプの長男が反ヒラリーの情報取得のためにクレムリンの弁護士、ナタリヤ・ヴェセルニツカヤと会った」と報道しました。このリークのおかげで彼女が誰なのかすでに知っていた議員たちは、間髪を入れず「あぁ、やっぱり！」と、トランプ・ロシア共謀説をすっかり事実だと思い込みました）

ナタリヤ・ヴェセルニツカヤ

つまり、オバマ政権が議員たちにリークした情報は、トランプ政権を妨害するだけではなく、トランプを大統領の座から引きずり下ろすための武器としても役だった、ということです。

このリーク作業を実際に行ったのは国務省の十数人の役人ですが、以下の高官たちも関わっていました。

●ヴィクトリア・ニューランド、ロシア、ウクライナ担当の国務次官補
●ヘラ・アッバシ国務省刑事法担当。その前は、現在下院議長のペロシ民主党下院議員の助手
●ジュリア・フライフィールド、刑事法担当国務次官補
●ザッカリー・シュラム上級顧問
●キャサリン・ハリス連邦議会担当上級顧問
●キャスリーン・キャヴァレック、ニューランドのアシスタント
●ナズ・デュラコグル、ニューランドのアシスタント。現在、アトランティック・カウンシル顧問　2016年大統領選でヒラリーに1600ドル献金
●エリザベス・ローレンス国務省上官。現在はニュー・デリー公使館勤務、元ディック・ダ

ービン民主党上院議員院内幹事の外交政策顧問、2016年大統領選でヒラリーに1000ドル献金

文字通りディープ・ステイトそのものである彼らは、メールで何度も「1月19日のデッドラインまでに議員たちに情報を提供しなきゃいけない！」と、1月20日にトランプが大統領に就任する前に、リークを完成させるために互いを叱咤激励していました。こうしてオバマ政権の国務省は、ロシア疑惑捜査中のナマの情報を議員たちにリークして、発足したばかりのトランプ政権を傷つけるための素材を提供していました。オバマ政権のトランプ妨害工作が功を奏し、トランプの大統領就任式と同時に、『ワシントン・ポスト』紙が、「トランプ弾劾運動が始まった」と報道し、以降ずっと民主党と大手メディアは「弾劾せよ！」と叫び続け、トランプ政権をロシア疑惑の泥沼に陥れました。

このようなオバマ政権によるトランプ潰し裏工作を目の当たりにすると、ロシア疑惑捜査はディープ・ステイトが企んだクーデターだった！、と言わざるを得ません。

リサ・ペイジが「オバマ大統領は私たちがやってることのすべてを知りたがってるの」というメッセージを送っていたことを思うと、オバマはこうした妨害工作をしっかり見守っていたに違いありません。

⑤オバマはトランプ就任直前に諜報機関によるロシア疑惑査定を命じていた

トランプ当選後、オバマは諜報機関にロシアの大統領選干渉に関する査定を行うように命じました。ブレナンＣＩＡ長官の部下が中心となり、２０１６年12月29日までに諜報機関が入手していた情報を元に、査定が行われました。２０１７年1月6日に、「プーティンの命令でロシア政府がハッキング、ソーシャル・メディアでのプロパガンダなどのさまざまな手法で、ヒラリー・クリントンに不利な情報を流してクリントンを傷つけ、トランプを勝たせるために選挙に干渉した。干渉の理由はプーティンがヒラリーを憎んでいるからだ」という主旨の査定書が完成し、大手メディアにリークされました。

この査定書にはスティール調査書の〝情報〟が多量に流用されていましたが、〝プーティンの命令でロシア政府が干渉した。理由はプーティンがヒラリーを憎んでいるからだ〟という部分は、プーティンに近いスパイからの極秘情報だ、ということになっていました。

ごく普通の良識を備えた人々は、「プーティンの心理状況までいったいどうやって分かったのか？　そんなことが分かるスパイが実在するとしたら、その人間はプーティンの側近に違いない。この査定書を発表した段階で、そのスパイの正体がばれてしまうだろうに」と、この査定の信ぴょう性を疑っていました。

しかし、トランプ嫌いの民主党派の人々（つまりアメリカ人の約半数）はこの査定を鵜呑みにして、「トランプは、プーティンの手助けで大統領の座を盗んだので、合法的な大統領ではない！」と、すっかり信じ込み、いまだにトランプはロシアの傀儡政権だと確信しています。

⑥スーザン・ライス、奇妙なメールを自分に送信

２０１８年2月12日、グラスリー上院司法委員会委員長が、２０１７年1月20日付けのスーザン・ライスが自分宛に送っていた奇妙なメールを公表しました。

1月5日、ライスは大統領執務室でオバマ、コーミーＦＢＩ長官、サリー・イェイツ司法長官代理とロシア疑惑調査に関するミーティングを行いました。1月20日、トランプ大統領就任の日に、ライスはこのミーティングの記録を残す、という形で、下記のようなメールを自分に送りつけたのです。

サリー・イェイツ

> オバマ大統領は、会話の初めに、諜報機関と法執行機関が引き続き〝規則に従って〟この件に関するすべてを扱うことを強調した。大統領は法執行に関して、何も尋ねず、指導せず、指示を出さない、ということを強調した。法執行チームが通常通り規則に従って活動を続行しなければならない、と、繰り返し述べた。

後に捜査班やオバマ政権の非行が露呈したときに備えて、犯罪行為からオバマを隔離するために、ライスはこのメールを書いたのでしょう。クリントン政権時代にアフリカ担当国務次官補、オバマ政権で国連大使、国家安全保障担当大統領補佐官を歴任したスタンフォード大卒の秀才、スーザン・ライスが、こんなメールを「オバマは無罪」という証拠に使えると思ったとは、笑うしかありません！

実は、プーティンの心理状況まで分かるスパイに関しては、興味深い後日談があります。

２０１９年９月、ＣＮＮのジム・シュットが「トランプがテロ対策でロシアと協力してロシアに機密を漏らしているので、２０１７年の暮れにＣＩＡがクレムリンに潜伏させていたスパイの身の安全を心配して、ロシアから脱出させていたことが判明した」という〝スクープ〟を伝えました。他のメディアも後追い報道をして、「トランプのせいで、ＣＩＡは大切な情報源を失った。国家安全保障の危機だ」と騒ぎ立てました。

その最中、ＮＢＣがアメリカ政府の元職員から、このスパイがヴァージニアに住んでいる、と情報を得て報道しました。ＮＢＣがその住所を訪ねてドアのベルを鳴らしていると、車が走ってきて、降り立った二人の男に「何をしているんだ？」と尋ねられました。この後、誰もが、車から降り立った二人の男はＣＩＡの人間でロシアから引き揚げてきたスパイを護衛しているのだろう、と思いました。

ところが、翌9月10日、複数の報道機関が、「この〝スパイ〟はプーティンの外交政策顧問の助手だったオレグ・スモレンコフという人物で、ＣＮＮが〝スクープ〟を報道するまで、実名でヴァージニアの豪邸に住んでいた」と報道しました。

彼の〝情報〟が本当に価値のある機密情報だったのだとしたら、重要機密を漏らしたアメリカのスパイをロシアが許すはずがないので、ＣＩＡは彼の命を守るために彼に新しいアイデンティティを与えて、ロシアが監視しにくい田舎に住まわせたでしょう。

彼が実名でＣＩＡ本部があるヴァージニアに住んでいた、ということは、彼がロシアの復讐を恐れていない証拠、つまり、彼がブレナンに与えた情報が偽情報だったのでプーティンは別に怒っていない、という証拠ではないでしょうか？

そして、ＣＩＡが彼をロシアから〝脱出〟させたのは、彼の身の安全を恐れたからではなく、彼をＣＩＡの監視下に置いて、ロシア疑惑の元を作った情報が嘘だったとバレることを防ぐためだったのではないでしょうか？

スモレンコフがブレナンの手下に殺されないことを祈るばかりです。

オレグ・スモレンコフ

第7章　クリストファー・スティール

クリストファー・スティールってどんな人？

ロシア疑惑の種を蒔いたクリストファー・スティールとは、どんな人物か。1987年（23歳）にMI6にリクルートされ、1990年にソビエト連邦に派遣されて、1993年にソ連を去ってフランスに移動し英国大使館に勤務。2008年、ロンドンに戻ったスティールは、訪英したマイケル・ヘイデンCIA長官にロシア情勢を説明。翌年（2009年）、スティールはMI6を辞め、同僚のクリストファー・バロウズと諜報偵察会社のオービスを設立しました。

クリストファー・スティールは2014年から前述したニューランド（ヌーランド）と一緒に仕事をしていました。

2016年9月以降、スティールと国務省が連絡を取り合ってロシア疑惑PR作戦を展開していたことは前章でご紹介しましたが、少なくともその2年前から、スティールはオバマ政権のジョン・ケリー国務長官の部下たちとつながりがありました。

マイケル・ヘイデン

ジューディシャル・ウォッチ（「法の番人」サイト。司法省、連邦裁判所の記事を書く。高い信用がある）のおかげで２０１９年６月に一部公開された国務省のメールで、ヴィクトリア・ニューランド国務次官補などの国務省高官とクリストファー・スティールが２０１４年から一緒に仕事をしていたことが分かりました。

メールの詳しい内容は伏せられていますが、公表された部分を読むと、スティールとオバマ政権の国務省が二人三脚でモロッコ、アルバニア、中央アジアに関する外交政策を推し進めていたことが分かります。

２０１５年４月13日に、リビア石油・黄金乗っ取り作戦のときの国務省リビア担当顧問だったジョナサン・ワイナーは、モンゴルに対する政策に関するメールで、スティールに「これは商業上の争いなので、合衆国高官ではなく君からＩＭＦと世界銀行に提案してほしい」と、リクエストを出してます。詳しい内容は伏せられていますが、〝アメリカが公式にできないことをスティールに肩代わりしてもらう〟という内容のこのメールは、オバマ政権国務省とスティールがどれほど親しい関係にあったかを物語っています。

２０１４年11月20日には、ワイナーはビル・クリントンの大統領首席補佐官だったマック・マクラーティが設立したコンサルタント会社の重役に、「私の親友で、ソビエト連邦担当だった元英国諜報員、今は欧米で活躍しているクリス・スティールを紹介します」と、スティールを売り込んでいます！

２０１５年１月13日に、ワイナーはクリントン政権時代のモロッコ大使でＡＰＣＯの重役、マーク・ギンズバーグにスティールを紹介し、スティールに仕事を斡旋しています。ＡＰＣＯは、タバコ会社が癌とニコチンの関係を隠したことに関する裁判で、タバコ会社側の科学者集団を援助したロビー会社で、現在は政治関係のロビー活動を行っています。

マーク・ギンズバーグ

■民主党べったりのハリウッド

公開された大量の民主党本部メールのうちのほんの数十個のメールの、文面が伏せられていない数パーセントの部分を見ただけでも、スティールとオバマの国務省がどれほど深い関係にあったかイヤと言うほど分かります。極めつけは〝トランプとロシアの癒着を暴いた辣腕スパイ〟としてスティールが世界中の注目の的となった２０１７年１月12日。この日、ハリウッドのプロデューサー、エリック・ハンバーグが前述したジョナサン・ワイナーに送ったメールでしょう。オリヴァー・ストーン監督の『ニクソン』、『エニー・ギヴン・サンデー』のプロデューサーとして知られるハンバーグは、スティールを絶賛する『インディペンデント』紙の記事へのリンクを添えて、こう書いています。

ジョナサン、さっき（スティールを高く評価している政府高官の一人として）君の名前が出てくるこの記事を読んだところだ。この映画を作ろう！

政府の仕事を辞めた後、何をするか決めたかい？ 連絡を取り合って、僕がワシントンに行った時に君と会いたいね。僕は今、ジョン・ディーンと一緒にABCでウォーターゲートのミニシリーズを作ってる。

ハリウッドとオバマ政権の親交は日本でも知られている。アメリカの芸能界ではテレビ番組も映画もカントリー以外のジャンルの歌の歌詞も、大昔から常に〝民主党は正義の味方、共和党は悪〟として描いています。ですから、トランプが出馬宣言をして以来一貫してトランプを忌み嫌っているハリウッドの人々にとって、スティールは英雄になったのです。

ジョン・ディーン

ジョン・ディーンは、ウォーターゲート事件（ニクソン政権幹部による民主党本部盗聴侵入事件）の首謀者で、事件の隠蔽工作をしました。司法取引で訴追免除と引き替えに「ニクソン大統領が関わっていた」と証言し、民主党派の人々からヒーローと崇められました。民主党派のジョン・ディーン崇拝は今でも続いていて、トランプ弾劾の公聴会で、トランプの弾劾とはまったく無関係であるにもかかわらず、民主党議員たちから引っ張り出されて、やたら説教めいたことを言っていました。

ハリウッドのセレブや監督、プロデューサーも含め、大手メディアはオバマ政権や諜報機関の非行が明らかになった後も、いまだに〝トランプはロシアの回し者で、スティールは正義の味方〟という筋書きを売り込み、アメリカ国民の半数がこの〝お話〟をすっかり信じ切っています。ディープ・ステイトの闇の支配者たちは、まさしく情報操作の達人と言えますよね。

第8章 ディープ・ステイトに狙われた人々・その1 ドン・ジュニア

■トランプの長男ドン・ジュニア

ロシア疑惑で最悪の中傷を浴びせられたのはトランプ大統領ですが、長男のドン・ジュニアも計りしれないほどの名誉毀損を被っています。

2017年7月8日『ニューヨーク・タイムズ』が「選挙キャンペーンの最中の2016年6月9日、ドン・ジュニア、ジャレッド・クシュナー（イヴァンカの夫）、ポール・マナフォートがトランプタワーでクレムリンの弁護士、ナタリヤ・ヴェセルニツカヤと会っていた。ドン・ジュニアはこの一件に関する弊紙の質問に〝主に養子縁組の話をしただけだ〟と答えた」と伝え、ロシア疑惑に拍車をかけました。特に、国務省からヴェセルニツカヤに関する警告メールをもらっていた議員たちは、「トランプはオバマ政権が採ったロシア制裁政策を解除する代わりにトランプ援助を約束させ、ロシアと共謀した！」と確信したに違いありません。

次の日、同紙は、さらに一歩踏み込んで、「クリントンにダメージを与える情報を約束したロシアの弁護士とドン・ジュニアが会った」と報道。

ドナルド・トランプ・Jr

ジャレッド・クシュナー

イヴァンカ・トランプ

　これを受けて、ドン・ジュニアがこのミーティングに関するメールのやりとりを2017年7月に公開しました。

　まず、2016年6月3日、英国の音楽関連のマネージャー、ロブ・ゴールドストーンがドン・ジュニアに送ったメールを見てみましょう。

「エミンからさっき電話があって、おもしろい話を聞いた。彼の父親が今朝ロシアの検察官と会って、検察官がヒラリーを有罪にする文書を持っていて、トランプ選挙キャンペーンに渡したがってる、ということだ。君のお父さんの役に立つだろう。ハイ・レベルな機密情報で、ロシア政府のトランプ支持の一環だよ」（エミンはトランプ一家と知り合いのミュージシャン、ロブはエミンのマネージャー）

　ドン・ジュニアは、下記の返事を送っています。

「ありがとう、ロブ。感謝するよ。今、移動中なんだけど、まずエミンと話そうかな。その話の通りなら、すばらしいね。時間はある。特に夏の終わりならいい。来週戻ったら電話で話せるかな?」

　この後、二人は連絡を取り合い、6月9日にエミンの父親の手配でナタリヤと会うことになりましたが、ナタリヤはヒラリーの話など一言もせず、ロシアの子どもたちの養子縁組の話で会合が終わりました。

ロブ・ゴールドストーン

しかし、『ニューヨーク・タイムズ』の第1弾の記事の後、ドン・ジュニアがいくら真実を言おうが、大手メディアはロシア・トランプ共謀疑惑を煽る報道を続けました。

ナタリヤはアメリカのロシア制裁政策をやめさせるために雇われた弁護士です。ロシアはアメリカが加えた制裁への報復として、ロシア人の子どもとアメリカ人の親の養子縁組を中止したので、養子縁組の話題になったのは当然の成り行きでしょう。

ＦＢＩの尋問記録が、最近やっと公開されました。この中で、この会合で通訳を務めたアナトーリ・サモチョーノフが「選挙の話は一切しなかった。ヒラリー・クリントンの名前も出なかった」と証言していたことが明らかになりました。

サモチョーノフは「ドン・ジュニアは真実を語っている。もし疑わしいことをしていたら、私はＦＢＩに連絡しただろう」とも言っていました。サモチョーノフは国務省と契約を結んでいる通訳でした。彼の奥さんはヒラリーが国務長官だったときに国務省で働いていたので、彼の証言には信ぴょう性があります。

ごく普通の人の目には、サモチョーノフの証言はドン・ジュニアが嘘をついていないことを裏づける重要な証拠だ、と映るでしょう。しかし、モラー報告書にはサモチョーノフの証言は記載されていません！

一体全体、なぜこの証言が排除されたのでしょうか？　モラーがボケ老人で記載するのを忘れたのか、モラーが常人の理解を超越した希有な価値観の持ち主で「この証言は無意味

アナトーリ・サモチョーノフ

だ」と判断したのか、はたまたトランプに有利になる証言を意図的に無視したのか、判断は読者の皆さんに委ねます。

■クレムリンの弁護士ヴェセルニツカヤはなぜトランプタワーに送り込まれたか

興味深いことに、ナタリヤはロシア制裁政策を終わらせるためのロビー活動をフュージョンGPSに依頼していて、トランプタワーでの会合の前夜と次の日の夜に、フュージョンGPSのグレン・シンプソンとディナーを食べていました。

さらに、おもしろいのは、そもそもこの一連の動きの発端となったエミンの父親、アラス・アガラロフの素性です。アラス・アガラロフはアゼルバイジャン出身の大富豪で、ロシア最大のショッピング・モールの所有者として有名なロシアの最大手のデヴェロッパーです。大手メディアでは、「アラス・アガラロフは、トランプが主催するミス・ユニヴァースが2013年にモスクワで行われたときに会場を提供した大富豪で、プーティンとも仲がいい」と伝えられています。これは事実です。が、アゼルバイジャンが実は中央アジアにおけるCIAの本拠地でCIAのお墨付きを得られない人間は出世できない（234ページ参照）、という事実を、大手メディアは一切伝えていません。

アラス・アガラロフ

また、アラス・アガラロフは、2018年FIFAワールドカップのスタジアムを二つ（カリーニングラードとロストフ・ナ・ドヌに）建設したことでも知られていますが、2018

年、2020年の開催地選定を巡る不正に関する捜査を行っていた英国捜査班の一人がクリストファー・スティールでした。

つまり、アガラロフはCIAやスティールに弱みを握られていた可能性があります。「借りを返す」という形でCIAかスティールに協力して、トランプを罠にかけるために一役買ったのかもしれません。あるいは、単にCIAかスティールの知り合いに偽情報を吹き込まれて、知らず知らずのうちに諜報組織の片棒を担いで、トランプに偽情報を伝えたのかもしれません。

CIA／MI6が冷戦時代からの得意技である偽情報作戦を使い、トランプとロシアが共謀している、というイメージを作ってロシア疑惑の種を植えつけるために、アガラロフに偽情報を吹き込み、トランプタワーにナタリヤを送り込んだとしても、何の不思議もないでしょう。

第9章 ディープ・ステイトに狙われた人々・その2 ポール・マナフォート

トランプの選挙コンサルタント、ポール・マナフォート

大手メディアが伝えている〝お話〟によると、〝マナフォートはプーティンの資金洗浄をしている悪人で、トランプとプーティンの共謀の仲介役だったので有罪になった〟と思えてしまうでしょう。

しかし、実際はマナフォートの罪状はトランプのロシア疑惑とはまったく無縁です。マナフォートは、トランプの選挙コンサルタントになる10年以上も前にロシアの富豪とビジネスをした際に税金詐欺、銀行詐欺を犯したことで有罪宣告を受けたのです。

マナフォートは民主党全国委員会の幹部、アレクサンドラ・チャルパに狙われていました。さらに、ウクライナのレジーム・チェンジ（体制変更）を強行してＮＡＴＯに入れようと企むネオコンのニューランドやジョン・ケリー、マケインにとっても、親ロシアの元ウクライナ大統領、ヤヌコヴィッチに雇われたマナフォートは邪魔者でした。

この章では、反ロシア・親ウクライナのチャルパ姉妹とネオコン軍団が、どのような経緯でマナフォートを陥れたのか、時間軸に従って検証していきます。

■実はウクライナ国の工作員、アレクサンドラ・チャルパとその妹

まずは、〝マナフォートの悪事を暴いたヒロイン〟として民主党支持者から崇拝されているアレクサンドラ・チャルパのバックグラウンドを見てみましょう。

チャルパは、民主党全国委員会の幹部として、ヒラリー選挙キャンペーンの要人でもありました。ウクライナ系のアメリカ人。両親はソビエト連邦の一部だったウクライナからアメリカに亡命してきたウクライナ人で、父親はジョージタウン大学教授です。

ソ連からの亡命者の多くはソ連崩壊後のロシアのことも忌み嫌い、プーティンはスターリン同様の残忍な独裁者で世界制覇を企んでいる、と確信しています。特に、人種的にロシア人ではないウクライナ人やユダヤ系の亡命者は、ソ連崩壊後も依然として冷戦時代のメンタリティを保ち続けています。チャルパと妹のアンドレアは、両親ともソ連から亡命してきたウクライナ人の家庭で育ちました。二人は恐らく、幼少時代から両親の反ソ連の憎しみに洗脳されたせいで、プーティンに並々ならぬ嫌悪感と憎しみを抱いています。

チャルパ姉妹の心理的背景をふまえて、チャルパ、ネオコン、マナフォートの行動を追ってみましょう。

マナフォートは２００４年にウクライナ大統領候補だった親ロシアのヤヌコヴィッチにコンサルタントとして雇われ、２００６年にはプーティンと親しいロシアの富豪、デリパスカ

のビジネス・コンサルタントになり、年収1000万ドルの契約を結びました（ヤヌコヴィッチとの契約は2010年まで。デリパスカとの契約は2009年まで続いた）。チャルパは、すでにこの時点からマナフォートがロシアの手先であることを証明するためにマナフォートの動きを追い始めていました。

2010年2月7日、ウクライナ大統領選でネオコンが推していたアメリカ／EU／NATO寄りのティモシェンコが負け、マナフォートのクライアントであるヤヌコヴィッチが当選。

2013年、FBIがマナフォートの海外でのビジネス取引を調査。

2014年、1月3日、チャルパを含むウクライナ系アメリカ人の団体がホワイトハウスのオバマのスタッフ、NSC（国家安全保障会議）の上層部と会見し、親ロシアのウクライナ政権批判を要請。4日後に上院がロシアを批判しました。

ニューランドがヤヌコヴィッチを追い出して親米傀儡政権を作り上げるため〝ウクライナ人による自発的な〟抗議運動を仕組んでいる間、アレクサンドラ・チャルパは親米ウクライナのウェブサイトを立ち上げて、反ロシアのウクライナ情報（＝ネオコンのプロパガンダ）を伝え、チャルパ姉妹はツイッターなどのソーシャル・メディアを駆使して「親ロシアのヤヌコヴィッチがウクライナ人を虐殺している！」という〝お話〟を世界中に広め、1200万人のフォロワーたちがこの〝お話〟を鵜呑みにしました。世界中で反ロシア感情が高まる中、

ユリア・ティモシェンコ

2月下旬、クリミア（人口の約7割がロシア人）がロシア帰属を求めてウクライナ人と衝突したため、ロシアがクリミアに兵士を派遣しました。

その間も、ニューランド、マケイン、バイデンが陰で糸を引き〝ウクライナ人による自主的な蜂起〟が続きました。２０１４年2月18日、マイダン暴動が起きて、2月21日、ヤヌコヴィッチ政権が倒れて（ヤヌコヴィッチはロシアに亡命）3ヶ月後の5月25日、ウクライナ大統領選でチョコレート王のポロシェンコが勝利を収めます。しかし、ウクライナ政府は汚職まみれでＩＭＦ参加が困難だったため、バイデンとＦＢＩの指導のもとに汚職対策局が設置されました。

トランプは、２０１５年7月16日に大統領選に出馬。トランプは外交方針を聞かれるたびに「僕はプーティンとうまくやっていけると思う」、「ＮＡＴＯはもう必要ない」、「ウクライナはヨーロッパ諸国が助けるべき」などの発言を繰り返していました。そんな中、チャルパは、さまざまなオンライン紙に「ロシアを撃退し、ウクライナを援助すべき！」という主旨の論説を書き続け、２０１５年暮れからマナフォートに関する調査にさらに力を入れ、２０１６年1月の段階で、「私はトランプはロシアと関係があると直感した。この選挙にマナフォートが絡んでくるに違いない」と、民主党全国委員会とヒラリー選挙本部に伝えました。

ほぼ同時期、ＦＢＩがマナフォートの資金洗浄容疑の捜査を開始していました。

２０１６年2月下旬に、トランプがマナフォートを雇うかもしれない、という噂が流れ、

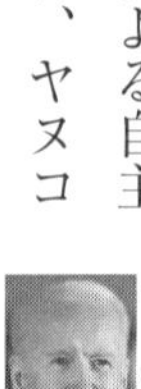
ジョー・バイデン

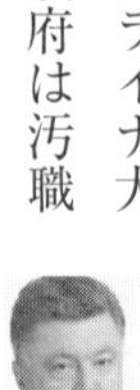
ペトロ・ポロシェンコ

3月中旬チャルパは自分が抱いた懸念を在米ウクライナ大使に告げます。

2016年3月29日、マナフォートが正式にトランプ選挙キャンペーンに参加しました。この日、チャルパは民主党全国委員会のメンバーたちにマナフォートとロシアのつながりを説明。委員会の後押しを得て、ウクライナ大使館に「ポロシェンコ大統領がマナフォートとヤヌコヴィッチの関係検証をするよう話してほしい」と要請しました。その後、チャルパはウクライナ大使館員たちと情報交換し、大使館員はトランプ、ロシア、マナフォートのつながりを調べる記者たちに協力して、記者たちを〝適切な方向〟に導きました。

同時期、チャルパはウクライナ系アメリカ人の団体を率いて、マナフォートの自宅の前で抗議デモを行い、「マナフォートはプーティンのトロイの木馬だ！」と叫び、トランプがマナフォートを解雇することを要求しました。

4月6日、チャルパは民主党のキャプター下院議員にマナフォートの調査を推薦し、この後ヤフー・ニューズのマイケル・イシコフに会いました。4月26日、イシコフが「マナフォートがロシアの富豪、デリパスカの資金洗浄に関与している疑いでケイマン諸島の役人の調査を受けた」と報道。4月28日、チャルパは68人のウクライナ人記者を集めたアメリカ連邦議会主催の集会で、マナフォートに関する調査結果を発表しました。

こうした中、4月20日、チャルパは、ヤフーから「ハッカー注意！」という警告シグナルを受け始め、「ロシアの仕業に違いない」と直感。4月下旬に民主党全国委員会のコンピュ

マイケル・イシコフ

ータがハッキングされました（真実は民主党本部職員の良心の人、セス・リッチが持ち出したもの。34ページ参照）。民主党はクラウドストライク社を雇い、調査させました。5月にクラウドストライクは、「ロシアの仕業だった」と発表。

5月3日、チャルパは、マナフォートに関し民主党全国委員会に、「まだ序の口。ここ数週間、マイケル・イシコフ（ヤフー・ニューズ）と仕事をしていて、彼をウクライナ人に紹介しました。数週間後に、今準備中のトランプに関する大きなニューズが出てくるので気をつけて見ていてください」と報告しました。

そして7月に民主党全国委員会のコンピュータのハッキング内容がリークされ、間髪を入れずにヒラリーのキャンペーン・マネージャー、ロビー・ムークが「ロシア政府がトランプを助けるためにやったことだ、と専門家が言っている」と断言して、ロシア疑惑を信じる人が急増しました。

スティール調査書から情報をもらった記者たちが一斉に「マナフォートはロシアの回し者だ」と吹聴しまくる。この時期にチャルパは7月下旬に民主党全国委員会を去ってマナフォートの調査に専念しました。2016年7月31日（投票まであと3ヶ月）、FBIが正式にロシア疑惑捜査（クロスファイアー・ハリケーン作戦）を開始しました。

8月4日、在米ウクライナ大使ジェフリー・パイエットが、トランプはロシアに甘いとして外交理念を徹底的にこきおろす論説を執筆。

２０１６年8月14日、バイデンとＦＢＩが設立したウクライナ汚職対策局が、ヤヌコヴィッチがマナフォートに裏金を渡したことを記録した手帳を発見し、ウクライナ国会のレシュチェンコ議員がこの情報をリーク。マナフォートは8月19日にトランプ選挙キャンペーンから離れました。ウクライナの検察庁は後にこの手帳の内容をモラーに通達しました。

２０１６年10月中旬、チャルパ姉妹はTreasonousTrump（裏切り者トランプ）というサイトを立ち上げて、まったく根拠がない噂を含めあらゆる反トランプ情報をばらまき、ツイッターでもこのサイトを宣伝しまくり、ワシントンＤＣのトランプ・ホテルの前でのデモを呼びかけていました。

トランプが当選した11月8日の次の日、11月9日、アレクサンドラ・チャルパはフェイスブックに「過半数の州の投票機がロシアにハッキングされていた。ロシアのマルウェア（不正プログラム）のせいでトランプの票が不正に加算され、ヒラリーの票が削減された」と、根も葉もない大嘘を書き込み、ヒラリー派の多くがこれを鵜呑みにして、今でもトランプが大統領の座を盗んだと本気で信じています。チャルパ姉妹は、この後は、ウクライナでヤヌコヴィッチを倒した（２０１４年2月21日）ように、トランプを倒すための〝草の根運動〟に力を入れています。

２０１７年10月30日、マナフォートは銀行詐欺などの容疑で逮捕され、２０１８年にロシア疑惑とは無縁の銀行詐欺、税金詐欺などの罪で有罪になりました。

■民主党とウクライナの〝共謀〟

ポール・マナフォート（1949年生）は、ジョージタウン大学で理学士、法学士の学位を得た秀才で、1976年、1980年、1988年の大統領選で、それぞれジェラルド・フォード、ロナルド・レーガン、ジョージ・ブッシュを勝利に導いた辣腕選挙コンサルタントです。政治家のイメージ造り、有権者にウケるメッセージ作り、政財界での根回しなどの総合的な手段を使って、候補者を勝利に導くマナフォートは、ワシントンでは辣腕選挙フィクサーとして知られていました。

ですから、ヤヌコヴィッチを憎むチャルパはマナフォートを恐れました。マナフォートは、共にヤヌコヴィッチを消したいニューランドにとっても邪魔者で、二人は「ヤヌコヴィッチの政治生命を絶つためにはマナフォートを潰さなければならない！」と確信していたはずです。

そこに親ロシア反NATOのトランプが大統領候補に現れてマナフォートと組んだのですから、チャルパとニューランドは相当な危機感を抱き、「どんな手段を講じてでも、この二人を叩こう！」と決意し、「マナフォートを潰してトランプ選挙キャンペーンに泥を塗れば、トランプを敗北に導ける」と思ったのでしょう。

そして、ウクライナとクラウドストライクの力を借りて、民主党全国委員会のコンピュータのハッキングという災いを転じて「ロシア疑惑をなすりつけてトランプとマナフォートを潰す」という福となした（あるいは民主党全国委員会のコンピュータがロシアにハッキングされた、と一芝居打って、トランプを罠にかけた）のでしょう。ロシアを悪者にしてトランプとマナフォートをやっつける、というのは、まさに一石三鳥の名案！　チャルパは、恐らく本気でロシアを恐れていて、ロシアがトランプを助けたとマジで信じているため、彼女の言動には信ぴょう性があります。ニューランドやブレナンはチャルパをうまく使って、〝ロシア疑惑でトランプとマナフォートを排除して、ロシアは悪者だというイメージを強化する〟企画を陰で支援。以前からマナフォートを狙っていたＦＢＩも、ニューランドやマケインからも推薦されたスティール調査書を取得して〝待ってました！〟とばかりにこの企画に飛びつき、トランプ嫌いの捜査官たちが躍起になってマナフォートを糸口としたトランプ潰し作戦に乗り出したのです。

２００４年のウクライナ大統領選からの流れを追っていくと、**2016年の大統領選でライヴァルを倒そうと〝共謀〟したのは、トランプとロシアではなく、民主党とウクライナ国政府（ポロシェンコ政権）だったことが見えてきます。**チャルパ姉妹は、ウクライナ紛争でも打倒トランプ・マナフォート活動でも、ソーシャル・メディアを使って政敵への反感を煽り抗議運動を起こさせる、という手段を使っていますが、これはアラブの春などでネオコンが使ったＣＩＡの常套手段です（詳しくは２３８ページ参照）。

残念なことに、強烈な第一印象はなかなかぬぐい去れません。アメリカ人の半数はいまだにロシア疑惑と、邪悪なプーティンがクリミア半島を侵略した、というネオコンの作り話を信じています（ウクライナ紛争とクリミアに関しては247ページ参照）。

ちなみに、2017年7月20日、グラスリー共和党上院議員が「チャルパはウクライナの工作員として民主党全国委員会コンサルタントを務めていたので外国代理人登録法に違反する」と指摘した文書を司法省に提出しました。が、いまだに何の措置もとられていません。

さらに、マナフォートの同僚が「あの手帳の記録と金額は一致しないので、手帳は偽物だ」とモラーに証言していたこと、ウクライナ汚職対策局検事も「あの手帳はねつ造されたものだろう」と言っていたことが分かりました。モラーは、マナフォート逮捕の決め手となった〝証拠物件〟が偽造品だと知りながら、マナフォートを起訴したのです。2018年12月には、ウクライナの裁判所が「手帳の存在をリークしたレシュチェンコと、手帳の内容をアメリカに伝えた検察官の行為は、アメリカ大統領選干渉という違憲行為だ」という判決を下しました。

第10章 ディープ・ステイトに狙われた人々・その3 マイケル・フリン

■マイケル・フリン安全保障問題担当大統領補佐官

大手メディアの〝お話〟では、「フリンはロシアのスパイで２０１４年からロシアの女スパイ、スヴェトラーナ・ロホヴァと密会していた」、「フリンはトルコ政府の工作員でもあった」、「トランプ暫定政権発足後、ロシア大使に（オバマが課した）制裁への報復を避けてほしい、と頼んだことで逮捕されて有罪を認めた」ということになっています。しかし、実際は、モラー捜査班に「ＦＢＩ捜査官に嘘をついた、という罪を認めないと、おまえの息子を起訴するぞ！」と脅され、すでに弁護士料を払うために家を売って破産に追い込まれたフリンは、仕方なく〝嘘をついた〟と認めただけです。

フリン関連の特に重要な事項を時間軸に沿って見ていきましょう。

フリンは、両親と子ども9人、というアイルランド系カトリックの家庭で育ち、父親も兄の一人も軍人です。１９８１年にロードアイランド大学経営学部で理学士、ゴールデン・ゲイト大学で経営学修士を取得したあと、陸軍指揮幕僚大学を経て、少数精鋭の海軍大学高等

スヴェトラーナ・ロホヴァ

軍事研究院を卒業した頭脳明晰な理数系の人間です。陸軍入隊後、情報・監視・偵察のスペシャリストとしてアフガニスタン、イラクでアルカイダの動向を偵察、アメリカ中央軍（CentCom《セントコム》）情報部、アフガニスタンに司令部を置く国際治安支援部隊の情報部を経て、2010年にアフガニスタンでの情報収集・分析システムを改善するための提案書を発表します。フリンが書いた現状批判と改善案の中で、特に大きな注目を浴びたものをご紹介しましょう。

●現地で収集した情報をアメリカ本部に送り、現地の生の状況を知らない人間が分析する、という現状では正しい情報分析ができないので、情報収集も情報分析も現地で行うべき。
●情報部以外の兵士、現地人の兵士、民間援助団体の人間などと積極的に情報を交換すべき。
●兵士の身の安全を守るために機密情報アクセスのレベルをできる限り下げるべき。
●現在の分析員の役割分担は、テロ、麻薬、武器売買、資金洗浄、のような区分になっているが、これでは全体像が見えない。地理的に分けて、それぞれの地域の担当者が現地でテロ、麻薬、武器売買などの包括的な情報を各地域の司令部レベルで分析すべき。
●現在の分析員は、アフガニスタンをまとまりのある一つの国であるかのように扱っているので正確な情報分析ができない。アフガニスタンは複数の部族で構成され、それぞれの部隊がそれぞれの部族長の指示に従っているので、部族ごとに情報を収集し、部族に応じた作戦で対処すべき。選挙人制度を取るアメリカ大統領選で、勝算があると査定した州でその州に適した選挙キャンペーンを行うのと同じで、アフガニスタンでも部族別の作戦を展開すべき。

これらの指摘と改善案は、的を射て理にかなったものです。しかし、アメリカ本部の冷暖房の効いた快適なビルの中で、コンピュータのスクリーンを見ながら情報分析をしているホワイトカラーのエリートたちは、アフガニスタンに派遣されるなんて、とんでもない！と、激怒しました。そして、テロ専門、麻薬専門、などのそれぞれの専門家たちは、自分たちの存在意義がなくなることを恐れました、さらに、各々の専門家からの情報を一挙に得られる諜報機関の上層部は、自分たちにしか見えない情報をランクの低い兵士や現地の兵士と分かち合うことを拒絶しました。特に、各地で裏工作をしているＣＩＡの幹部は、不正な手口がばれることを恐れました。機密重視のＮＡＴＯの幹部も、このような改善案がＮＡＴＯでも実施されたらいい迷惑だ、と思ったに違いありません。

▒諜報機関、国務省、国防省に激しく憎まれていたフリン

こうして、フリンはアメリカとＮＡＴＯの諜報機関幹部たちの宿敵となったのです。

それでも、フリンは、２０１２年7月24日、オバマ政権の国防情報局（ＤＩＡ）長官に就任しました。これは、クラッパー国家情報長官がフリンを黙らせるために昇格させただけの

こと、と言っている人も少なくありません。

就任後、フリンは国防情報局のリポートに「シリアの反アサド勢力はイスラム国（ＩＳ）になる恐れがある」と記されていることをオバマに告げて、反アサド勢力への援助をやめさせようとします。が、「シリアの反乱勢力は中道派だ」と主張するマイケル・モレルＣＩＡ長官に批判され、オバマはＣＩＡの言うことを聞いて反アサド勢力にさまざまな援助を送りました。

２０１３年、フリンはモスクワのロシア連邦軍参謀本部情報総局を訪れセルゲイ・ショイグ局長と会談。

２０１４年２月28日、フリンは２００４年まで英国秘密情報部（ＭＩ６）長官だったリチャード・ディアラヴ卿とケンブリッジ大学教授のステファン・ハルパーに招待されて、ケンブリッジ情報セミナーに出席し、そこで英国在住ロシア研究家の女性、スヴェトラーナ・ロホヴァに会います。このセミナーには、セミナーの創設者でＭＩ５に雇われた諜報機関史専門家のクリストファー・アンドリュー名誉教授、英国王立防衛安全保障研究所のサイバー・セキュリティ研究員、ニール・ケントも参加していました。ロホヴァは、アンドリューに勧められて、フリンと話しました（ＭＩ５は英国の安全保障を守る諜報組織、ＭＩ６は外国での情報収集をする組織で、それぞれＦＢＩ、ＣＩＡに相当）。

２０１４年８月７日に、オバマのイラン核合意、反アサド勢力援助などさまざまな外交政

マイケル・モレル

リチャード・ディアラヴ

クリストファー・アンドリュー

策に反対したフリンは辞任に追い込まれました。

２０１５年3月4日、フリンは「イスラム国の思想はイスラム世界のすべてを預言者ムハンマドの時代の生き方に戻そうとするもので、西洋社会に旧約聖書の戒律を強要しようとするのと同じ」という主旨の論説を執筆（『ザ・ヒル』紙オンライン、２０１５年3月4日）。

２０１５年5月、ＦＢＩの女性捜査官、ロビン・グリッツが性差別で上司のアンドリュー・マケイブを訴えた裁判で、フリンはグリッツの資格を支持する性格証人（character witness）を務めました。最終的には証拠不十分でグリッツが負け、マケイブは昇進しましたが、マケイブがこの時点からフリンを憎んでいたことは容易に想像がつきます。

２０１５年7月29日には、アル・ジャジーラＴＶのインタビューで、「反アサド勢力を援助するとイスラム国と化すだろう」という情報をオバマが無視したことに関する質問に、フリンは「オバマは無視したのではなく、意図的な決断だった」と答えます。インタビュアーに、「サラフィー主義者（イスラム国樹立を目指すイスラム教過激派）、アルカイダ、ムスリム同胞団が構成する反政府軍を援助することを（オバマは）意図的に決めた、ということですか？」と念を押され、「彼らが今やっていることは意図的決断の結果です」と答えました。

２０１５年6月、フリンはイラン系アメリカ人ビジネスマンで合衆国輸出入銀行の重役だったビジャン・キアンと共にフリン・インテル・グループという情報関連の会社を設立。

２０１５年8月20日、ロシアの英語放送局、ロシア・トゥデイ（ＲＴ）のインタビューでも、シリアの反アサド勢力を援助したオバマを批判し、ロシアとの協力を呼びかけました。

２０１５年12月17日、ロシア・トゥデイ創設10周年記念祝賀パーティに招待され、ＶＩＰのテーブルでプーティンの隣に座りましたが、プーティンは英語は不得意なので二人は会話を交わしていません（同じテーブルに２０１６年大統領選で緑の党の候補として出馬した医師、ジル・スタインが着席していました）。

２０１６年2月、トランプの非公式な外交政策アドヴァイザーになり、7月に副大統領候補になる可能性が浮上した直後、フリンはまたまたオバマ政権の官僚主義とイスラム教過激派テロ対策を批判する論説を執筆。

7月12日、著書『フィールド・オヴ・ファイツ』（戦場）が発行され、その中の「（オバマ政権下では）イスラム教過激派という言葉を使うことさえ許されなかった」という一言が注目を集め、オバマを愛する大手メディアから激しく非難されました。

7月18日、共和党全国大会でのスピーチで、国家安全保障の視点から、ヒラリーが国務長官時代に法を無視して個人のメールで公務を行い、議会に通信記録の提出を要請された後メールを消去したことを批判しました。

7月25日、トルコでエルドアン大統領を倒すためのクーデター未遂事件が起き、エルドアン大統領はアメリカ在住のトルコ人イスラム教指導者、フェトフッラー・ギュレンが首謀者の一人だ、と宣言し、アメリカに身柄引き渡しを要求しますが、オバマ政権に拒否されます。

エルドアン大統領

フェトフッラー・ギュレン

7月31日、すでに大手メディアが「トランプはロシアと共謀している」と煽る中、ＦＢＩのロシア疑惑捜査（クロスファイアー・ハリケーン作戦）が正式に開始。

8月9日、共同経営者のキアンの知り合いのトルコ人ビジネスマンが設立したテロ対策コンサルティング会社がフリン・インテル・グループを雇い、ギュレンをトルコに返還させるためのロビー活動を依頼。

8月15日、『ワシントン・ポスト』紙が、ロシア・トゥデイの祝賀パーティでフリンがプーティンの隣に座ったことなどを指摘して、トランプとロシアの仲が良すぎることに疑問を抱く記事を掲載し、その後フリン・バッシングの記事が続出し、9月9日には元ＣＩＡ工作員で無党派大統領候補のエヴァン・マクマリンが「昔の同僚から、ロシアがトランプに不利な情報を握っていてトランプを恐喝している、と聞いている。フリンはプーティンと親しい」としたり顔で語りました。

9月12日、クリトン時代のＣＩＡ長官で、ＣＩＡのレジーム・チェンジを遂行するネオコン組織であるフリーダム・ハウスの幹部、ジェイムズ・ウールジーが、なぜかトランプの顧問になって選挙キャンペーンに潜入。

9月2日、ウールジーはフリン・インテル・グループにギュレン返還援助を要請したトルコ人に、「1000万ドルくれたらギュレンの人格暗殺キャンペーンを展開してあげる」とメールしました。しかし、トルコ人ビジネスマンはこの誘いを拒否しました。

エヴァン・マクマリン

ジェイムズ・ウールジー

10月初旬、フリン・インテル・グループはギュレンの正体をさらすためのドキュメンタリー制作を開始。

11月4日、フリンは「クリントン政権がアメリカに連れてきたギュレンは、穏健派のイスラム思想の指導者という触れ込みです。が、実際は巨額の資金を得て世界中にイスラム教の学校を作りテロリストを育てているテロの伝道師だ」という暴露記事を執筆し、大手メディアから激しい批判を受けます。

11月8日にトランプが当選。この直後から、フリンは国家安全保障問題担当大統領補佐官に任命されるだろう、と言われていました。

11月14日、『ポリティコ』が「フリンはトルコ政府のためのロビー活動をしている」と、報道し、「国家安全保障問題担当大統領補佐官になろうとしている人間が外国政府のために働くとはけしからん!」という報道が続出。

11月17日、トランプはフリンを国家安全保障問題担当大統領補佐官にする意向を正式に明らかにします。

11月30日、オバマ下の司法省はフリンに「外国人代理登録法違反容疑で捜査をしている」と通告します。

12月29日、フリンは新政権への移行をスムーズにするためにロシア大使に電話をして、会話の中でアメリカのロシアに対する制裁に関する話題にも触れました。ロシア大使の電話はもちろん盗聴されていて、オバマ政権の幹部がアンマスキングを要求し、フリンが制裁の話をした証拠をつかみます。

2017年1月12日、大手メディアが「フリンがロシア大使と制裁の話をした、と、消息筋が言っているが、トランプ陣営は否定している」と伝え、1月15日、ペンス副大統領が「フリンは私に、〝制裁の話はしなかった〟と言いました」と発言。

1月20日、トランプ、大統領に就任。

1月24日、コーミーがホワイトハウスにFBI捜査官を二人送り込み、正式な捜査であることを告げずに、弁護士の立ち会いのない状況でフリンに質問をしろ、と命令します。二人の捜査官はフレンドリーな態度を装って、日常会話をする雰囲気で会話を進行させ、「ロシア大使と制裁の話をしましたか？」と、尋ね、それに対し、フリンが「しなかった」と答えました。

1月26日、サリー・イェイツ司法長官代理は、何の根拠もないにもかかわらず、「フリンを恐喝する材料をロシアが取得した」と判断し、ドン・マガーン大統領上級顧問に「フリンはロシアの恐喝の犠牲になる恐れがある」と報告。

2月10日、フリンの広報官が「制裁の話をしたかどうか確信が持てない」と発言し、2月13日、フリンは辞任に追い込まれました。

3月24日、ネオコン組織のフリーダム・ハウスの幹部ウールジーが『ウォールストリー

ドン・マガーン

ト・ジャーナル』紙のインタビューで、「フリンは、真夜中にギュレンをさらってアメリカから連れ去る隠密作戦を口にしていた」とコメント。フリン側は全面否定しましたが、ウールジーは大手メディアに出まくって、同じコメントを言い続けました。

その後、ＦＢＩは、フリンがロシアと共謀したかどうかの捜査に加え、トルコ政府のためのロビー活動に関しても徹底的な捜査を行いましたが、何の犯罪も発見できませんでした。そして、２０１７年12月１日、連邦政府捜査官に嘘をついたことで起訴されたフリンは、弁護代を払うために家を売り、破産に追い込まれ、フリン・インテル・グループで働いていた息子を起訴する！、というモラーの脅しに遂に屈して、嘘をついた、という罪状を認めました。

この間、メディアはひっきり無しに、フリンはプーティンと共謀し、トルコ政府のために平和を説くギュレンの人格抹殺工作を行い、２０１４年にはロシアの女スパイと会っていた、などの大嘘のフェイク・ニューズを報道し続け、フリンの人格が抹殺されました。

一方、フリンの会社の共同経営者キアンは、外国代理人登録法違反で有罪になりましたが、２０１９年12月に判事が証拠不十分で有罪判決を破棄しました。

■「平和の使者」の皮をかぶったテロ仕掛け人、フェトフッラー・ギュレン

ケンブリッジ大学教授のステファン・ハルパーは実はＣＩＡ、ＦＢＩのスパイで、ロシア

疑惑捜査でパパドポロスとカーター・ペイジをスパイしていました。さらに、２０１２年から２０１８年までオバマ政権の国防省から１００万ドル以上の報酬を得ていたことも発覚しました。これを受けて、スヴェトラーナ・ロホヴァ（英国在住のロシア研究家）が「アメリカの諜報機関がフリンを罠にかけるためにハルパーを派遣し、〝ロシアの女スパイと会っていた〟という疑惑をねつ造した」として、彼女のことを〝ロシアの女スパイ〟と報道した報道機関を名誉毀損で訴えましたが、この訴えは証拠不十分で却下されました。

アメリカの諜報機関がフリンを蹴落とそうと画策していたことは間違いないので、ハルパーを使ってフリンを陥れようとした、という筋書きは有り得ないことではないでしょう。

しかし、ハルパーよりももっと興味深いのはギュレンのコネクションです。

フリンがギュレン批判の記事を書いたとき、メディアと民主党は一斉に「平和の使者のギュレンを批判するとは、フリンはイスラム嫌いの人種差別主義者だ」と吹聴していましたが、ギュレンは平和の使者という皮をかぶったテロの仕掛け人です。

ギュレンは、左翼と右翼の対立で政治テロが続いた１９７０年代のトルコで、宗教的指導者として支持を集め、１９８０年のクーデターで軍隊を陰で支えましたが、その後、政教分離派からはイスラム色が濃すぎると恐れられ、右派からはアメリカの手先と批判されて、クリントン政権の推薦で１９９９年、アメリカに移住します。永住権取得の際に、トルコを含む中東で暗躍していたＣＩＡ工作員のグレアム・フラーが推薦状を書いています（フラーの

グレアム・フラー

娘の夫はボストン・マラソン爆弾テロ犯兄弟の叔父でチェチェン共和国でCIAの裏工作を助けていた人物です）。

ペンシルヴァニアに拠点を定めたギュレンは、世界中、特にイスラム圏に何百校もの学校を設置して、金融機関やメディアも運営し、何万人もいる支持者たちに〝平和的なメッセージ〟を説いて、彼らを政府や警察、軍部に送り込むために尽力している〝穏健派ムスリム〟の指導者、ということになっています。

しかし、FBIでトルコ語、ペルシャ語の通訳・翻訳をしていたシベル・エドモンズは「ギュレンは、天然資源豊富な中央アジアでCIAが〝自発的な抗議運動〟をでっちあげてレジーム・チェンジをしたいときに、現地のイスラム教徒たちをそそのかして暴動を勃発させる扇動係りだ」と言っています。ギュレンはクリントン夫妻の腹心、シドニー・ブルーメンソール、大富豪ジョージ・ソロス、ソロス率いるオープン・ソサイアティ財団、NED（National Endowment for Democracy 全米民主主義基金、他国を民主化するための組織で、CIAが裏でやってきたことを公然とやるために作られた非営利団体）から莫大な援助を受けています。2008年のトルコ文化友好センターのイヴェントで、ビル・クリントンはギュレンの活動を褒めています。また、2015年に保守派の『デイリー・コーラー』というオンライン誌のリポーターが、政治献金調査サイト opensecrets.org などの記録を調査した結果、ギュレンの支持者たちがヒラリーの選挙キャンペーンやクリントン財団に50万ドルから100

シベル・エドモンズ

シドニー・ブルーメンソール

ジョージ・ソロス

万ドルの献金をしていることが分かりました。

こうした舞台裏を知った上で一連の経緯を見直すと、ギュレンの正体がばれることを恐れたヒラリーとＣＩＡが、ウールジーをトランプ選挙本部に潜伏させて、フリンの行動を監視させせた、と思えてきませんか？　そして、フリンが辞任した後、さらに追い打ちをかけてウールジーは嘘をついて偽情報を振りまき、フリンが二度と立ち直れないようにするために徹底的な人格抹殺作戦を実行したのです。まさにＣＩＡの十八番《おはこ》です！　ＦＢＩがトランプ選挙キャンペーンに忍び込ませた〝人材〟は、ウールジーだったに違いありません。

さらに、シベル・エドモンズがＣＩＡと国務省、国防省の中央アジアでの体制変更裏工作の記録を暴露しようとしたときに、彼女の口を封じようとしたのは、当時ＦＢＩ長官だったロバート・モラーでした！

こうした舞台裏を見ると、〝住民の自発的抗議運動に端を発する政変〟が大好きな諜報機関、国務省、国防省の人間たちが、暴徒扇動係のギュレンを守るためにフリンを潰そうとした、というシナリオも見えてきます。

ちなみに、シベル・エドモンズがギュレンの正体を暴露したときは、米国自由人権協会が彼女を無償で弁護しましたが、エドモンズとまったく同じことを書いたフリンが各方面から〝イスラム教への恐怖を煽る人種差別主義者！〟と叩かれたとき、同協会は恐らくヒラリーに気を遣って沈黙を守っていました。

■ミランダ警告も与えず尋問

また、フリンのロシア大使との会話は、フェイク・ニューズを鵜呑みにすると、ローガン法（政府の許可がない個人が、アメリカと争っている外国と交渉することを禁じた法律）に反する違憲行為だと思えてしまうでしょう。しかし、フリンはこの時点ではトランプ暫定政権の代表として国益のために交渉していたので、彼の行為はローガン法違犯ではありません。それなりの大学で高等教育を受けた大手メディアの記者たちがこの事実を知らないはずはないので、記者たちはフリンが無実だと知りながら、ロシア疑惑を深めるために都合がいいネタとして、あたかもフリンが不正にロシア大使と話した、とにおわせるフェイク・ニューズを流しつづけたのです。フリンをローガン法違犯で糾弾した大手メディアは、２０１８年にオバマ時代の国務長官ジョン・ケリーが、トランプのイラン核合意離脱を止めさせるためにイランやヨーロッパの要人たちと画策していたときは、ケリーを正義のために孤軍奮闘する勇士であるかのように絶賛していました。しかし、ケリーのこの行為こそ、まさにローガン法違反だと、アメリカで一番有名な法律学者、ハーヴァード大学のアラン・ダーショウィッツ名誉教授が断言しています。

　フリンの部下だったＫ・Ｔ・マクファーランドは、２０１９年11月にフォックス・ニューズのインタビューで、ＦＢＩ捜査班の汚い手口を批判して、こう語っています。

アラン・ダーショウィッツ

K・T・マクファーランド

彼らは何の前触れもなく自宅に訪れ、「ただ話を聞きたいだけです」と言って、弁護士を呼ぶヒマもないうちに質問を始めました。パソコンの記録などを見ることもできない状態で、「あなたはいつロシア大使と話したのですか？」などと詰問され、もしたった一日でも日時や曜日を間違ったら、〝連邦捜査官に嘘をついた〟という罪状で逮捕されるわけです。

ダーショウィッツ教授を始め、「ＦＢＩはフリンが〝偽証〟するように罠にかけた」と言っている人も少なくありませんが、偽証を招く誘導尋問もディープ・ステイトのお家芸なので、かねてからフリンを憎んでいた諜報機関が、ロシア嫌いのＮＡＴＯやネオコンと結託してマナフォート、フリン、トランプを一網打尽にするためにロシア疑惑をねつ造した、ということでしょう。

と、ここまで書いた後、２０２０年４月28日に、フリンに有罪を認めるよう説得した法律事務所（なんとオバマの司法長官だったエリック・ホールダーの事務所です！）が、フリンが罠にかけられたことを証明する書類やメールを隠し、フリンが新たに雇った弁護士に渡していなかったことが発覚しました。４月29日現在、保守派のコメンテイターの中には、フリンがそもそもオバマの司法長官の法律事務所を雇ったことをなじっている人も少なくありません。しかし、フリンは政治的駆け引きを嫌う正義感の強い軍人なので、弁護士はクライアントを真剣に弁護してくれる、と信じていたのでしょう。

と、ここまで書いた後、４月29日、フリンの捜査に疑問を抱くＦＢＩ捜査官の一人が書い

エリック・ホールダー

た「ゴールは何なのか？　真実か？　告白か、それともフリンを起訴するため、クビにするために、フリンに嘘をつかせることか？　我々が裏工作をしてると思われたらホワイトハウスは激怒するだろう」という手書きのメモが公開されました。同日公開されたメールで、フリンにカジュアルに質問をする際にミランダ警告（黙秘権の事前告知）をいつ与えるべきかに関して、リサ・ペイジが「最初に与えなきゃいけないの？　それともなにげなく忍び込ませる、ということでもいいのかしら?」と、別の弁護士に尋ね、「与えるのはいつでもいいと思う」という返事をもらっていました。

　フリンはミランダ警告を与えられませんでした。

　4月30日、さらに12ページ分の記録が公開され、フリンを捜査していたＦＢＩ捜査班が（フリンにとって）不利になる情報は見つからなかったので２０１７年1月4日に捜査を終了しようとしていたとき、ストロックが「捜査を続行しろ」と命じていたことが分かりました。ＦＢＩ上層部は、フリンの罪を見つける（でっちあげる）まで捜査を続けるつもりだったのです。

　フリンの裁判を司っているのは、エメット・サリヴァンというビル・クリントンが任命した連邦判事です。この判事の心にみじんでも高潔さが存在するなら、フリンを即刻無罪にして、合衆国を代表してフリンに謝罪し、モラーの一味を投獄するでしょう。判事が正しい裁きを下してくれますように！　イン・シャアッラー！

エメット・サリヴァン

5月7日、司法省がFBIの不手際を認めて起訴を取りやめましたが、フリンの裁判を司っているエメット・サリヴァンはクリントンに任命された民主党派の判事なので、11月にトランプが負けて民主党政権が誕生するまでこの裁判を長引かせて、フリンを有罪にしようと企んでいるようです。

第11章 ディープ・ステイトに狙われた人々・その4 パパドポロス

ロシア疑惑で逮捕された人々の中で、一番興味深い人物がジョージ・パパドポロスです。彼がどんなヒドい目に遭ったか、正しく理解するために、まず西側の諜報組織の全貌をつかんでおく必要があります。

■外国スパイ網

西欧とアメリカの諜報組織は第2次世界大戦中から共通の敵を倒すために情報を交換していました。終戦後は、ソ連の脅威が増した冷戦時代に、アメリカ国家安全保障局（NSA）、英国の政府通信本部（GCHQ）、オーストラリアの参謀本部国防信号局（DCD）、ニュージーランドの政府通信保安局（GCSB）、カナダ通信保安局（CSEC）が、情報を共同利用することになり、これらの組織が Five Eyes と呼ばれるようになりました。

特にアメリカと英国の諜報機関は深い絆で結ばれています。近年の二者の裏工作が最初に表舞台に露呈したのは、２００３年3月20日に、子ブッシュが国連の承認無しにイラク侵略戦争を始めた、その19日前のことでした。

当時、国連安全保障理事会は、アメリカと英国はイラクへの戦争賛成。中国、ロシア、フランスは反対。非常任理事国のうちアンゴラ、カメルーン、チリ、ブルガリア、ギニア、パキスタンは浮動票（どっちつかず）、という状態でした。2月5日に子ブッシュの国務長官コリン・パウエルが国連安全保障理事会でイラク攻撃の必然性を唱える演説をすることになっていました。その5日前にアメリカ国家安全保障局（ＮＳＡ）高官フランク・コーザが、同組織の内部と、英国の政府通信本部（ＧＣＨＱ）に、「アンゴラ、カメルーン、チリ、ブルガリア、ギニア、そして特にパキスタンの代表者たちを盗聴して、彼らの意向を探り、アメリカに有利になる情報、または不意打ちを阻止できる情報を提供してください」という主旨のメールを送っていました。

２００３年3月1日に『ガーディアン』紙がこのメールをリークしました。しかし国連での採決がなされないまま、子ブッシュとトニー・ブレアーは3月20日にイラク侵略を始めました。

コリン・パウエル

このように裏で結託している西側の諜報組織は、２０１５年にトランプ出馬の話題が浮上して以来、アメリカの大統領選をしっかり偵察していました。

『ガーディアン』紙は、ＧＣＨＱは２０１５年の暮れからトランプの動きを追っていて、２０１６年夏にはロバート・ハニガン政府通信本部長がブレナンＣＩＡ長官に直々に情報を

ロバート・ハニガン

渡して、その情報を元にブレナンが他の諜報機関と一緒に大々的な捜査を始めた、と報道しています。また、同記事は、ポーランド、オランダ、フランス、ドイツ、エストニアの情報機関もアメリカにトランプとロシアに関する情報を渡していた、と伝えています

ＢＢＣは、ＮＡＴＯのメンバーのバルト三国の一つがブレナンＣＩＡ長官にロシア関連の情報を伝えた、と報道しています。また、『ニューズウィーク』誌は、バルト3国の一つがトランプ政権誕生後、エクソンモービル会長から国務長官になったレックス・ティラーソンとロシアの関係を調べていた、と報道。２０１６年2月に開催されたミュンヘン安全保障会議でエストニア大統領が英国のロバート・ハニガン政府通信本部長とアメリカのクラッパー国家情報長官に会い、6月には、二重スパイとしてロシアで監禁されていたロシアの諜報部員、セルゲイ・スクリパル（２０１８年に亡命先のイギリスで何者かに毒殺されかけた。２７９ページ参照）が、エストニアでエストニアの諜報部員たちに会っています。さらに、２０１6年8月11日にはクラッパーがエストニアを訪問しているので、バルト3国の一つとはエストニアのことです。

オーストラリアは、オーストラリアの英国大使、アレクサンダー・ダウナーがパパドポロスから聞いた（とされる）情報（１３１ページ参照）をアメリカに知らせたのは、正しい決断だった、と言っています。

『ル・モンド』は、「フランスの諜報局長は、２０１５年の暮れに、〝トランプの勝利はど

レックス・ティラーソン

セルゲイ・スクリパル

んな結果をもたらすか?〟というリポートを制作した」と言っているので、フランスもトランプの動きを追っていたことは確かです。

『ドイチラント・クリーア』は、「ドイツ政府は、トランプをスパイしたかどうかに関して、〝しなかった〟と否定していない。事実は推して知るべし」と書いています。

ウクライナがヒラリー陣営と共謀していたことはマナフォートの章で書きましたが、ヨーロッパ諸国諜報部とアメリカ諜報部も、しっかりつるんでトランプを阻止しようとしていたのです!

主な登場人物

名前と肩書きはパパドポロスが接触した時点で知っていたことで、それ以外の説明部分はパパドポロスが逮捕された後に知ったことです。

●アレクサンダー・ダウナー――オーストラリアの在英大使

クリントン財団にオーストラリアが2500万ドル寄付するためのお膳立てをした。

自由党の元党首で、1997年から2007年までオーストラリアの外務大臣。

イラク戦争への参加を説き、サダム・フセインは大量破壊兵器を持っている、という〝説〟を支持。

2010年、ケンブリッジ大学ペンブルック・カレッジ主催のウィリアム・ピット・セミナーでステファン・ハルパーと共に外交政策に関するスピーチを行った。

2008年から2014年までMI6の元スパイたちが設立したハクリュート社（ハッカー対策を含む戦略情報コンサルティング会社）の顧問で、退職後も連絡を取り合っていた。

2015年11月のインタビューで、オバマのイラン核合意を褒め、「アメリカは世界のリーダーとしての活躍を続け、世界中に派遣している軍隊を維持すべき。撤退すると、危険な勢力が穴を埋めることになる。アメリカは中東、ウクライナなどから軍隊を撤退すべきではない」と力説。

【英国大使館の人間たち】

●ルイス・サスマン ―― アメリカの英国大使

オバマやジョン・ケリー、テッド・ケネディの大口寄付者。

2004年の大統領選キャンペーンでケリーの外交政策顧問だった。

●エリザベス・ディブル ―― アメリカの英国大使館員

リビアのベンガジでアメリカ大使クリストファー・スティーヴンスが殺されたとき（2012年9月11日）の国務省中東担当としてヒラリーの下で働いていた。

●リチャード・ディアラヴ――英国のMI6元長官
2016年初秋にスティールから調査書の話を聞いていた。

ハクリュートの創設者二人はディアラヴの部下だった。

2017年12月13日、BBCのインタビューで、「トランプは今は大統領だが、3年後にはいなくなる」と断言していた。

●ジョセフ・ミフサド――マルタ人の教授
2019年、ミフサドの弁護士が「ミフサドは西側の諜報機関の人間で、〝パパドポロスをロシアとつなげろ〟という指令を受けていた」と、発言。

彼はサウジアラビアの元諜報局長がリヤドで運営するシンクタンクで、サウジにCIAのエージェントを紹介する仕事をしていた。

イタリアのリンク・キャンパス大学（CIA、FBI、NATOの諜報関係者を教育する組織）の教授。

●イワン・ティモフィーフ――2010年に当時ロシア大統領だったメドヴェージェフが設立したロシアのシンクタンクのメンバー

●クレア・スミス――英国外交官
英国政府のすべての諜報機関を統合する合同情報委員会のメンバー。

リンク・キャンパス大学で教えている。

●ナジ・カリード・イドリス――国際法ロンドン・センター役員／アラブ人学生の留学斡旋をするＥＮ教育社の創設者／リンク・キャンパス大学教授。

国際法ロンドン・センターは実体のない幽霊会社で、住所として記されている場所はイドリスが持つ四つの別会社の住所でもあった。

●アーヴィンダー・サンベイ――英国防衛省上級検察官、ＦＢＩ関連の法務を担当。

２００１年の同時多発テロ犯人に飛行訓練を提供した容疑で逮捕された在英アルジェリア人、ロトフィ・ライシのアメリカ送還に関する裁判で、送還を要求するＦＢＩ側の弁護士を務めた。当時のＦＢＩ長官はロバート・モラーだった。送還は拒否され、ライシはイギリスで投獄されたが、２０１０年に冤罪だったことが判明し釈放された。

●マイケル・レディーン――国防省、国務省のコンサルタント／イラク戦争賛成派で体制変更派のネオコン

１９８１年のローマ法王暗殺未遂事件をソ連の仕業と見せかけようとしたグラディオ工作員（２２５ページ参照）。

●ダグラス・フェイス――父ブッシュ政権国防省でイラク戦争プロパガンダに専念したネオコン

●マシュー・ブリザ――オバマ時代のアゼルバイジャン大使／クリントン政権国務省ロシ

マイケル・レディーン

マシュー・ブリザ

ア担当顧問
●サム・クロヴィス――トランプ選挙キャンペーン幹部／元空軍士官
●ステファン・ハルパー――ケンブリッジ大学教授
　１９６７年から４年間、オックスフォード大学でビル・クリントンと一緒に勉強した。

　１９７９年、ジョージ・ブッシュ元ＣＩＡ長官が大統領選に出馬したときの選挙参謀。

　１９８０年の大統領選で、イランのアメリカ大使館人質事件の真っ最中にカーター政権にもぐりこみ、レーガン選挙キャンペーン（副大統領候補のブッシュはＣＩＡ長官だった）の選挙参謀、ウィリアム・ケイシー（レーガン政権のＣＩＡ長官）にカーターの政策に関する情報を提供していた。

　ハクリュートの元重役のジョナサン・クラークとイラク戦争に関する本を共著。

　オバマ政権の国防省から１００万ドル以上の報酬を得ていた。

　ディアラヴと共にケンブリッジ・セキュリティ・イニシアティヴという情報提供組織を作っていた。この組織は英米政府にも情報を提供。

　２０１６年の大統領選では、ＦＢＩから「パパドポロス、カーター・ペイジとの会話の録音」を頼まれていた。
●アズラ・ターク――ハルパーの助手
『ニューヨーク・タイムズ』はＦＢＩのスパイだ、と書いているが、２０２０年４月の段

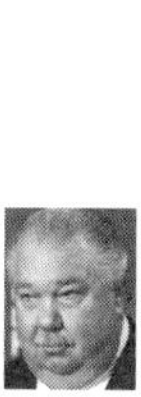
サム・クロヴィス

ウィリアム・ケイシー

階では、彼女の正体は不明。

●チャールズ・タウィール――アメリカ系イスラエル人のビジネスマン

アメリカ諜報機関のスパイ。

諸外国のスパイ網と主な登場人物が分かったところで、ギリシア神話のオデュッセウスも驚く、パパドポロスの長編叙事詩をお楽しみください！

■トランプの外交政策顧問、パパドポロスの世にも不思議な物語

主人公のジョージ・パパドポロスは、1987年、シカゴで生まれ、ギリシア系移民の両親の元、シカゴで育った秀才です。デポール大学政治学科卒業後、ユニヴァーシティ・カレッジ・ロンドンに留学し、スリランカ防衛大臣の息子、グルジアの首都トビリシの市長の息子などと知り合いになります。シカゴに戻った後、ワシントンのシンク・タンク、ハドソン・インスティテュートの一員になり、地中海、中東の天然資源、地政学に関するリサーチを始め、マイケル・レディーン、ダグラス・フェイスに会います。

2013年、キプロス近海で天然ガスが発見された後、パパドポロスは「イスラエル、キプロス、ギリシャ、エジプトの友好関係を深め、キプロスのガスをギリシアに送る」という計画を提案。この計画を実現すべく、パパドポロスはイスラエル大使館、キプロス大使館、

ギリシア大使館に連絡して、体制が変わったばかりのエジプト（アラブの春で大統領になったムスリム同胞団のムルシーをクーデターで倒した軍人のシーシーが2014年に新大統領になった）の大使館とコンタクトを取るよう勧めました。同年6月8日に行われたシーシーの大統領就任式はEUから無視されましたが、キプロスとギリシアは要人を派遣したので、エジプト新政権はパパドポロスの根回しに感謝しました。

パパドポロスはエネルギー業界で頭角を現しますが、その一方で、キプロスの天然ガスをトルコに送りたがっていたオバマ政権国務省からは嫌われ者になりました。

2015年6月、パパドポロスはトランプに興味を持ち、トランプの選挙キャンペーンにボランティアで参加したい、という意図を告げます。

9月、エネルギー関連の会議を主催するコンサルティング会社で働き始め、10月26日、ロンドンで行われた石油・ガス討論会で、オバマ政権アゼルバイジャン大使を務めた後にトルコに移住してトルコのガス会社顧問になったマシュー・ブリザに出会い、「おまえ、なんでここにいるんだ？」と、露骨にイヤな顔をされます。その後、アメリカ大使館のエネルギー省代表者のデヴィッド・コヴァックにも会い、コヴァックはパパドポロスを大使館に招待し、エネルギー関連の話をします。

12月、国際法ロンドン・センターという組織のナジ・カリード・イドリスという人物から、同センターの天然資源部門で働かないか、と誘われます。社名とは裏腹にこの会社が法律関係の仕事をまったくしていないことを不思議に思いながらも、パパドポロスは誘いに乗って同センターでさまざまな人物に会う、というネットワーキングの仕事を始めます。

そんな中、パパドポロスはトランプ選挙キャンペーンに何度かメールしますが、返事がないので、ベン・カーソン（現在の住宅都市開発局長）のキャンペーンにボランティアとして参加。しかし、2016年3月4日、カーソンは選挙戦から脱落します。

ロンドンに戻ったパパドポロスは、ナジに大歓迎されて国際法ロンドン・センターでの仕事を再開し、多くのアラブ人のクライアントに会います。

パパドポロスは再度トランプ選挙キャンペーンにメールし、遂に返事が来て、2016年3月初旬、サム・クロヴィスと話し、外交政策顧問の一人になることが決まりました。このニューズをナジに告げると、彼の態度が豹変して、敵意に満ちた口調で「なぜそんなことをするんだ！」と、言われます。同センターの弁護士ピーター・ドヴィーにも、「トランプは社会に対する脅威だ。アンチ・ムスリムの人種差別主義者だ！」と、罵倒されます。

次の日、パパドポロスはクロヴィスに電話をして、エネルギーや外交政策の話をし、その中でロシアの話題も出ました。

その次の日、ナジは手のひらを返したようにポジティヴな雰囲気になり、「トランプのキャンペーンでの仕事に役立つ顔が広い人間がいるから、是非紹介したい。ローマのリンク・キャンパス大学の知人に絶対に会わせたい」と言います。そして、英国防衛省でＦＢＩ関連

ベン・カーソン

の法務を担当している上級検察官、アーヴィンダー・サンベイの仲介でその人物に会うことになり、ナジと一緒にローマに発ち、3月12日、リンク・キャンパス大学でジョセフ・ミフサド教授に会います。

ミフサド教授は、自分がものすごい人脈を持っていることをパパドポロスに誇らしげに語りました。それからおもむろに「ロシアに知り合いがいるか？」とパパドポロスに尋ねました。パパドポロスが「いない」と答えると、ミフサド教授とパパドポロスの二人は夕食に行きます。

夕食の席で、ミフサドに「君は親ロシアかい？　私がロシアとの仲介をして、トランプとプーティンを会わせてあげよう」と言われ、パパドポロスは、トランプの外交政策顧問になったとたんにロシアと仲介してくれる人間に出くわすなんて、僕はラッキーだ！、と喜びました。

この後、パパドポロスは、イタリアの元外相、ヴィンチェンツォ・スコッティに会い、3月11日、クロヴィスに近況報告をします。

3月22日、トランプの外交政策顧問のリストが発表され、複数の退役軍人たちの名前に混じって、カーター・ペイジと共にパパドポロスの名前も報道されます。

ロンドンに戻った後、3月24日、ミフサド教授はパパドポロスをプーティンの姪、オルガに紹介し、「彼女はロシアの通産省の高官だった」と告げ、次は在英ロシア大使に紹介して

ヴィンチェンツォ・スコッティ

あげる、と言われます（後に、オルガは偽名で彼女はプーティンとは無関係だったことが分かりました）。

パパドポロスはサム・クロヴィスに、ロシアの高官との会見が可能、と報告し、クロヴィスから、「友好国が心配するといけないのでロシアの話は進めるな」という返事を受け取ります。

その後、パパドポロスはアメリカに戻り、3月31日、欠席したペイジ以外の外交顧問たちがトランプとミーティングを行い、この写真が世界中に報道されます。

4月1日、パパドポロスはイスラエルに飛び、オバマ政権のエネルギー長官と、ネタニヤフ首相の内閣幹部も出席したエネルギー政策会議で、トランプ候補の外交政策顧問という肩書きで発言。『エルサレム・ポスト』紙にインタビューされ、「トランプ政権はイスラエル重視、真の脅威は中国。中東でのテロ対策としてロシアとの協力もあり得る」という、トランプ政権の方針を語ります。

ロンドンに戻り、4月5日、面識は無いもののメールでのやりとりをしていたカーター・ペイジから「ロシアの話をするときは気をつけるように。なんでも実現できる、という自信過剰な態度を取るな」と、メールで警告されます（今から思えばＣＩＡのおとり捜査に協力してロシアのスパイと接触していたペイジは、パパドポロスがロシアのスパイの犠牲になることを恐れていたのでしょう）。

パパドポロスは、この忠告に適度な注意を払いつつ、ミフサド教授に「トランプの外交政策のためにロシア視察旅行をアレンジできるか？」と尋ねる一方、プーティンの姪（だという）オルガともメールで連絡を取り合い、ほとんど英語を話さないオルガのメールの英語がやけにうまいことを不思議に思います。

ミフサド教授から、「私はこれからロシアに行って4月18日にロシア国会でのミーティングに参加する」というメールを受け取り、オルガからは「ロンドンの大使館と話しました。トランプ氏と友好関係を築ける可能性に期待しています。ロシア連邦はトランプ氏を歓迎します」というメールが来ます。

その後、イスラエル大使館のクリスチャン・カンターに会い、「イスラエルはトランプを恐れている」と言われて、パパドポロスはびっくりします。トランプほど親イスラエルの候補者は他にはいないからです。

4月18日、ミフサド教授はメールでロシアの国際関係を仕切るイワン・ティモフィーフを紹介し、パパドポロスとティモフィーフはロンドンで会うことになります。パパドポロスは、同日、サム・クロヴィスに、「トランプの都合がいいときに、プーティンがトランプを招待する、と、ロシア政府が言っている」と、メールで報告します。

4月26日、ロシアから戻ってきたミフサド教授とパパドポロスはロンドンのアンダス・ホテルで会い、ここでミフサド教授は、「ロシアはヒラリー・クリントンに泥を塗る素材を持

イワン・ティモフィーフ

ってる。何千通ものクリントンのメールを持ってる」と伝えます。パパドポロスは、もしロシアがヒラリーのコンピュータをハックしてメールを手に入れて脅迫の材料にしようとしているのだとしたら、それは恐ろしいことだとショックを受けて、口をつぐんでしまいます。ミフサド教授は単なる詐欺師なのかも、という思いも頭によぎり、パパドポロスはメールの話は一切せずにミフサド教授と別れます。その後もパパドポロスはメールのことは一言も口にしませんでした。

パパドポロスは、後にトランプ大統領上級顧問となるスティーヴン・ミラーと共にトランプの外交政策演説の原稿を用意し、4月27日、トランプは外交政策のスピーチを行います。オバマの中東政策失敗のおかげでイスラム国が生まれたことを批判し、NATOにただ乗りする国々に費用負担を要求し、ロシアとの友好関係を築くことを望み、NATOを冷戦時代の遺物呼ばわりし、外国への干渉を拒否するアメリカ・ファースト（アメリカ人の利益優先）政策を説いたこの演説は、トランプ支持者以外の人々から酷評されました。

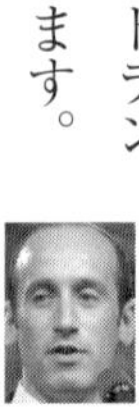
スティーヴン・ミラー

二日後、パパドポロスはイスラエル大使館のクリスチャン・カンターと、彼のガール・フレンドで、オーストラリア大使補佐官のエリカ・トンプソンと夕食をし、エリカ・トンプソンは「あんな男が勝つわけがないわ。世界中が団結して彼を負かすわよ」と、トランプへの嫌悪感をむき出しにした発言を延々と続けました。

5月3日、パパドポロスは『ロンドン・タイムズ』にインタビューされ、記者のフランシス・エリオットの口調にもトランプへの反感がにじみ出ていました。エリオットは、「12月16日にキャメロン英国首相が、〝トランプの（不法移民に関する）発言は不和を生じさせる。彼はバカで、間違っている〟と発言しましたが、首相はトランプ氏に謝るべきだと思いますか？」と、質問。パパドポロスは、「現役の首相は、他国の内政に干渉すべきではないと思います」と答えます。ところが、なんと、次の日の『ロンドン・タイムズ』の見出しは、SAY SORRY TO TRUMP OR RISK SPECIAL RELATIONSHIP, CAMERON TOLD「トランプに謝れ、さもないと特別な関係に傷がつくぞ、とキャメロンは命令された」でした！

パパドポロスは狼狽し、もうクビになるだろうと思い、キャンペーン本部にメールすると、トランプの側近、ホープ・ヒックスから「トランプは気にしてないわ。トランプがあなたを救ってくれたのよ」という返事が来ました。

5月5日、アメリカ大使館の武官、テレンス・ダドリー、グレゴリー・ベイカーから連絡が来て、会員制の陸海軍クラブに行き、二人はトランプの親ロシア政策を歓迎する発言を繰り返し、「君は諜報部員に相応しい人材だ」などとお世辞を言われ、「ギリシアに行ったら、我々の知り合いに会うといい」と、知人を紹介されました。このディナーは500ドルもしましたが、彼らが払ってくれました。

5月6日、エリカ・トンプソンに、「あなた、絶対にオーストラリア大使に会うべきだわ！」としつこく言われ、5月10日、パパドポロスはケンジントン・ワイン・ルームというレストランでアレクサンダー・ダウナーに会います。ダウナーは、開口一番に、「君のボスに、デヴィッド・キャメロン（英国首相）に手を出すな、と告げろ。君もだ！」と怒り、ケイタイ電話を取り出して、ビデオを撮っているかのようにパパドポロスの顔につきつけたまま、「私は諜報関連のハクリュートという組織の重役で、オバマ政権と親しく、多くの国の政府のコンサルタントをしている」と自慢します。そして、「君のキプロス政策は間違ってる。英国の利益を脅かす。私は君が中東で何をしてるかすべて知ってるぞ。キプロスのエネルギーの橋渡しはギリシャじゃなくてトルコがやるべきだ」と怒ります。

その後、ダウナーはクリントンを褒めて、突然、席を立って、外に出てしまいます。

5月下旬、パパドポロスはギリシアでのＮＡＴＯの役割を調査するためにギリシアに行き、パノス・カメノス国防大臣と話し、ついでにダドリーとベイカーが紹介してくれたアメリカ大使館員、ロバート・パーム・ジュニアに会って、「中国とロシアがＮＡＴＯを脅かしてはいけない」という話をします。パパドポロスは英国のアメリカ大使館にギリシア訪問の予定を知らせたわけではないのに、パームはすでにパパドポロスがギリシアに来ることを知っていました。数日後、ニコラオス・コトジアス外務大臣に会い、「ギリシアはアメリカとロシアの両国と友好関係を保ちたい」と聞かされ、「明日、プーティンがギリシアに来る」と言われ、パパドポロスは「ロシアがヒラリーのメールを持ってる、と聞いた」と、思わず口走ってしまい、コトジアス外務大臣に、「そんなことは二度と口にするな！」と警告されます。

6月、パパドポロスはシカゴに戻ると、〝ロシアでトランプと不動産の仕事をしてる〟というロシア系アメリカ人、セルゲイ・ミリアンから連絡があり、「トランプを支援するために私にできることがあったら何でも言ってくれ」と言われます。

パパドポロスはオハイオで開かれた共和党全国大会に出席した後、ニューヨークのホテルのレストランでミリアンに会います。ミリアンはミフサド教授と同じように、パパドポロスをロシアの要人に紹介したがりますが、パパドポロスは断り、帰ろうとします。しかし、その前にミリアンはパパドポロスの写真を取ります。

7月末、パパドポロスはニューヨークのホテルの人気《ひとけ》のないバーで再びミリアンに会います。二人が話を始めると、カップルがバーに入ってきて、ガラガラのバーでわざわざ二人の隣に座り、何も言わずにひたすら二人の会話を聞いているような気配です。そんな中、ミリアンはまた「君をロシアの要人に紹介したい」と言い続けます。

その後、パパドポロスはトランプとシーシー（エジプト大統領）の会見をアレンジし、ニューヨークで英国外務省のトバイアス・エルウッドに会い、「なんで親ロシア政策をとるんだ？　ロシアを孤立させなきゃならないってことが分からないのか？　アメリカと英国はロシアを閉め出すためにポーランドに基地を作らなきゃならないんだぞ」と、叱咤されます。

2016年9月2日、ケンブリッジ大学教授のステファン・ハルパーと名乗る人間から突然連絡があり、「キプロス近海の天然ガスの話を聞きたいので、3000ドル払うからロン

セルゲイ・ミリアン

ドンに来てほしい」と頼まれます。２０１８年にハルパーの正体が露呈された後は、ウィキペディアにハルパーの裏の姿も記されてますが、当時は「ケンブリッジ大学教授。外交政策、国際関係の学者。フォード政権で働いていた」というような表の顔しか描かれていなかったので、パパドポロスはこの肩書きを信じて、ロンドンに向かいます。

9月15日、ロンドンのホテルにつくと、ハルパーの助手、アズラ・タークという人物から、「飲みにいきましょう」というメッセージを受け、指定のバーに行くと、００７映画に出てくるようなブロンド美女が待ち受けていました。アズラは、家族は富豪のトルコ人でロサンジェルスに移住した、と自己紹介した後、トランプ選挙キャンペーンとロシアの関係について根掘り葉掘り聞き続けます。

次の日、ロンドンの伝統的なトラヴェラーズ・クラブでハルパーとアズラに会いますが、ハルパーは挨拶もそこそこに、パパドポロスの地中海政策を批判し始め、「君の政策は合衆国諜報部の査定に反している。トルコは同盟国で、ロシアとの間にある緩衝国だ」と熱弁をふるいます。パパドポロスが反論すると、ハルパーは怒って、「君は実際の世界構造を全然分かっとらん。トルコは重要な同盟国だぞ。こんな愚かな政策をトランプに推《お》してるとは！」と、叱咤します。

それでも、最終的に、パパドポロスは３０００ドルもらってキプロスの天然ガスに関する研究書を書くことになります。

ハルパーと別れた後、英国外務省のエルウッドから「外務・英連邦省に会いに来てほしい」というメールが届きます。パパドポロスは、なんで僕がロンドンにいることが分かったんだろう?、と不思議に思い、スパイされている、と感じます。

次の日、パパドポロスはエルウッドと彼の同僚に会い、二人から「英国のEU離脱はまずいことだ。トランプがEU離脱を支持するのはよくない。彼は何も分かっていない。あんな男を支持するとは情けない」と、ひたすら苦情を言われ続けます。

次の夜、アメリカに戻る前にバーでハルパーに会い、ハルパーはケイタイ電話をテーブルの上に置き、パパドポロスのほうに押して、「ロシアがキャンペーンを助けてくれてよかったな。君らのキャンペーンはハッキングと関係あるんだろう?　例のEメールのことを君が知ってる、ってことを私は知っとるぞ」というようなことを言います。パパドポロスはあきれ果て、「いったい何を言ってるんですか?　僕はロシアとは何の関係もないですよ。もうこの話はやめてください」と言って、バーから出て行き、次の週に研究書をハルパーに送りました。

パパドポロスはアメリカに戻り、10月にまたセルゲイ・ミリアンから連絡があり、10月15日にシカゴのトランプ・ホテルで再会。屋内で温かいにもかかわらず首にスカーフを巻いたミリアンに「以前ロシアのエネルギー省局長だった人間が作ったPR会社がある。トランプの下で働きながら、このPR会社で月3万ドルで働かないか?」と誘われます。パパドポロスは、「それは不法行為だろう」と言って、断ります。

10月31日、『マザー・ジョーンズ』誌が「ロシアは5年前からトランプを養成していた」と報道。

11月5日、ミリアンから、「あと数日、気をつけないといけない。食べ物や飲み物から目を離さないように。恐ろしい顔の黒い服を着た二人の男が君の背後にいる、という夢を見た」というメールが来ます。

11月8日、トランプ当選。

パパドポロスはトランプ政権で働きたいと思いますが、機会に恵まれないまま1ヶ月が過ぎ、パパドポロスはギリシアに行って旧友に会い、キプロスの天然ガスをギリシアに送る話を再開します。

2017年1月10日、情報サイト、バズフィードがスティール調査書を公開。

1月20日の大統領就任式の後、ミリアンからまた連絡があり、ミリアンと、チャーリーという人物と、映画で有名なロシア・ハウスというレストランで会います。ミリアンは、「ジョン・マケインに会ってきた」と言い、隣に座ったチャーリーは唐突に、「セルゲイはFBIで働いてるんだよ」と言います。

1月24日、『ウォール・ストリート・ジャーナル』紙が「スティール調査書の情報源の一人はセルゲイ・ミリアンという男だ」と報道。

パパドポロスは動揺し、シカゴの母親の家に戻ります。

1月27日、FBI捜査官、クリス・ハイドとマイケル・マクスワインが家の前に現れ、弁護士の立ち会いのない状態でロシアの干渉に関して尋問を始めます。パパドポロスは、「ミフサドという男から、ロシアがヒラリーのメールを何千通も持っている、という話を聞いた」と答えます。捜査官たちに「いつ会ったのか?」「何度会ったのか?」と聞かれ、パソコンが手元になかったので、パパドポロスはあやふやな答えをしてしまいますが、一通りの尋問が終わり、捜査官は去っていきます。

数日後、パパドポロスは捜査官たちに、「ロンドンに行って盗聴器を身につけてミフサドに会え」、と言われます。パパドポロスが断ると、ハイドは「おまえが何をしてるかすべてバレてるんだぞ!」と怒鳴り、パパドポロスしか知らないはずの個人的なことを並べ立て、「協力しないとおまえがイスラエルとやってることで逮捕してやる」脅します。パパドポロスは、イスラエルだなんて、一体何を言ってるんだろう、と不思議に思います。

2月16日、ワシントンから派遣されたFBIの弁護士、ケヴィン・クラインスミスに呼び出され、「ミフサドから聞いた〝ロシアがヒラリー・クリントンのメールを持っている〟という話をキャンペーンの人間に伝えたか?」と聞かれ、「伝えていない」と答えます。

クラインスミスは、ミフサド教授に関してはまったく興味を示さず、「ロンドンのバーでフレンドリーな外交官と話したか?」と聞きます。「ロンドンではたくさんのバーでたくさんの外交官と話したから、特に記憶にない」と答えると、クラインスミスは満足して立ち去りました。

数日後、クラインスミスから電話があり、「アレクサンダー・ダウナーと会ったことを覚えているか?」と聞かれ、「一度会った」と答えると、クラインスミスは電話を切りました。のちにパパドポロスは、この一件を回想し、「以前、〝フレンドリーな外交官と話したか〟という質問に、僕は〝特に記憶はない〟と答えていたので、クラインスミスは、これで僕を偽証罪で逮捕できる、と確信したのだと思う」と言っています。

パパドポロスは弁護士を雇い、「ミフサドから連絡が来ると困るからフェイスブックのアカウントを閉じたいけど、閉じてもいいだろうか?」と相談し、「閉じてもいい」と言われて、アカウントを閉鎖します。

次の日、FBIは身辺調査を始め、パパドポロスの友人、知人、かつての同僚、親類縁者に詰問し、パパドポロスは次々に友だちを失っていきます。

3月10日、Gmailから、アカウントが政府機関にハックされた、という連絡を受信。

3月27日、トランプのキャンペーンで働いていた時に会ったイスラエルのコンサルタント、デヴィッド・ハイヴリから連絡があり、アメリカ系イスラエル人のチャールズ・タウィールというビジネスマンを紹介され、3人はシカゴで会います。タウィールはトランプの外交政策を褒め、ロシアと友好関係を築くべきだ、と言います。

会話が終わった後、タウィールはデヴィッドとパパドポロスの写真を撮ります。

4月12日、ABCニューズにインタビューされ、FBIの捜査の盗聴対象になっている、と知らされ、5月初め、上院スパイ活動特別調査委員会の要請で、キャンペーン関連の記録をすべて手渡します。

その後、気分転換にギリシアに行くことにしますが、空港で戦闘服を着た4人の男性に拘束され、ギリシアでの滞在先、親戚の住所などを尋ねられます。パパドポロスが「これもトランプに関する尋問なんですか？」と聞くと、詰問者の一人に、「若いのにどうしてトランプのために働いてるんだ」とけなされて、彼らはパパドポロスのケイタイ電話を没収し、バッグの中身を調べます。約30分後にやっと解放されて、パパドポロスは、飛行機に乗り遅れることなく、無事ギリシアに到着します。

ギリシアでリラックスできたのもつかの間、またタウィールから連絡があり、タウィールはイスラエルからギリシアまでパパドポロスに会いに来て、「頼みたい仕事があるのでテル・アヴィヴまで来てほしい」と言い、イスラエルにとんぼ返りします。

パパドポロスは数日後にイスラエルに行き、CIA、FBIのソーシャル・メディア操作の作業を手がけるテロジェンスという会社を経営する元イスラエル諜報部員、シャイ・アーベルとタウィールに会います。ビジネスの内容が分からないままミーティングを終え、タウィールとホテルに戻ると、タウィールに「コンサルタントの依頼料だ。ジャレッド・クシュナーにいろんな人を紹介してくれればもっとカネを払う。札ビラはみんなマークされてる」と言われて1万ドル渡されます。パパドポロスは、これは罠だと察知します。

パパドポロスは、訳の分からない状態に怯え、眠れぬ一夜を過ごし、次の日、テッサロニキに飛んで、友だちの弁護士に1万ドルをあずけます。そして、夏休みも終わり、パパドポロスはドイツ経由でアメリカに戻りますが、ワシントン・ダレス空港に到着すると、クリス・ハイドとマイケル・マクスワインの他、複数のＦＢＩが待ち受けていて、パパドポロスは手錠と足枷をかけられ、拘留所に連れて行かれ、ハイドに「弁護士なんか要らない。証拠が詰まったバッグが二つあるんだから」と言われ、別の捜査官に、「トランプの下で働いた結果だよ」と言われます。

次の朝、裁判所に連れて行かれ、オバマの司法省の高官だったジニー・リー検察官が「ＦＢＩ捜査官への偽証と司法妨害で最長25年の服役を要求します」と判事に告げます。パパドポロスは、以前ハイドに「ミフサドと２０１６年4月とコンタクトしたか」と聞かれたときに、「4月にトランプの仕事をしながらミフサドと連絡を取り合っていた、とかいうわけじゃない」と答えたことが偽証罪、フェイスブックのアカウントを閉鎖したことが司法妨害とみなされたことを、ここで初めて知らされます。偽証罪は、明らかにＦＢＩの揚げ足取りで、司法妨害も、ミフサドとの関係を断ち切りたい一心で行った行為が証拠隠滅と見なされた、というわけです。

次の日、パパドポロスは仮釈放されますが、発言禁止命令を下されたので、この後何ヶ月にも渡ってパパドポロス側の事情が明かされないまま、「パパドポロスはトランプを勝たせるためにロシアと共謀していた」というフェイク・ニューズが連日連夜報道され続けました。保釈後、パパドポロスは弁護士の勧めで検察に協力することにします。この後、捜査官たちは何度も何度も、何時間にも渡って、「ロシアがヒラリーのメールを持っているという情報を誰に教えたか？」と繰り返し詰問。パパドポロスは、真実を言えば無罪が証明されると信じ、「ギリシアの外務大臣にしかもらしていない」と正直に答えますが、捜査官たちは彼を無視して、「トランプのキャンペーンの人間に告げなかったのか？」としつこく同じ質問を繰り返しました。

２０１７年８月初旬、パパドポロスはシカゴのＦＢＩ本部に呼び出され、モラー捜査班のアンドリュー・ゴールドスティーン、アーロン・ゼリンスキー、シカゴのＦＢＩ捜査官、カーティス・ハイド、マイケル・マクスワインに、「これが最後のチャンスだ。協力しないと投獄されるぞ」と脅され、またまた「ロシアがヒラリーのメールを持っているという情報を誰に知らせたのか？」と、問い詰められます。「ギリシアの外務大臣に言っただけだ」と答えても信じてもらえず、その後7時間に渡って、「クロヴィスに知らせただろう！」、「フリンに言ったんだろうが！」、「マナフォートに報告しただろう！」、「カーター・ページに教えたんだろうが！」、と、ありとあらゆるトランプ関係者の名前を持ちだされて同じ質問を繰り返し問われ、その合間に、どんなセックスをしているのか、ティーンエイジャーだったころ何をしていたのか、など、屈辱的な質問も浴びせられます。ＦＢＩ捜査官に嘘をつくことは犯罪行為なので、パパドポロスは、こうした理不尽で卑劣なプライヴェートな質問にも正直に答えざるをえませんでした。

捜査官たちは、イスラエルの元諜報部員、シャイ・アーベルに関する質問をした後、トランプとエジプト大統領シーシーの会見に関しても尋問し、パパドポロスをローガン法（政府の許可がない個人が、アメリカと争っている外国と交渉することを禁じた法律）で投獄する、と脅します。ヒラリーも同時期にシーシーと会っていることを思うと、この脅しが単なる恐喝であることは明らかです。

パパドポロスは、この〝拷問〟のような尋問に耐え抜きますが、モラー捜査班には真実は通じない、という恐ろしい事実を目の当たりにし、かさむばかりの弁護料の重圧に屈し、10月5日、遂に「ＦＢＩ捜査官に嘘をついた」という罪を認める代わりに罰を軽減してもらう、という司法取引をします。この司法取引には、上訴しない、賠償を求めない、等の条件がついていました。そして、２０１８年9月7日、法廷で正式に罪を認め、「14日の監禁、12ヶ月の監視下の保釈、２００時間の社会奉仕、９５００ドルの罰金」という判決を受けました。

■あまりに卑劣なＦＢＩ捜査

以上は、パパドポロス本人がポッドキャストや数々のインタビューで語ったことをまとめたものです。

この事実と、複数の国々の諜報網の暗躍、登場人物の正体、さらに、アメリカの諜報機関、国務省、国防省が大昔からフリンを憎んでいたという事実をふまえて、パパドポロスの体験をおさらいすると、こうなります。

２０１６年2月に、フリンがトランプのアドヴァイザーになったことで、「フリンを陥れて、ついでにトランプも阻止しよう」という企てがはじまり、３月にマナフォートがトランプのコンサルタントになったことで、ロシア嫌いの国務省やネオコン、ＮＡＴＯ派のヨーロッパ諸国、トランプ嫌いのダウナーもこの企画に乗って、パパドポロスを罠にかけて、トランプとロシアを結びつける〝証拠〟をねつ造しよう！、と企みます。

ＦＢＩが親交のあったサンベイを通じてパパドポロスにミフサド（教授）を送り込み、ミフサドはパパドポロスとロシアを結びつけるために、〝プーティンの姪〟と偽ってロシア人女性を紹介したり、「ロシアがヒラリーのメールを持っている」という偽情報を与え、せっせとロシア疑惑の種を蒔きます。しかし、パパドポロスがこの情報をトランプ選挙キャンペーンに伝えなかったので（彼の通信はもちろん傍受されていました）、トランプとロシアとの共謀の証拠が得られず、国務省はアメリカ大使館の武官にパパドポロスを偵察させると共に、トランプの政策を憎むダウナーに「パパドポロスにメールの話をさせて録音してほしい」と依頼。しかし、これもうまくいかなかったので、セルゲイ・ミリアンを派遣して、ロシア疑惑の証拠をでっち上げようとしますが、これも不発に終わり、アメリカ諜報機関はハルパーとアズラ・タークを送り込み、パパドポロスに「ロシアがヒラリーのメールを持っている」と言わせようとしますが、これも失敗して、トランプが当選してしまいます。

ディープ・ステイト棲息者たちは、トランプ阻止からトランプ倒しにギアをシフトして、再びミリアンをパパドポロスに接触させ、トランプを憎むメディアの助けを借りて、「ミリアンはロシアのスパイ」とリークさせ、これを根拠に大衆を味方につけ、パパドポロスを拘束して尋問しますが、望む結果が得られないので、パパドポロスを泳がせることにします。そして、イスラエル人諜報員のタウィールを使って、パパドポロスを元イスラエル諜報部の情報操作専門家に会わせ、彼をイスラエルの工作員に見せかけるために新たなる罠を仕掛けます。

ＦＢＩは、まずギリシアに向かうパパドポロスを空港で拘束し、「出国時にはカネをもっていなかった」という事実を記録。イスラエルでタウィールにカネを渡されたパパドポロスを、帰国時に拘束し、カネを発見し、パパドポロスがイスラエルの工作員であることの物的証拠にするつもりだったからです。

ところが、帰国したパパドポロスはカネを持っていませんでした。モラー捜査班は、それでもあきらめずに、偽証罪でパパドポロスを拘束し、卑怯な手を使って尋問を続け、なんとかしてパパドポロスに「メールのことをトランプ選挙キャンペーンの人間に伝えた」と言わせようとします。しかし、パパドポロスがどうしても乗ってこなかったので、しかたなく偽証罪で有罪に追い込み、ディープ・ステイトの片棒をかつぐ大手メディアに、「ロシア疑惑でトランプの顧問が逮捕され有罪になった！」と吹聴させた、というわけです。

アメリカでは、警察もＦＢＩ捜査官も、尋問を始める前に、左記のミランダ警告を告げなくてはなりません。

「あなたには黙秘権がある。あなたの供述は、法廷であなたに不利な証拠として使われることがある。あなたには、弁護士の立ち会いを求める権利がある。弁護士が雇えない場合は、公選弁護士があてがわれる」

パパドポロスは、「誰もミランダ警告を口にしなかった」と言っています。

また、捜査班の公式発表では、「ダウナーが、パパドポロスから〝ロシアがヒラリーに不利になる情報を持っている〟と聞いたことを、アメリカに報告したことがきっかけでロシア疑惑捜査が始まった」ということになっていますが、パパドポロスは、ミフサドから聞いたことを、ダウナーに伝えていません。ダウナーはパパドポロスとの会話を録音していたと思われるので、もしパパドポロスがメールの話題を口にしていたら、録音された証拠があるはずです。それでもダウナーは「パパドポロスから、ロシアがヒラリーのメールを持っている、と聞いた」という嘘をアメリカに伝えました。トランプを憎むダウナーは、恐らく自分に課せられた義務を果たせなかったことを恥じて、穴埋めをするために嘘をついたのでしょう。

ロシア疑惑は、そもそもトランプを潰すための罠でした。ヒラリーが大統領になれば、トランプを潰す道具であるロシア疑惑は必要なくなります。ダウナーが嘘をついた時点では、まだヒラリーが有利でした。ダウナーは、ヒラリーが大統領になればロシア疑惑の捜査は闇に葬られて、自分の嘘が明るみに出ることはない、と踏んで、とりあえずトランプ潰しに専念したのでしょう。

この時点では、アズラ・タークの正体は分かっていませんが、パパドポロスは、「彼女は、ほとんど英語を話せなかった。僕がトランプに薦めた地中海政策ではトルコが排除されるので、彼女はトルコがCIAを通じて送り込んできたスパイだと思う」と言っています。

トルコはCIAとNATOの裏工作の本拠地（233ページ参照）なので、トルコがからんでいたとしても何の不思議もありません。

ちなみに、パパドポロスが発言禁止命令を下されて何も言えないでいる間、大手メディアは「パパドポロスは、外交官と話していたにもかかわらず、捜査官から、〝フレンドリーな外交官と話をしたか？〟と聞かれて、〝していない〟と嘘をついた」と吹聴していましたが、パパドポロスは、「特に記憶にない」と言っただけであり、「していない」とは言っていません。また、捜査官は〝同盟国の〟という意味でフレンドリーという言葉を使ったのですが、パパドポロスは〝親しみやすい〟という意味に受け取って、敵意をむき出しにしていたダウナーのことを思いつかなかったのでしょう。

と、ここまで書き終えた後、2020年4月9日、ハルパーが密かに録音していたパパドポロスとの会話を文字に起こした171ページに渡る記録が公開され、ハルパーが何度も手を換え品を換えてパパドポロスに「ロシアがヒラリーのメールを持っている」と言わせようとしてもパパドポロスが「バカなこと言うな」とまったく請け合わなかったことが証明されました。

つまり、FBIはパパドポロスがロシアと共謀した、という証拠がまったくないのにパパドポロスを逮捕して、トランプに対する不正捜査を強行していた、というわけです！

第12章　ディープ・ステイトに狙われた人々・その5　カーター・ペイジ

■もう一人の外交政策顧問カーター・ペイジ

パパドポロスと同時期にトランプの外交政策顧問になったカーター・ペイジは盗聴されていただけではなく、ハルパーにスパイされていました。

フリンに接触し、パパドポロスに罠をかけようとしたハルパーは、トランプのアドヴァイザーだったカーター・ペイジとスティーヴン・ミラー（後に司法長官となったジェフ・セッションズのアドヴァイザーから始まり、トランプの選挙キャンペーンでもスピーチライターとして活躍し、現在は大統領上級顧問）にも魔の手を伸ばしていました。

２０１６年5月、ハルパーの教え子、スティーヴン・シュラグがケンブリッジ・インテリジェンス・セミナーにミラーを招待します。このセミナーは諜報に関する学会で、２０１４年にハルパーがフリンを招待して、ロシア人女性とフリンを結びつけた舞台です。子ブッシュの国防省高官だったシュラグは、２０１２年の大統領選でミット・ロムニーの外交政策顧問を務めました。

ミラーから欠席の返事が来た後、シュラグはカーター・ペイジを招待し、7月11日、12日、

ジェフ・セッションズ

ミット・ロムニー

ペイジはこのセミナーに出席します。

マデリン・オルブライト（クリントン政権国務長官、ネオコン）、元ＭＩ６長官のリチャード・ディアラヴなどが出席したこのセミナーでは、アメリカの大統領選と今後の外交方針について話し合われました。

ハルパーはこのセミナーで〝偶然〟ペイジに会い、その後、ＦＢＩがペイジの盗聴を終了した２０１７年９月まで、14ヶ月にわたって二人はメールで連絡を取り合っていました。この間、ハルパーはペイジの信頼を獲得し、ヴァージニア州北部にあるハルパー所有の農場にペイジは何度か足を運んでいました。

２０１６年の夏、大手メディアが「ハリー・リード上院多数党院内総務（民主党）がカーター・ペイジはロシアのスパイだと言っている」と報道していた最中に、ペイジはハルパーを訪ねますが、そのときハルパーは呆れかえった顔をした、ということです。その後も、ハルパーは、ペイジとやりとりをするたびにロシア疑惑に対して懐疑的な姿勢を取り、２０１７年７月28日、トランプの報道官になったばかりのスカラムーチのオフレコのコメントが報道されて大騒ぎになっていたとき、こういうメールをペイジに送っています。

「ロシアとの共謀から予期せぬ災難に話題が移ってよかったですね。スカラムーチはどうなることやら。私たちはヴァージニアで暖かく静かな夏を楽しんでます。時間があるときに連絡してください、是非また会いましょう」

マデリン・オルブライト

ハルパーは、〝学識があり、経験豊かで思いやりのある助言者〟というキャラクターを演じて、すっかりペイジを安心させて、ペイジから情報を収集しようとしていたのです。

■トランプ本人を盗聴するための入口として利用された

大手メディアの報道を見ている限りだと、カーター・ペイジは〝メリル・リンチの貪欲な投資家で、ロシアと結託して天然ガスで一儲けを企む極悪非道な犯罪者〟、あるいは〝海軍兵学校卒の諜報員でありながら二重スパイになった裏切り者〟だと思えてしまうでしょう。

真実は、文字通り正反対です。

ペイジは、1993年に合衆国海軍兵学校を優秀な成績で卒業。下院軍事委員会で調査員として活躍した後、海軍中尉としてモロッコで諜報活動を行い、国連平和維持軍を援助しました。その後、ジョージタウン大学で国家安全保障に関する研究をして修士号を取得し、除隊後、ニューヨーク大学で経営学修士を取得して、メリル・リンチに就職し、ロンドン支店を経てモスクワ支店に3年間勤務しました。ニューヨーク本社に戻った後、エネルギー関連の投資・コンサルティング会社を設立し、ロシア滞在中に築いたネットワークを活用して、エネルギー関連の投資のアドヴァイスを行っていました。

ガスプロム（ロシアの天然ガス会社）は取引先なので、接触があるのは当たり前。天然ガス関連の会議やセミナーに出席するのも仕事の一環なので、ペイジが複数のロシア人と関係を持ち、時々ロシアを訪問するのも当然のことです。さらに、ガスプロムは半国営企業なので、ペイジがロシアの政治家を知っていても何の不思議もありません。

このようにロシアで顔が利くペイジは、ビジネスマンを装ったロシアのスパイとも話ができるので、2008年から2013年まで、CIAにロシア関連の情報を提供していました。42ページにも書いたことですが、FBI捜査班はこの事実を告げるCIAからのメールを改ざんして、ペイジはロシアのスパイと接触している工作員だ、と見せかけて、ペイジの盗聴許可書を取得したのです。

外国情報監視法で許可されている盗聴プロトコールは、two-jump（二段跳び）と呼ばれるもので、ターゲットとされている人間（この場合カーター・ペイジ）と交信した人々とさらに交信した人々まで盗聴することができます。つまり、ペイジがトランプ選挙キャンペーンで外交関係やエネルギー政策関係を仕切る中間管理職の人間と話し、その人間がトランプと話した場合、トランプ本人のことも盗聴できる、というわけです。

FBIがCIAからのメールを無視、改ざんしてまでペイジを盗聴したかったのは、トランプ本人を盗聴するための〝入り口〟としてペイジが最も都合のいい存在だったからです。

オバマ政権時代に国防情報局（DIA）長官を務めたフリンは、あまりにも大物過ぎて、〝疑惑〟という枠を超えた相当な状況証拠がないと盗聴許可を得るのは困難です。

マナフォートは表舞台には姿を現さず、陰で糸を引くフィクサー。〝分かりやすい疑惑〟

を提示しにくい。

パパドポロスはほとんど外国にいて、すでに外国の諜報組織が盗聴している。それに比べてカーター・ペイジは、ガスプロムとつながりがあることが誰の目にも明らかで、選挙キャンペーンのまっただ中の2016年7月に、モスクワのニュー・エコノミック・スクールという経済専門学校に招かれてレクチャーを行うなど、分かりやすい疑惑を提示してくれました。ですからトランプ盗聴という真の目的を達成するための最初の一歩としてペイジが選ばれたのです。

私がこの本を書いている2020年4月の段階では、FBIがトランプ選挙キャンペーン内部のどれほどの数の人々を盗聴していたのか、まったく明かされていません。トランプ政権は弾劾裁判の後、コロナウイルス対策に追われ、再選準備も忙しいので、FBIの不正行為を積極的に追及するゆとりがないのです。

もしトランプが再選されたら、汚名返上のためにも是非ともモラーの一味を徹底的に捜査して、どれだけの数の人々のプライヴァシーが侵害されたのか、不正行為の全貌を明らかにしていただきたいものです！

第13章　ステファン・ハルパーの正体

選挙裏工作の大ベテラン

フリン、パパドポロス、カーター・ペイジをスパイしたステファン・ハルパーは、〝ケンブリッジ大学教授〟という隠れ蓑を使って、国防省、CIA、FBIのために情報収集活動をしていました。

ハルパーは、1967年にスタンフォード大学を卒業した後、1971年にオックスフォード大学で博士号を取得。その後、ニクソン政権でアレクサンダー・ヘイグ首席補佐官の助手、フォード政権前期でドナルド・ラムズフェルド大統領首席補佐官の助手、後期でディック・チェイニー大統領首席補佐官の助手を務め、1979年の大統領選予備選で当時CIA長官だったブッシュ共和党候補の国家政策顧問になり、レーガン政権の国務省で軍事部門(国防省との連携を司る部署)の幹部になりました。

1984年から1990年までは、イラン・コントラの資金調達をしたパーマー・ナショナル・バンク会長。その後は、国際情勢、外交に関する本の執筆者となり、2001年にケンブリッジ大学教授に就任し、元MI6長官のリチャード・ディアラヴと諜報・情報収集に

アレクサンダー・ヘイグ

ドナルド・ラムズフェルド

ディック・チェイニー

関するケンブリッジ・インテリジェンス・セミナーを開催します。

オバマ政権の国防省から、研究者として１００万ドル以上の報酬を得ていました。

ハルパーの名前が最初に報道機関に登場したのは民主党カーター政権末期の１９８０年のことでした。

共和党予備選で元カリフォルニア州知事のロナルド・レーガンを相手に大健闘していた元ＣＩＡ長官のジョージ・ブッシュのキャンペーンにはＣＩＡの元スパイが少なくとも25人はいて、〝ＣＩＡのクーデターじゃあるまいし！〟と言われていたほどでした。合衆国政府のすべての諜報機関の退職者を対象にした退役諜報員協会の１９８０年の会合では、出席者の２４０人のうち１８０人がブッシュ支持者だった、というので、ブッシュはＣＩＡ以外の諜報機関からも支持されていた、ということです。

ブッシュの外交政策を仕切っていたのは元ＣＩＡ副長官のレイ・クライン。クラインは１９７３年のチリのクーデターなどに関わっていた反共、反ソ連のアナリストで、ＣＩＡ退職後はジョージタウン大学のシンクタンク、戦略国際問題研究所（ＣＳＩＳ）の所長をしていました。

レイ・クライン

当時、すでにワシントンの重鎮だったクラインは、『ワシントン・ポスト』紙に取材されたときに、「ブッシュに私の義理の息子のステファン・ハルパーを雇うように、と薦めた」

と、答えました。

これで、当時36歳だったハルパーもワシントンのフィクサーの仲間入りをして、ブッシュが共和党内の指名争いで脱落してレーガンの副大統領候補になった後もキャンペーンの仕事を続け、重大な役割を果たすことになります。

１９８０年の大統領選は、前の年に起きたイランのアメリカ大使館人質事件で、カーターが人質救出に失敗したため、レーガンが44州で勝つ、という地滑り的な勝利を収めました。しかし、選挙キャンペーン後期は、「選挙日直前にカーターが人質を解放させ、英雄視されて当選するのでは？」と、レーガン・ブッシュ側がカーターのオクトーバー・サプライズを心配していました。そこで、レーガン・ブッシュ陣営は、カーター政権に信頼できるモグラ（スパイ）を潜伏させ、内部情報を探っていました。そのモグラからの情報を、レーガン・ブッシュの選挙本部で仕切っていたのがステファン・ハルパーだったのです！

当時、選挙本部作戦部長で後にレーガン大統領の顧問の一人となったロバート・ギャリックは、１９８３年に『ニューヨーク・タイムズ』のインタビューに答え、「ハルパーは広報関係の仕事をするはずでしたが、何か別のことをやっていたようです。いつもドアを閉めた部屋の中で電話をしていました」と語っています。また、選挙本部で働き、後にレーガン政権副報道官になったデヴィッド・プロスペリは、「彼はカーター政権内に人脈があって、主にオクトーバー・サプライズ関連の情報を集めていたようです」と答えています。

つまり、ハルパーはトランプ倒しに関わる36年も前から諜報員として暗躍してきた選挙の裏工作のベテランだった、というわけです！

ただし、当時、ハルパーはまだ下っ端で、選挙キャンペーンの上層部で糸を引いていたのは、ウィリアム・ケイシー（後にレーガン政権のＣＩＡ長官）、エドウィン・ミース（レーガン政権2期目の司法長官）、リチャード・アレン（レーガン政権の国家安全保障問題担当大統領補佐官）、デヴィッド・ガーゲン（ニクソンのスピーチライター、レーガン政権の広報部長、クリントン政権の大統領法律顧問）、ジェイムズ・ベイカー（第1期レーガン政権大統領補佐官、第2期レーガン政権財務長官、父ブッシュ政権大統領補佐官。２０００年の大統領選でフロリダ州の票再集計を巡る最高裁の裁判で子ブッシュに勝利をもたらした弁護士）でした。

このメンツを見てください！　ワシントンに入り浸り、情報と人脈を武器に影響力を売り物にして、国民の血税を吸い上げて権力を維持する寄生虫、としか言いようがありません。まさにディープ・ステイトそのものです！　彼らは文字通り大昔から陰で選挙を操っていたのです！

そして、何よりも恐ろしいのは、この裏工作は闇に葬られるはずだった、という事実です。

１９８３年、『ワシントン・ポスト』紙に、ある収集家から、カーター政権の政策の要点が記されたメモが送られてきました。この匿名の収集家は、「１９８０年の大統領選でレーガンが勝った後、キャンペーンのポスターやバンパーステッカー（英語では sticker ）をもら

エドウィン・ミース

リチャード・アレン

デヴィッド・ガーゲン

ジェイムズ・ベイカー

おうとしてレーガン・ブッシュ選挙本部に行ったが、スタッフに〝ゴミ箱に捨ててしまったけど、拾い集めてもいい〟と言われ、建物の裏のゴミ箱をあさったときにこのメモを偶然見つけた」と、同紙に語っています。

ハルパーが絡む裏工作が明らかになったのは、レーガン・ブッシュのキャンペーンがカーター政権に潜ませていたモグラが書いたこのメモが『ワシントン・ポスト』紙に送られてきて、同紙がメモを手がかりに当時の舞台裏を再現するための徹底調査を行ったおかげです。

つまり、この収集家がゴミ収集車が来る前にゴミ箱をあさってこのメモを発見しなかったら、そして、3年後にメモを『ワシントン・ポスト』紙に送らなかったら、ディープ・ステイトの裏工作は日の目を見ないまま歴史のブラックホールの奥深くに消え去っていたわけです。

ハルパーの義父のクラインもチリのクーデターの仕掛け人だったことを思うと、ディープ・ステイトにどっぷり浸かったハルパーにとっては、選挙の裏工作は親子二代の伝統芸のようなものなのでしょう。

ハルパーの黒幕はＣＩＡ（ブレナン）

ちなみに、ホロウィッツ報告書には、「ＦＢＩは2016年7月31日に正式な操作を開始するまでは人間の情報源《ヒューミント》は使っていない」と記されています。さらに、パパドポロス偵察のためにハルパーを雇ったＦＢＩ捜査官は、「ハルパーがフリンとカーター・ペイジともすでに面識があると知って、〝予期せぬ幸運だ！〟と思った」と記しています。

これが事実だとすると、ハルパーはＦＢＩ以外の諜報組織に頼まれてカーター・ペイジに接近したことになります。

ハルパーは、オバマ時代に国防省から巨額の報酬を受けていたので、カネの流れを追え！、ということになると、国防省がハルパーを派遣した可能性があります。

しかし、ハルパーがＣＩＡと密接な関係を持っていること、さらに、カーター・ペイジが訪ねたハルパーの農場住居がヴァージニア州（ＣＩＡの本部の所在地ラングレーはヴァージニア州東北部に位置します）にあることを考えると、やはり当時ＣＩＡ長官だったブレナンの指図だった、と思えてきます。ブレナンも、ＦＢＩ同様、トランプに探《さぐ》りを入れる糸口として、すでにＣＩＡと関係のあるカーター・ペイジに目をつけ、ハルパーを派遣した、と考えるのが妥当な線です。

この推測を裏づける状況証拠が二つあります。

２０１７年5月23日に行われた下院公聴会で、２０１６年の選挙でロシアとトランプが共謀した証拠があるのか、という質問に、ブレナンはこう答えています。「ロシアが我々の民主主義の支柱の一つに積極的、包括的に干渉しようとしていることを、去年の夏、私は確信しました。ロシア政府の人間とトランプのキャンペーン関係者が連絡を取り合っていたという情報を得ていたので心配していました」。この後、ブレナンは、ＣＩＡは外国での諜報を行う機関なので国内でトランプ陣営の捜査をしたくても管轄外でできない、ということを述べた後、こう言っています。「FBIが（トランプ関係者を）告発するのに必要な情報のすべてをFBIに渡すことが我々CIAの義務だと思いました」

ブレナンは2016年の夏にロシアの干渉を〝確信〟する前に、ハルパーを派遣してスティーヴン・ミラー（トランプのスピーチライター）に接近させようとしたものの、ミラーが誘いに乗らなかったので、代わりにカーター・ペイジを罠にかけたのでしょう。つまり、ロシア疑惑捜査の首謀はブレナンで、FBIはブレナンのお膳立てにうまく乗せられた、ということです。

もう一つは、マーク・ワーナー民主党上院議員の発言です。

2018年5月、FBIが派遣した〝情報源〟がカーター・ペイジを偵察していたことが明らかになった後、報道機関の一部と共和党議員たちが〝情報源〟の正体を探ろうとしたとき、民主党議員と8割方のメディアは「国家安全保障」という大義名分を掲げて、正体暴露を必死に阻止しようとしました。クリストファー・レイCIA長官の「諜報機関の人材を保護できないと、アメリカの安全が脅かされます！」という一言は大々的に報道されましたが、ワーナーの発言も脅しにも似た迫力のあるものでした。ワーナーは、「諜報機関の人材の正体を明かすと、その人物の生命を危険にさらすだけではなく、アメリカ人全員の命を危険にさらすことになるのです。なぜなら、人材を保護できないと、敵からの情報収集が困難にな

マーク・ワーナー

クリストファー・レイ

るからです」と、アイデンティティ保護の重要性を説明。そして、「人材の正体を露呈しようとする行為は、犯罪と言えるでしょう」と、正体を明かした者を罰することも辞さない、という決意を示しました。

ワーナーはヴァージニア州選出の議員です。ヴァージニア州のラングレーにはＣＩＡの本部があり、大昔からヴァージニア州選出の議員たちは党派に関係なくＣＩＡと密接な関係があります。やはりハルパーはＣＩＡの回し者だったのでしょう。

それにしても、ワーナー、レイを筆頭に、正体暴露を阻止しようとした民主党議員や諜報関係者の「命を危機にさらす」という大げさな発言は、今から見直すと噴飯ものです！　ハルパーがオバマの国防省から巨額の資金を受け取っていたことはインターネットで調べればすぐに分かることですし、ハルパーは当時71歳の肥満体のおじいさん。無実のアメリカ人を盗聴していただけで、身を危険にさらしてスパイ活動をしていたわけではありません。

ちなみに、トランプが「オバマのＦＢＩはスパイを使った」と言った時、『ニューヨーク・タイムズ』紙を筆頭に、大手メディアは一斉に、「ＦＢＩはロシアとトランプ選挙キャンペーンの関係を調査するために情報提供者 informant を使っただけだ。スパイをしたわけではない NOT to SPY」と、オバマとＦＢＩを擁護していました。

リベラルなメディアが何と言おうと、カーター・ペイジ、パパドポロス、フリンをスパイすることでトランプがスパイされていたことは紛れもない事実です。

第14章　謎の人物ジョセフ・ミフサド

明らかに嘘をついてるミフサド教授

パパドポロスに「ロシアがヒラリーのメールを持っている」と言ったマルタ人の教授、ジョセフ・ミフサドとは、いったいどんな人物なのでしょうか？

EUの欧州議会のオフィシャル・サイトにある、「2009年から2014年までの演説者経歴」に載っているミフサド教授の略歴には、こう記されています。

1960年、マルタ生まれ。クイーンズ大学ベルファストで博士号を取得し、ヨーロッパ、アメリカ、ロシアで教鞭を執り、2006年から2008年までマルタの外務省で働いていた。

また、ミフサドは、世界の知識人が参加するロシアの政治・科学分析組織、ヴァイダル・クラブの常連で、親ロシア派です。

2016年国務省の民間外郭組織、グローバル・タイズ（市民レベルでの外交斡旋団体）の上級顧問ジャンヌ・ブリガンティに会っていました（ブリガンティは現在は国務省と国防省との連携担当者で、これはかつてのハルパーの役職です）。

ジャンヌ・ブリガンティ

２０１７年11月11日、ボリス・ジョンソンと会っていました。

ＢＢＣは、こう伝えています。

●ミフサドはロンドンで外交官たちが集まるシーンで〝自撮りキング〟として知られるようになり、ボリス・ジョンソン、外務省のトバイアス・エルウッド、ロシア大使などと一緒に写真を撮っていた。

●リヤドで、サウジ諜報部にＣＩＡの人間を紹介した。ミフサドを知る人は、〝狡猾なほら吹き〟と言っている。

●ミフサドと親しいドイツ人大富豪のシュテファン・ローは、リンク・キャンパス大学の所有者。

●ローは２０１２年、グローバル化を促進するための国際的非政府組織の会合で、ビル・クリントンに会っていた。

ワシントンの政治専門紙『ザ・ヒル』には「ローは、〝ミフサドが西側の諜報機関と関係がある人物だから、リンク・キャンパス大学から、パパドポロスとロシアの接点を作れ、と命令された〟と言っている」と記しています。

２０１７年８月５日、ポルトガルのマデイラ島で、ミフサド教授が置き忘れたパスポートと財布が発見されて長い間、紛失物保管所に保管されていました。ミフサド教授はすぐに新しいパスポートを取りました。

シュテファン・ロー

２０１７年10月、『テレグラフ』紙のインタビューで、「ＦＢＩの報告書に、〝ミフサドは、ロシアがヒラリーに泥を塗る素材を持っている、とパパドポロスに言った〟と書いてありますﾞ」と言われ、ミフサド教授は「それは真実ではありません。全然違います」と強く否定しています。

２０１７年11月1日、イタリアの新聞のインタビューで、ミフサドは「私はクリントン財団のメンバーです。私は左派ですが、英国のＥＵ離脱とトランプ勝利を予言していました」と語り、ヒラリーのメールに関しては「私の娘の名前に誓って言いますが、ヒラリー・クリントンの秘密などに関して一切話をしていません」と言っていました。

２０１８年3月30日、デイリー・コーラーの調べで、ミフサド教授がクリントン財団に２５０ドル寄付していたことが分かりましたが、その後、クリントン財団のウェブサイトからミフサドの寄付記録が抹消されました。

モラー報告書には、こう記されています。

２０１６年の春、トランプの外交政策顧問、ジョージ・パパドポロスは、ロシアと関係のあるロンドン在住の教授、ジョセフ・ミフサドに接触した。ミフサドは２０１６年4月にモスクワに行き、ロンドンに戻った直後にパパドポロスに「ロシア政府がヒラリーの汚点、何千通ものＥメールを持っている」と伝えた。

この記述を読む限り、ミフサド教授は、トランプを勝たせるためにロシア側から派遣されたスパイであるかのような錯覚に陥ってしまうでしょう。

しかし、パパドポロスは自らミフサド教授に近づいたわけではなく、ＦＢＩと親しい英国政府の人間にミフサドを紹介されたこと、ミフサドが教えているリンク・キャンパス大学がＣＩＡとも関係があることを考慮に入れると、ディープ・ステイトがトランプとロシアとのコネをねつ造するために、親ロシアの人物であるミフサドをあてがったのでは？、と思えてきます。

ヒラリーのメールに関するコメントは、ミフサド教授は、「そんなこと言っていない」と否定し続けていますが、パパドポロスが嘘をつくメリットは有り得ないので、嘘をついているのはミフサド教授のほうでしょう。

どちらにせよ、ミフサド教授はロシア疑惑のカギを握る人物です。ディープ・ステイトが口封じのためにミフサド教授を殺す前に、真相が明らかになりますように！

第15章　ＣＩＡ、大手メディア、民主党議員の共謀

クーデター、レジーム・チェンジのＣＩＡ史

本題に入る前に、ＣＩＡ（中央情報局）の歴史を簡単に振り返っておきましょう。

ＣＩＡは、外国での諜報活動を行う機関で、大統領の指示で秘密工作を行い、収集・分析した情報を大統領と大統領顧問団に伝えます。

第2次世界大戦終結の2年後、ソ連の脅威が増して冷戦が始まった1947年に、民主党のハリー・トルーマン大統領がアメリカの国家安全保障のために設立しました。

中央情報局、という名前の通り〝情報〟を扱う組織ですが、情報を〝収集〟するためのスパイ活動だけをしていたわけではありません。敵を騙すための〝偽情報〟や、アメリカや同盟国にとって〝都合のいい情報〟を、仲のいい記者にリークしたり、うまく記者が発見するように手配したり（記者は特ダネを取ったと勘違いして報道）、新聞社をでっちあげる、などさまざまな手段を講じて、配信していました。つまり、ＣＩＡこそがフェイク・ニュースの生みの親なのです。

ハリー・トルーマン

ＣＩＡは反ソ反共のスパイ組織として始まったわけですが、〝アメリカの安全保障のため〟という大義名分を隠れ蓑に、西欧の利益を脅かす政権を転覆させてきました。

まず、ＣＩＡの裏工作のパターンを浮き彫りにするために、ＣＩＡが仕込んだ初期の政変を見てみましょう。

●イラン　１９５３年

民主的選挙によって首相になった反共・民主的指導者モサデクが、英国資本の会社（現在のＢＰ）が独占していたイランの石油産業を国営化します。欧米が経済制裁の一環としてイランの石油をボイコット。英国の利益を守りたいＭＩ６と、イランがソ連に石油を売ることで共産化することを恐れるＣＩＡがクーデターを仕掛けて、モサデクを失脚させ、英米の傀儡政権を樹立した。

ＣＩＡ工作員の一人は、第26代大統領、セオドア・ルーズヴェルトの孫、カーミット・ルーズヴェルト、軍事支援を仕切ったのは、湾岸戦争司令官のノーマン・シュワルツコフの父親（ノーマン・シュワルツコフ・シニア）だった。首謀犯のドナルド・ウィルバーは〝古代ペルシャ専門の歴史学者〟という隠れ蓑を使っていた。

以下、７００万ドルの予算を投じたＣＩＡ裏工作の要点です。

【プロパガンダ開始】

モハンマド・モサデク

セオドア・ルーズヴェルト

カーミット・ルーズヴェルト

ノーマン・シュワルツコフ・Sr

ノーマン・シュワルツコフ・Jr

ドナルド・ウィルバー

モサデクは独裁者で、政敵を罰する狂人で、ソ連と共謀しているのでイランの安全保障を脅かす。さらに、横暴で通常の外交辞令を無視したモサデクの無礼な言動のせいで、イランが外国から嫌われている、というフェイク・ニューズを広め、イラン国民に〝モサデクはイランの恥〟と思わせた。

アメリカの政府高官に「アメリカはモサデクを援助しない」と言わせて、モサデクの国際舞台での地位を失墜させた。

【〝自発的暴徒〟の仕込み】

当時の金額で5万ドルの予算をつぎ込んで、多数のイラン人を雇ってモスクを攻撃させ、〝モサデクの熱狂的支持者がモスクを襲っている〟と見せかけ、ソ連の手下であるモサデクはイスラム教の敵だ、という概念を浸透させる。ＣＩＡに雇われた暴徒がナイフやこん棒などの武器を持ってモサデクの家を襲い、モサデクは命からがら逃げ出したものの、約３００人が死亡。死者の中にはＣＩＡから受け取ったドル札がポケットに詰まっていた者もいた。

【クーデター後のコンセンサス作り】

イラン議会のメンバーを買収して、欧米傀儡政権のシャー（パフラヴィー2世。パーレヴィ）政権を支持させた。

【プランBを周到に用意】

最初の暴動でモサデクを倒せずシャーがバグダッドに逃亡した後、プロパガンダをさらに強化して、軍部と警察を買収。

【執拗な反共プロパガンダと工作】

新たに5万ドルつぎ込んで〝モサデク支持の共産主義者の暴徒〟を装った人間を雇い、まだ人気のあったシャーの肖像画を破壊させ、シャー支持派を激怒させて、共産主義とモサデクへの反感を煽って、シャー支持派にデモを起こさせた。

【フェイク・ニュースの報道】

軍部の支援を得たデモ隊がテヘラン・ラジオ局を占拠し、田舎にもプロパガンダを浸透させ、新聞は「ゼヘディ（親米軍人）が合法的に首相になった」というCIAが仕込んだフェイク・ニュースを報道。

【石油横取り】

ゼヘディに200万ドル渡して新政権を安定させた後、シャーを傀儡政権として据えて、英米仏が石油を横取りした。

イランのクーデターがお手本となり、その後CIAは、同じ手を使ってグアテマラのアルベンス政権を転覆させます。

●グアテマラ　1954年

ハコボ・アルベンス・グスマン

民主的選挙で選ばれたアルベンス大統領が、中南米のプランテーションで砂糖・バナナを栽培してぼろ儲けをしていたユナイテッド・フルーツ（現在のチキータ・ブランド）から土地を買い取って農民に分け与えようとした。ＣＩＡは、「アルベンス政権はソ連と同じ共産主義で自由な国家の安全保障を脅かす」という情報を流して世界の世論操作を行い、反アルベンスの軍人で、ホンジュラスに亡命していたアルマス元グアテマラ陸軍大佐に資金・武器援助をしてグアテマラに攻め込ませた。そして、実際にはアルマス軍が負けているのに、ラジオで「反政府軍が勝利を収めている！」とフェイク・ニュースを流し、それを信じたアルベンス軍が戦う意欲を失い、アルベンスは失脚し、アルマスが大統領になった。しかし、世界中から「このクーデターは、アメリカがユナイテッド・フルーツの利益を守るために起こした」と批判されたため、ＣＩＡは「ソ連の仕業だった」と見せかけるためにグアテマラに工作員を大量に派遣して、政府の記録、アルベンスの私的な文書などを徹底的に調べて、血眼になってソ連とアルベンスをつなぐ〝証拠〟を探したが、見つからず、世論を変えることができなかった。

この後、ラテン・アメリカで反米感情が高まり、アルベンス支持派が反政府ゲリラになって、すでに共産化したキューバ経由でソ連から資金・軍事援助を受けて、グアテマラ内戦が始まった。

イラン、グアテマラのクーデターを仕切ったアレン・ダレスＣＩＡ長官の兄は、アイゼン

アレン・ダレス

ハウアー政権国務長官のジョン・フォスター・ダレスで、パパドポロスが逮捕されたダレス空港は、彼の名にちなんで名づけられた。

ジョン・フォスター・ダレス

その後、ＣＩＡはほとんど同じ手口で、

１９４９年、シリア・クーデター
１９５５年、ベトナム戦争
１９５６年、シリア・クーデター未遂
１９６０年、コンゴ動乱、ラオスのコン・レー政権倒し
１９６１年、キューバのクーデター未遂
１９６３年、イラク・クーデター（ラマダン革命）
１９６４年、ブラジルのクーデター
１９６５年、インドネシアの反スカルノ・クーデター
１９６７年、ギリシア反共クーデター
１９７３年、１９７５年、ボリヴィアの反共暗殺テロ（コンドル作戦）、チリのクーデター
１９７８年、イタリアで支持率を高めた共産勢力を倒すための無差別テロ
１９７８年、アフガニスタン戦争
２００３年以降、イラク戦争、ソ連の傘下にあった東欧諸国のレジーム・チェンジ（政権交

代、体制変更）、アラブの春などに関与してきました。

レジーム・チェンジを謀るＣＩＡの手口をまとめてみましょう。

●ソ連の脅威を煽って大衆を味方につける
●倒したい相手をソ連の手先、極悪非道な人間と見せかけて反感を煽る
●学者を装った工作員を送り込む
●フェイク・ニューズで世論操作
●国民を扇動してデモ・暴動を起こさせる
●まずいことはすべてソ連のせいにする

〝ソ連〟を〝ロシア〟に換えると、これらはまさにロシア疑惑でトランプ倒しのためにディープ・ステイトが使った手口そのものです！

英語の諺に、The past is prelude to the future.「過去は未来の前奏曲」というのがあります。過去の行動から未来を予測できる、という意味です。この諺を知っていれば、ロシア疑惑がＣＩＡの仕込みだ、ということが見えてくるでしょう。

ＣＩＡは、そもそも冷戦時代にソ連という大敵に対応するために生まれた組織なので、アナリストもソ連専門家が中心となっていました。冷戦が終わってソ連が崩壊した後も、相変わらず反共・反ロシアという姿勢をとり続けています。

彼らがロシアの脅威を煽り続ける理由の一つは、人事の上層部で採用を司る人間たちがいまだに反共反ロシアのメンタリティから脱皮できず、自分たちと同じイデオロギーのアナリストを雇い、養成しているからです。

そもそも、アメリカのロシア分析家のほとんどは、ソ連から亡命してきたインテリ層やポーランド出身のズビグネフ・ブレジンスキー（反ソ勢力のムジャーヒディーンを援助してタリバン、アルカイダを産んだ政治家）などの反共思想の学者や政治家に師事しています。大学もシンクタンクも、もちろん政界も排他的な会員制クラブのような閉ざされたコミュニティで、上層部に気に入られた同じ思想の人間しか仲間に入れてもらえないため、延々と反共思想のロシア分析家のみが高い地位に就いて、アメリカの外交政策を決めているのです。主流の意見（＝反ロシア）に逆らうようなことを一言でも口にしたロシア研究家は、即座に村八分にされて、学会に招待されなくなり、地位を追われることになります。

ロシア研究で最も有名な〝会員制クラブ〟はジョージタウン大学のスクール・オヴ・フォーリン・サーヴィス（主に国際情勢を教えている）です。出身者には、オバマの大統領首席補佐官デニス・マクドノー、オバマの国家安全保障問題大統領補佐官ジェイムズ・ジョーンズ、

デニス・マクドノー

ジェイムズ・ジョーンズ

チャック・ヘイゲル

ジョージ・テネット

オバマの国防長官チャック・ヘイゲル、クリントン政権のＣＩＡ長官ジョージ・テネット、クリントン政権の国務長官マデリン・オルブライト、ビル・クリントン時代の元ＮＡＴＯ指揮官で現ブルッキングス研究所顧問のジョン・アレン、イラク侵略戦争多国籍軍指揮官ジョージ・ケイシー、子ブッシュ政権司法長官ポール・クレメント、ニクソン・フォードの大統領首席補佐官／ＮＡＴＯ最高司令官／レーガン政権国務長官のアレクサンダー・ヘイグ、トランプの顧問だったスティーヴ・バノン、トランプの大統領首席補佐官ミック・マルヴェイニー、『ウォール・ストリート・ジャーナル』紙コラムニストのダニエル・ヘニンガー、世界銀行代表デヴィッド・マルパス、リトアニア大統領ダリア・グリバウスカイテ、元ポーランド大統領アレクサンデル・クファシニェスキー、ボスニア・ヘルツェゴヴィナ大統領評議会議長ジェリコ・コムシッチ、ポルトガルの政治家で欧州委員会委員長ジョゼ・バローゾ、欧州議会スロヴァキア代表ユージン・ユルズィカ、スペイン王フェリペ6世、ヨルダン国王アブドゥッラー2世、サウジアラビア外相アデル・アル・ジュベイル、元フィリピン大統領グロリア・アロヨなどがいます。

この顔ぶれを見ただけでも、世界の要所要所に同じ思想を持った仲間がいて、裏で連絡を取り合いながらグローバルな方針を決めている、ということが分かりますよね。

ジョン・アレン

ジョージ・ケイシー

ポール・クレメント

スティーヴ・バノン

ミック・マルヴェイニー

ダニエル・ヘニンガー

フェリペ6世

〝ロシアの脅威〟という呪文

ＣＩＡがロシアの脅威を煽るもう一つの理由は、ロシアという敵がいないとＣＩＡの存在意義がなくなってしまうからです。これはＮＡＴＯも同じです。この二つの組織は、ロシアという敵が存在するからこそ、その脅威からアメリカやヨーロッパ諸国を守るために必要な組織として重宝されているのです。ロシアがいなくなったら、彼らの存在意義も消えます。また、ＣＩＡ以外のアメリカの諜報機関も、ロシアという分かりやすい敵を歓迎しています。「ロシアの脅威に備えて国家安全保障のために」という呪文を唱えると、たちまち予算がもらえるからです。

経済力の面では中国のほうが遥かに大きな脅威ですが、中国はグーグル、フェイスブック、ツイッター、ナイキ、ＮＢＡ、ハリウッドを筆頭に大企業にとって大きな市場であると共に、大企業の商品や部品の大切な供給元なので、誰も中国に文句が言えません。香港で民主主義を求める住民がデモを起こしたときも、ナイキやＮＢＡのスター、オーナーたちはこぞって中国の言い分を擁護して、王様の前でお世辞を言う道化のように中国に平伏していました。ハリウッドに至っては、中国資本も大切なので、中国人俳優を重要な脇役に据えて中国をポジティヴに描く映画を制作し、中国にこびへつらっています。

アルカイダやイスラム国は〝敵〟ではありますが、彼らは弾道弾ミサイルや核兵器は持っていないし、国務省やＣＩＡは陰で彼らとつるんでいるので、真の敵ではありません。また、イスラム過激派のテロリストをヘタに非難すると「イスラム教差別！　人種差別！」と糾弾されます。

さらに、中国、サウジアラビア、カタール、アラブ首長国連邦は、中国やイスラム教のポジティヴなイメージを広めるために、ハーヴァード大学、イェール大学などの有名大学に１９９０年以来66億ドルの寄付をしています。その甲斐あって、イスラム過激派のテロが起きても、誰も〝イスラム過激派〟という言葉は使わなくなり、コロナウイルスが猛威をふるった最中も大手メディアは「中国は正直にすべてを伝えた」という中国の言い分を事実として伝えていました（66億ドル、というのは、大学側が申告した金額で、実はもっとたくさんもらっているだろう、ということで、寄付隠しを教育省が調査中です）。

これに対し、ロシア人は白人なのでいくら罵倒しようが〝人種差別〟と叱られることはなく、ロシアとアメリカは経済的な取引がほとんどなく、ロシアはアメリカに寄付などしていないので、ロシアを叩いても誰からも文句を言われることはありません。

ハリウッドも、どれほどロシアを悪者に描こうが損をすることはないので、大昔からロシア人が悪者の映画を作りまくっているため、ロシアは文字通り誰にとっても非常に分かりやすい〝敵〟なのです。

ですから、ロシアと友好関係を深めたいトランプは、ＣＩＡとＮＡＴＯの生存意義を脅かす大敵であり、FBI、NSAなどのあらゆる諜報機関と国防省にとっても不都合な存在だったので、どうしても潰しておかなくてはならなかったです。

偽情報をばらまく本当の〝犯罪者たち〟

元MI6のスティールが多くの媒体に偽情報をリークしたことはすでにお話ししましたが、アメリカの諜報員たちもCIAお家芸をお手本にしたフェイク・ニューズによる世論操作を積極的に行っていました。

彼らがトランプ倒しのためにばらまいた偽情報とアンチ・トランプのコメントの一部を振り返ってみましょう。これだけで数冊の本が書けるほどの量なので、とりわけひどいものをご紹介します。

オバマ政権一期目のCIA長官でシリア政策でフリンと衝突したマイケル・モレルは、2016年8月5日、『ニューヨーク・タイムズ』に論説を執筆し、「トランプはロシアの工作員かもしれず、国家安全保障を脅かす存在なので、私はヒラリー・クリントンを大統領にするために全力を尽くし、11月8日にヒラリー・クリントンに投票します」と宣言し、ヒラリーの人格や資質を絶賛し、トランプを罵倒しました。モレルは、2014年以来CBSニューズのコメンテイターになっていたので、その後もトランプの人間としての資質、倫理観、道徳心を批判するキャラクター・アサッシネイション（人格抹殺）のコメントを繰り返し、ロシア疑惑を煽る発言を連発していました。

オバマの国家情報長官、ジェイムズ・クラッパーは、コーミーＦＢＩ長官が解雇された１ヶ月後の２０１７年６月７日、「トランプとロシアによるアメリカ諜報組織への攻撃に不安を感じざるを得ない。ロシア疑惑はウォーターゲートをしのぐものだ」と述べました。２０１８年７月19日、トランプがプーティンと友好的な会談を終えた後に、「プーティンはいったいトランプに関するどんな情報をつかんでいるんだろうか」と、両首脳が友好的なのはプーティンがトランプ脅迫のネタを掴んでいるからだ、と暗示しました。

２０１８年３月22日に公表された下院監査報告書で、クラッパーが２０１７年１月にＣＮＮにスティール報告書をリークしたことが分かりましたが、２０１７年３月20日の公聴会で、「スティール報告書に関してメディアと話していない」と偽証しました。クラッパーは２０１７年８月にＣＮＮのアナリストとして雇われました。

トランプ・バッシングの旗頭は、オバマ政権終了後ＭＳＮＢＣ／ＣＮＢＣのお抱え評論家になったジョン・ブレナン元ＣＩＡ長官でした。以下、ブレナンのコメントをいくつかご紹介しましょう。

２０１８年２月１日（ヌネス共和党下院情報委員会長が「ＦＢＩは不正な手段でカーター・ペ

デヴィン・ヌネス

イジを盗聴した」という調査結果を発表する前日）――「無謀で偏見に満ち、道徳心も倫理もリーダーシップもないヌネスは政府の危機を助長している。情報委員会長の権力濫用だ。トランプを守るためならどんな手も辞さない男だ。民主党議員は絶対にこんなことはしない」と発言。

２０１８年2月16日、民主党全国委員会のコンピュータにサイバー攻撃をしたという容疑で13人のロシア人が起訴された後――「ロシア疑惑は〝作り話〟という説は打ちのめされた」とツイート。

２０１８年7月14日、トランプがヘルシンキで、プーティンと友好的な会談を行った後――「トランプの言動は反逆罪に値すると言っても過言ではない。トランプは能なしであるだけではなく、完全にプーティンの手下になっている」とツイート。

ブレナンの根も葉もない嘘があまりにもひどすぎたので、２０１８年8月15日、トランプはブレナンの機密情報アクセス資格を取り消しましたが、その後もブレナンはトランプ批判を続け、２０２０年3月9日、コロナウイルスで大量の死者が出ている最中、「トランプは自己の利益よりも国益を重視する精神的能力がない」と断言しました（3月24日に発表されたギャラップ社の世論調査では、回答者の60パーセントがトランプのコロナウイルス対応を支持する、と答えています）。

これは、私が原稿を書いている２０２０年4月の段階でも連日連夜報道されている反トランプのコメントの０・０００１パーセント以下の例です。この３人の他、オバマ時代のＣＩＡ長官のマイケル・ヘイデン、オバマ政権国務副長官トニー・ブリンケン、オバマ政権の麻薬取締局長チャック・ローゼンバーグ、オバマの国家安全保障顧問サマンサ・ヴィノグラド、オバマ政権のＦＢＩの弁護士フランク・フィグリウジ、子ブッシュ時代のＦＢＩ防諜部長ホワン・ザラテ、子ブッシュ時代の国土安全保障問題担当大統領補佐官フラン・タウンゼント、子ブッシュ時代のＦＢＩ捜査官アシャ・ランガッパ、子ブッシュ・オバマ時代のＦＢＩ捜査官ジェイムズ・ガリアーノ、子ブッシュ・オバマのＣＩＡユーラシア担当アナリスト スティーヴン・ホール、子ブッシュ政権のＣＩＡテロ対策アナリスト フィリップ・マッド、ロシア疑惑捜査を始めたコーミー元ＦＢＩ長官、ロシア疑惑捜査に関わった元ＦＢＩ捜査官モラー捜査班の検察官アンドリュー・ワイスマン、などが、それぞれを雇ったテレビ局で、トランプの人格・資質を酷評し、偽情報をまき散らし続けています。

マケイブ、コーミー、クラッパーがメディアにリークしたことは下院やホロウィッツ監察官の調査で分かっています。それ以外の元諜報員たちがリークした、という証拠はありませんが、ブレナンの言葉を借りれば、「証拠の不在は無罪の証拠ではない」ので、メディアがこれらのトランプ嫌いの元諜報機関員たち（あるいは彼らの知人や部下）、さらにトランプを憎む国務省や国防省のインサイダーたちからトランプに不利になる偽情報を与えられて、フ

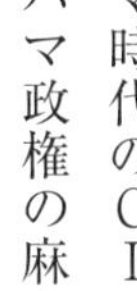
トニー・ブリンケン

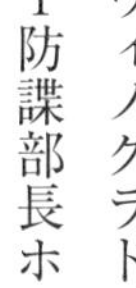
チャック・ローゼンバーグ

サマンサ・ヴィノグラド

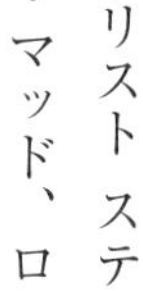
フラン・タウンゼント

ェイク・ニュースを拡散し続けていることはほぼ確実です。

■大手メディアと民主党

次に、大手メディアと民主党の相関関係を見てみましょう。大手メディアがロシア疑惑を受け容れやすい環境にあったことを証明する状況証拠です。

センター・フォー・パブリック・インテグリティ（企業や政治家の権力濫用・汚職の調査を専門とするジャーナリストの非営利団体）が2016年の大統領選で政治献金をしたジャーナリストの献金額と献金先を調べたところ、献金総額は39万6000ドルで、そのうちの38万2000ドルがヒラリーへの献金でした。

アリゾナ大学とテキサスA＆M大学の教授陣が2018年に行った経済記者のイデオロギーに関する調査によると、「非常にリベラル」17・63パーセント、「リベラル」40・84パーセント、「中道派」37・12パーセントで、「保守派」は、わずか3・98パーセントでした。

民主党との人間関係も、見逃せません。記者と民主党のつながりを見てみましょう。

【CNN】

副社長ヴァージニア・モーズレイの夫は、ヒラリーが国務長官だったときの管理・資源担当の国務副長官だった。

アンカー、ジム・シュットはオバマ政権の国務省高官だった。

アンカー、クリス・クオモの兄はニュー・ヨーク州知事（民主党）のアンドリュー・クオモ、父は元ニュー・ヨーク州知事（民主党）のマリオ・クオモ。

アンカー、ジェイク・タッパーはペンシルヴァニア選出民主党下院議員でチェルシー・クリントンの義母、マージョリー・マーゴリーズの報道官だった。

記者エヴァン・ペレスは『ウォール・ストリート・ジャーナル』紙の記者だった時にスティールを雇ったグレン・シンプソンとよく共著で記事を書いていた。


【ABC】

社長ベン・シャーウッドの奥さんはオバマのエネルギー省副長官だった。

アンカー、ジョージ・ステファノプロスは、クリントン大統領上級顧問だった。

記者クレア・シップマンの夫は、オバマの報道官ジェイ・カーニー。

記者グロリア・リヴィエラの夫は、ジム・シュット。


【CBS】

社長デヴィッド・ローズは、オバマ政権でイラン核合意を成立させるために情報操作の裏

ジム・シュット

クリス・クオモ

ジェイク・タッパー

ジョージ・ステファノプロス

工作をしたベン・ローズの兄。

【NBC】

アンカー、チャック・トッドは、1992年にトム・ハーキン民主党上院議員が大統領に立候補したときの選挙参謀だった。奥さんは、民主党アドヴァイザーで、2016年の大統領選でジム・ウェブ民主党候補の顧問だった。

政治部記者マーク・マレーの奥さんは、オバマの連邦航空局高官だった。

記者ジョナサン・アレンは、2016年夏まで民主党全国委員会委員長だったデビー・ワッサーマン・シュルツの広報担当者だった。

【MSNBC】

アンカー、ミカ・ブレジンスキーの父親は、アルカイダの生みの親、ズビグネフ・ブレジンスキー。

【NPR】（公共ラジオ局）

記者アリ・シャピロの夫は、オバマ政権の弁護士だった。

【ワシントン・ポスト紙】

記者サリ・ホロウィッツの夫は、オバマの保険福祉省高官だった。

編集委員ルース・マーカスの夫は、オバマの連邦取引委員会委員長だった。

【ウォール・ストリート・ジャーナル紙】

ベン・ローズ

チャック・トッド

デビー・ワッサーマン・シュルツ

ミカ・ブレジンスキー

ズビグネフ・ブレジンスキー

元記者ニール・キングは、フュージョンGPSに転職。彼の奥さんはオバマの副大統領バイデンの顧問だった。

【アトランティック誌】

記者ジュリア・イオフは7歳の時にソ連から移住してきたユダヤ系の記者で、ロシアとトランプが大嫌い。2016年12月に「トランプは娘のイヴァンカと寝ている」と下劣なツイートをしてポリティコをクビになった

記者リンダ・ダグラスは、オバマが作った医療改革課の報道官だった。

フォックス以外の報道機関で〝共和党コメンテイター〟として登場するのは、ネオコンのビル・クリストル、子ブッシュの報道官だったニコル・ウォレスなど、トランプ嫌いの人間ばかりだ、という事実も特筆に値します。

ニコル・ウォレス

彼らはみな選挙中はスティール調査書の偽情報に飛びつき、トランプ当選後は元諜報員たちの洞察力に感銘し、フェイク・ニュースを報道していました。

つまり、**ロシア疑惑は、ロシアとトランプの共謀ではなく、諜報機関と大手メディアの共謀だったのです！**

これだけでも十分呆れますが、驚くのはまだ早い!!

なんと、2017年度のピューリッツァー賞はスティール調査書の偽情報を元にしたフェイク・ニューズをばらまいていた『ワシントン・ポスト』紙と『ニューヨーク・タイムズ』紙のスタッフ一同に授与され、メリマン・スミス賞（大統領に関する優れた報道に対して与えられる賞）はブレナン、コーミー、クラッパー、マイケル・ロジャーズ（オバマ政権の国家安全保障局長官）の勇敢な行動を称えたCNNの報道に授けられました!!

ここまで来ると、もう笑うしかないでしょう。アメリカの報道関係者全員がおふざけ猿芝居集団と化したのですから。

ちなみに、CNNの報道をしたのは、エヴァン・ペレス、ジム・シュット、ジェイク・タッパー、カール・バーンスタインの4人です。バーンスタインはニクソンのウォーターゲート・スキャンダルを暴露した辣腕記者でしたが、お年を召してボケ老人と化し、トランプ嫌いが高じて真実が見えなくなってしまったのでしょう。ロシア疑惑、ウクライナ疑惑の間ずっと、「これはウォーターゲートよりひどい不正行為だ！」と叫び続けていました。

ジャーナリストのほとんどはワシントンかニューヨーク、という極端にリベラルな都市に住んでいて、職場でもプライヴェートでもリベラルな思想を持つ人たちのみが集まるバブルの中で暮らしています。そのため、「プーティンが5年も前からトランプをロシアの工作員として育ててた、なんて、そりゃいくらなんでも有り得ないんじゃないの？」と、注意してくれる人が周囲に一人もいないのです。

マイケル・ロジャーズ

エヴァン・ペレス

フェイク・ニューズ流布に荷担したのは大手メディアだけではありません。ヒラリー、ペロシ民主党下院議長を筆頭に、マイナーな民主党議員も喜々として反トランプの偽情報を連日連夜約3年に渡って吹聴し続け、今ではすっかり有名人になりました。

特にひどかったのは、アダム・シフ民主党下院情報委員会長で、シフはテレビに出ずっぱりで「トランプとロシアが共謀した証拠が山ほどある」と、繰り返し断言していました。

民主党下院司法委員会長のジェリー・ナドラーは、「トランプのキャンペーンがロシアと共謀したことは明らかだ。証拠がたくさんある」と断言していました。

この二人を筆頭に、よくテレビに出る約30人の民主党議員たちが、「トランプはロシアと共謀した証拠がある」と言い続けていました。

■ディープ・ステイトはゴキブリ

嘘も、何度も聞かされると、本当だと信じてしまう人が多いので、アメリカ人の半数はいまだにトランプ・ロシア共謀、というフェイク・ニューズに洗脳されています。

ソ連の脅威への対抗策として始められた虚偽情報工作が、ロシアの脅威を利用してアメリカの大統領候補に対して使われることになろうとは、冷戦時代のＣＩＡ工作員たちは時代の変化にさぞや驚いていることでしょう！

ナンシー・ペロシ

アダム・シフ

ジェリー・ナドラー

それにしても、「プーティンは5年前からトランプをロシアの工作員として養成していた」とか、「トランプが娼婦に放尿させているビデオをロシアが持っている」などの、有り得ない〝情報〟を、8割方の報道陣と約半数のアメリカ人が信じてしまった、というのは恐ろしいことです！

ヒットラーは、自伝、『我が闘争』の中で、〝in der Größe der Lüge immer ein gewisser Faktor des Geglaubtwerdens liegt〟「大きな嘘には強い信ぴょう性がある」と書いていますが、人間の深層心理を巧みに利用した諜報機関のフェイク・ニューズ作戦は、トランプがツイッターで反撃しなかったら成功していたかもしれない、と思うと、背筋が寒くなります‼

ちなみに、トランプがブレナンの機密情報アクセス権を剝奪したとき、アメリカ人の多くが初めて「政府高官は退職後も機密情報アクセス権を保持している」という事実を知って啞然としました。天下りの連中が〝機密情報を得られる〟ということをセールス・ポイントにして、回転ドアを通ってシンクタンクにはびこりディィープ・ステイトに巣くい続けることを阻止するには、まずこの愚かしい規則を撤廃しなければならないでしょう。無能な子ブッシュや陰険なオバマが、いまだに機密情報アクセス権を保持しているとは！　これまた背筋に虫ずが走るおぞましき事態ですよねぇ‼

ディープ・ステイトはゴキブリと同じで、なかなか殺せない、ということですね。

さて、イランでの裏工作には、誰も想像だにしなかったオチがついています。

１９７８年、シャーの世俗的政権に反対する人々が各地で暴動を起こし、１９７９年の１月16日にイラン革命が起き、シャーがエジプトに逃亡して、２月１日にイスラム教指導者のホメイニが亡命先のフランスからイランに戻りました。

この一連の出来事に関し、長い間ずっと「ブレジンスキーが外交政策を牛耳るカーター政権は最後の最後までシャーを守ろうとしたが、守りきれなかった」と報道され、つい最近まで誰もが〝イラン革命だけはＣＩＡの裏工作ではなくて真の民衆蜂起によるものだった〟と信じていました。

ところが、２０１６年６月、当時のカーター政権の記録が公開され、１９７９年１月27日に、ホメイニがカーター政権に「我々（シャーの世俗政権反対派）はアメリカに敵意を抱いてはいない。私が築こうとしているイスラム共和国は人道的で、全人類の平和と平安に貢献するものだ。石油のことも心配する必要はない」という主旨の手紙を送り、その後、両者が陰で交渉していたことが発覚しました。つまり、表ではホメイニは「アメリカは最大の悪魔だ！」と叫び、カーター政権はシャーを擁護するふりをしつつ、裏ではカーターはシャーを追い出し、シャー支持派のイラン軍を抑圧して、ホメイニが身の危険を心配せずに凱旋できるようにするための根回しをしていたのです!!

ホメイニは帰郷と共に、イスラム法を基盤にした反欧米政府を設立したので、カーター政

ホメイニ

権はホメイニに一本取られた、というわけです。

アメリカはホメイニに騙されたので、アメリカが意図的にイスラム政権を打ち立てたわけではありませんが、小競り合いさえ無しにホメイニが帰郷できたのはアメリカがシャー支持派の軍部を抑え、ＣＩＡがホメイニに手を出さなかったからです。つまり、イラン革命は、純粋な民衆蜂起ではなく、〝シャーを追い出して軍部をおさえる〟というディープ・ステイトの裏工作のおかげで、初めて成り立ったイヴェントだったのです！

ソ連（ロシア）と中国以外の国で、アメリカのディープ・ステイトのお膳立て無しに政界のトップに立てる政治家はまずいない、と言っても過言ではないでしょう。

だからこそ、ディープ・ステイトの連中は例外中の例外であるトランプの存在が許せないのです！

第16章　オバマとブレナン、二人三脚の悪だくみ

■ロシア疑惑の主犯、ブレナンとオバマ

2008年の大統領選の最中、アメリカの報道機関は死にました。それまで〝中立〟を装っていた記者たちのほぼ9割が、一斉にオバマ・カルト教団の信者になり、まともな報道をする義務をかなぐり捨て、よだれを垂らしてオバマというご主人様がエサを放り投げてくれるのを待ちわびるさもしいハイエナの集団になってしまったのです。

オバマ応援団と化したアメリカの報道機関の〝ニューズ〟を額面通り受け取ると、オバマはクリーンな政治家なので、たとえトランプを倒したくても、汚い手など絶対に使うはずがない、と思えてしまうでしょうが、それは大いなる勘違いです。オバマはマスコミが伝えるイメージとは似ても似つかぬ、陰険で狡猾、底意地が悪く執念深い悪知恵に長けた策士です。

この章では、ロシア疑惑の主犯、ブレナンとオバマが犯した悪事の中から、ロシア疑惑解明に役立つものをご紹介しましょう。

まず、ロシア疑惑におけるブレナンの立ち位置をおさらいしておきましょう。

ディープ・ステイトに棲息する人間の中で、ロシア疑惑の種蒔きに特に力を入れたのはオバマのＣＩＡ長官だったジョン・ブレナンです。

2016年3月、ブレナンは〝シリア問題を話し合うため〟にモスクワに行っていますが、外務省ではなく、ロシアの情報局ＦＳＢ（ＫＧＢの後身）でミーティングを行っています。

ブレナンは、下院公聴会で、「ロシアとトランプが共謀している、という情報を得て、捜査に値する十分な証拠があると判断したが、国内での捜査はＣＩＡの管轄ではない。我々の義務は、ＦＢＩが検挙できるようにするために必要な情報をすべて彼らに提供することだ」と、証言しています。

2016年8月25日にブレナンからロシアに関する報告を受けたハリー・リード民主党上院議員は、2日後の8月27日に、コーミーＦＢＩ長官に「ロシア政府とトランプが直接関係があるという証拠が次々と出てきているので、タイムリーな捜査を要請します。選挙の前にアメリカ国民に事実を知らせるべきです」という主旨の手紙を書きました。

スティールから情報を受け取ったロシア疑惑インサイダー、マイケル・イシコフ（ヤフー・ニューズ）とデヴィッド・コーン（『マザー・ジョーンズ』誌）の著書『ロシアン・ルーレット』に、リードがコーミーに手紙を書いて調査を要求した経緯に関し、「リードは、ブレナンは世間がこの情報を知るべきだと信じている、と判断した」と記されています。つま

ハリー・リード

り、ブレナンは、ＦＢＩにロシア疑惑を売りつけて捜査を開始させただけではもの足りず、リードを橋渡し役として使って、選挙前にロシア疑惑の情報を公表して、トランプをロシアの手先と思わせ、ヒラリーを勝たせようとしていたのです。念のためにもう一度書いておきますが、リードがブレナンから聞いた〝情報〟は、オレグ・スモレンコフ（プーティンの外交政策顧問の助手）の偽情報です。

■〝赤狩り〟の下院非米活動委員会の伝統

この企てがうまく行かず、トランプが勝ってしまった後、オバマはブレナンに諜報機関の査定を依頼し、ブレナンは偽情報満載の査定書を作り、内容をリーク。当時、すでに各地で反トランプの大規模なデモが起きていたので、ブレナンは、あわよくば暫定政権中に世論を味方につけて暴動を起こしてトランプを引きずり倒そう、と思ったに違いありません。それが無理でも、トランプ新政権にできる限りのダメージを与えよう、と思っていたはずです（反トランプデモの多くは、ソロスの団体から金をもらった民主党派の団体が関わっていました）。

そして、トランプ政権誕生後は、テレビに出まくって、「ロシアのスパイに接触されたアメリカ人が意図的に、または知らず知らずのうちにロシアのために働く、ということが実際に多い」と、知ったような口をきいていました。この時点で、大手メディアの8割方と国民の半数が「トランプはロシアの工作員だ」と本気で信じていました。しかし、この有り得ないお話を信じられない良識を備えた人々の中にも、ブレナンの力説にほだされて、「トランプがロシアの工作員だとは思えないが、自分では気づかないうちにロシアに騙されてロシアの得になる政策を採っている、ということは十分あり得るだろう」と思う人が出てきました。

ブレナンの巧みな心理操作、さすがCIA長官です！

実は、この〝意図的に、あるいは知らず知らずのうちにロシアのために働いている〟という一言は、マッカーシズムのまっただ中、赤狩りの舞台となった下院非米活動委員会で、フランシス・ウォルター委員長が使った一言です。ウォルターは、警戒が足りず、共産主義者に騙された人々を批判して、「共産主義者に騙されたアメリカ人も、たとえ共産党の党員ではなくても、意図的に、あるいは知らず知らずのうちに共産主義の手下になっていることに変わりはない」と、糾弾していました。

中道派の人々に〝トランプはロシアの工作員だ〟と信じさせることは難しくても、〝トランプは知らず知らずのうちにロシアに荷担している〟と思わせることは容易なので、記者や元諜報員のコメンテイターたちはこの一言を好んで使い、クラッパーも、「意図的か、知らず知らずのことかは分からないが、トランプはロシアの工作員かもしれない」と、真顔で言っていました。

この〝意図的か、非意図的かは分からないが結果的にロシアの工作員と化している〟という一言は、トランプ擁護派のみならず中道派の記者やコメンテイターを黙らせ、反オバマ派、

フランシス・ウォルター

反ヒラリー派を攻撃する最高の武器として今でもフル活用されています。いまだに２０１６年の敗北を認められないヒラリーは、２０１９年10月に、敗因の一つは〝恐らく知らず知らずのうちにロシアに荷担していたジル・スタイン（緑の党大統領候補）に票を奪われたから〟と真顔で断言。ヒラリーも大手メディアも２０２０年大統領選民主党予備選でヒラリーを批判したタルシ・ガバード民主党候補のことを〝知らず知らずのうちにロシアの手先と化した〟と決めつけて攻撃しまくりました。

タルシ・ガバードは名誉毀損でヒラリーを訴えていますが、ごくふつうの人は〝ロシアの工作員〟呼ばわりされたくないので、トランプ支持者の多くは胸の内を明かさずにひたすら黙っていて、世論調査の電話がかかってきても答えないか、嘘をついています。

タルシ・ガバード

■〝アラブ通〟ブレナンのお粗末なアラビア語力

諜報組織と大手メディアの共謀を仕掛けた黒幕、ブレナンは、００７映画の悪役を地で行けそうな見るからに悪人面の人物です（30ページに写真）。

ブレナンは、１９８０年にテキサス大学オースティン校の中東研究学科で修士号を取得しています。在学中に、カイロのアメリカン大学に1年留学した経験もあり、アラブ通として知られています。

２０１０年、国家テロ対策センター長だった時に、ニューヨーク大学のイスラミック・センターが主催した会議に出席し、イスラム教の美徳を褒めた後、あらかじめ作文して暗記したと思われるアラビア語の文章を、とんでもない発音で、必死に思い出しながら、アラビア語で「私は1975年、1976年にカイロのアメリカン大学で勉強しました」と言っています（私が行ったカイロ大学とは異なり、アメリカン大学は私設のリサーチ機関なのでアラビア語ができなくても入れます）。たとえて言うなら、40年前に日本に1年間滞在して英語でビジネスをしていたアメリカ人会社員が、「ワタシ、ニホン、イマシタ。ムカシデス」とか言っている、というレベルです。

しかし、ウィキペディアには、「流ちょうなアラビア語を話す」と書かれています。副島隆彦先生は、「ウィキペディアはCIAが監視しているのだろう」とおっしゃっていますが、もしかしたらこの一言はイスラム教過激派を威嚇するためにCIAが作為的に挿入した偽情報かもしれません。

大学卒業後、CIAのアナリストになり、クリントン政権初期に大統領への日例指示（PDB＝President's Daily Brief）を担当した後、サウジアラビア支局長に抜擢され、1996年に、19人のアメリカ空軍兵を殺したコバール・タワー爆破テロを体験しました（イラクと接するダーランにあるコバール・タワーはイラク飛行禁止空域警備隊が居住施設として使っていました）。

1999年、クリントン政権末期、ジョージ・テネットCIA長官の補佐官に任命され、ブッシュ政権発足後、2001年3月にCIAで4番目の地位のデピュティ・エグゼキューティヴ・ディレクターに昇格し、イラク侵略戦争、アブグレイブ刑務所捕虜虐待の最中の2003年から2004年まで、9月11日の同時多発テロの後に新設されたテロ脅威統合センター（複数の諜報機関の情報をまとめて分析する部署）のセンター長を務め、2005年に国家テロ対策センター長代理に就任しました。

■オバマの出生証明書をめぐる複数の〝謎の死〟

そして2005年、〝テロ対策の専門家〟として天下りして、防衛関連企業のTAC（The Analysis Corporation　ザ・分析会社）のCEOになり、その直後にPBS（アメリカの公共テレビ）のインタビューで、レンディション（テロ容疑者を他国に移送してアメリカでは許されない非人道的手段で取り調べをするCIAのテロ対策）に関する質問に、こう答えていました。「絶対不可欠な手段です。何人もの生命を救う情報を聞き出すために非常に有効です」

ブレナンは、2007年、民主党大統領候補のオバマの外交政策顧問になりました。

そして、2008年3月21日、民主党大統領候補のオバマとヒラリー、共和党大統領候補のマケインのパスポートの情報が不正にアクセスされていたことが発覚。犯人は3人で、国務省のコンピュータをハッキングして3人のパスポート情報にアクセスした2人は、スタンリー・インクという国務省下請け会社の人間で、即座にクビになりました。しかし、オバマとマケインの情報にアクセスした犯人は、ブレナンがＣＥＯを務めるＴＡＣのサイバー専門家でした。パスポートの情報が改ざんされたかどうか分からない、と国務省は発表しました。

その後の調べで、スタンリー・インクの２人は単に好奇心でのぞき見しただけだったことが分かり、ＦＢＩの捜査はブレナンの部下に絞られましたが、その後、オバマが勝って捜査は立ち消えになりました。

当時、すでにオバマの応援団と化していた大手メディアは、「ブレナンがマケインの社会保障番号を探ろうとした。オバマの情報にもアクセスさせたのは、単なる煙幕作戦」と書いていました。しかし、今から思うと、その逆で、オバマのパスポートの情報に何かマズい部分があって、ブレナンがそれを削除・改ざんさせた、ということも考えられます。

ＦＢＩが調査に乗り出したものの、「単なるクレジットカード詐欺の一環で、国務省内部の人間からパスポートの情報を受け取っていた」ということになり、ＦＢＩに協力していた唯一の証人、クアレス・ハリス・ジュニアが４月19日に何者かに銃殺されて、捜査は打ち切りになりました。ちなみに、２０１１年４月に、オバマが提出した出生証明書が本物である、と証言したハワイ州保険局のロレッタ・ファディ局長は、２０１３年12月11日、小型飛行機事故で不慮の死を遂げています。オバマが出生証明書を提出せざるを得ない状態に陥ったのは、当時、大統領選への出馬を考えていたトランプが「オバマはまだ出生証明書を提示していない」と騒ぎ立てたからでした。

クアレス・ハリス・Jr

ロレッタ・ファディ

■ドローンでテロリストと民間人を殺しまくったオバマとブレナン

話を元に戻しましょう。

２００８年10月に、ブレナンは退職してオバマ選挙キャンペーンに専念し、オバマ当選後は暫定政権の重鎮になり、ブレナンはＣＩＡ長官に任命されるはずでしたが、２００５年のＰＢＳのインタビューで拷問を正当化していたことが大問題になり、ブレナンはＣＩＡ長官の座は諦めて、国家安全保障アドヴァイザーになりました。

オバマとブレナンは非常にウマが合い、「二人は毎日5〜6回会い、オバマにとってブレナンは神父のような存在で、オバマはブレナンの祝福がないと機能できないほどだった」と、『ニューヨーク・タイムズ』のデヴィッド・サンガーが書いています。

オバマを密着取材した元ヤフー・ニューズ編集長のダニエル・クライドマンは、「ブレナンとオバマはウマが合い、以心伝心でお互いが言いたいことを即座に理解できるほどだった」と書いています。

ブレナンはオバマの国家安全保障対策を仕切り、中東でのドローンによる暗殺、殺害の総指揮官を務め、誰を殺すか、という殺人リストの最終決定も、オバマではなくブレナンが下すことも多かった、と、前出のサンガーが伝えています。ホワイトハウス内にあるブレナンのオフィスはＣＩＡと米軍の作戦本部のようなものになり、ブレナンは誰を殺すかを決める

デヴィッド・サンガー

ダニエル・クライドマン

だけではなく、どのターゲットをドローンで殺し、どのターゲットを軍隊に襲撃させるかも決めていました。そして、オバマ政権が批判されると、ブレナンはオバマの代弁者として登場し、「ドローンによる殺害は、ターゲットを精密に定めてあるので巻き添え被害はない」と偽証しました。

『ニューヨーク・タイムズ』の調査によると、２０１６年1月までの約5年間でブレナンとオバマがドローンで殺したテロリストの総数は３０４０人、巻き添えとなって殺された民間人は３９１人、ドローン使用回数は５０６回です。

オバマに媚びまくる大手メディアは、「平和の使者のはずだったオバマがドローンによる殺人鬼と化したのはブレナンのせいだ」と報道することが多いのですが、ブレナンにこれほどまでの権限を与えたのはオバマだ、ということを忘れてはいけません。

オバマは、大統領に就任した年にノーベル平和賞を受賞していますが、ノルウェイの歴史学者でノーベル研究所所長のゲイル・ルンデスタッド教授は、２０１５年に、オバマにノーベル平和賞をあげたことを後悔している、と語っています。

ブレナンとオバマは、ドローンでテロリスト（と民間人）を殺しまくるだけでは飽き足りず、シリアでアサド倒しのために後にイスラム国となる反アサド派を支援し、ヒラリー国務長官、国務省のヴィクトリア・ニューランドとマケインの側近のデヴィッド・クレイマーと共にＮＧＯを装うＣＩＡ工作班とグーグル、フェイスブックを巧みに使って、中東でアラブ

ゲイル・ルンデスタッド

の春（251ページ参照）を仕込み、〝市民の自発的な蜂起〟と見せかけたレジーム・チェンジ（体制変更）を実行し、アメリカにとって都合の悪い政権を転覆させて、傀儡政権を打ち立てます。

■ペトレイアスを追い落としてCIA長官になったブレナン

そして、2012年夏、ブレナンがリビアのテロ組織を攻撃したことへの報復として、9月11日にアルカイダ系テロ組織がベンガジにあるアメリカ領事館を襲撃し（253ページ参照）、アメリカのリビア大使を含む4人が殺害され、ヒラリーは、「ムハンマドを侮辱したYouTube の映画のせいで〝自発的に〟起きた暴動のせいだった」と平然と大嘘をつきました。

ほぼ同時期、CIA内部では誰もが知っていたペトレイアスCIA長官の浮気を、浮気相手に機密を漏らしたかも、というアングルからFBIが捜査を始め、2012年11月9日、オバマが再選された3日後にペトレイアスは辞任を余儀なくさせられました。

イラク戦争の英雄だったペトレイアス陸軍大将は、共和党派から人気があって2012年の大統領選で共和党から出馬するかもしれないと噂されていました。同時に、オバマのイラン核合意に反対していたので、オバマの腹心でCIA長官になりたかったブレナンから憎まれ、軍部出身者を嫌うCIAからも厭われていたので、これはブレナンが絡んだCIA内部

デヴィッド・ペトレイアス

のクーデターかも、と思っている人が後を絶ちませんでした。もし、ブレナンがFBIに浮気をリークして捜査を開始させたのだとしたら、ロシア疑惑と同じ手口、ということですよね。

ペトレイアス失脚後、マイケル・モレルが暫定的なCIA長官代理を務めた後、2013年3月8日、ブレナンは晴れてCIA長官の座を手に入れます。この時点では、9割方の大手メディアがオバマのペットと化していて、4年前にブレナンに反対していた人も、ほとんど沈黙を守っていました。

これは、情報操作の達人であるブレナンと意気投合したオバマが、政権発足と同時に徹底的な報道管制を敷いて、大手メディアが流す情報や議員たちのコメントをコントロールしていたからです。

オバマは、まずフォックス・ニューズを〝政敵〟と定義して、ことあるたびに小馬鹿にしたり愚弄しました。時にはフォックスの記者を記者団から排除し、徹底的な報道管制を敷いて、その後8年に渡ってオバマ政権にとって少しでも都合の悪いことを伝えようとする人間や機関を潰すためにさまざまな手段を講じ、〝政敵〟の行動を監視しました。

のちにリークされた影のCIAという異名を持つ情報機関、ストラトフォーの副社長の2010年9月21日付け組織内メールに、こう記されていました。「ワシントンの官僚を情報源にしている調査記者たちの魔女狩りの黒幕はブレナンだ。ホワイトハウスには、オバマの課題に不利になることを報道する人間を攻撃する専門家がいるんだ。（ひどい話だ！）ＦＢＩさえもショックを受けている。ワンダー・ボーイズは焦ってるんだろうな」（ワンダー・ボーイズとは、ブレナン率いる国家安全保障局の人間たちのことです）

大統領候補だった時代のオバマと同じ反戦派のデニス・クシニチ民主党議員さえも、リビア侵略に反対したとたんにオバマの〝政敵〟となり、クシニチは「カダフィの息子との電話をオバマに盗聴され、『ワシントン・タイムズ』紙にリークされた」と嘆いています。

■盗聴魔オバマ

オバマの記者盗聴の中で特に有名な被害者は、ＡＰ通信の記者やフォックスのジェイムズ・ローゼン記者で、電話を盗聴され、メールを傍受され、銀行口座や親類縁者までもスパイされました。オバマ政権から激しい弾圧を受け、スパイ容疑で起訴されそうになった『ニューヨーク・タイムズ』のジェイムズ・ライゼン記者は、「オバマは言論の自由の最大の敵だ」と言っています。米国諜報機関が使うプログラムでコンピュータをモニターされたＣＢＳニューズのシャリル・アトキンソンは、違法監視でオバマの司法省を訴えています。

この一連の不法スパイ活動でのブレナンの役割を調べていた『ローリング・ストーン』誌のジャーナリスト、マイケル・ヘイスティングスが、２０１３年６月18日、不慮の事故で亡くなりました。彼の運転する車が突然猛スピードで走り出し、中央分離帯を横切ってヤシの

デニス・クシニチ

シャリル・アトキンソン

マイケル・ヘイスティングス

木に衝突して炎上し、エンジンが50～60ヤード離れたところに吹き飛ばされ、ヘイスティングスの死体は焼け焦げていました。検死官が「FBIの記録にあった指紋と照合して死体を確認した」と発表したことで、FBIがヘイスティングを捜査していたことが露呈。事故の前にヘイスティングスは「車がハッキングされている」と恐れて隣人の車を借りようとしていたことも分かりましたが、大手メディアは「車のハッキングなど有り得ない。彼は麻薬に溺れていた」と報道し、この事件を片づけました。しかし、2017年、ウィキリークスのおかげで、CIAが2013年の段階で車を遠隔操縦するハッキング・テクノロジーを開発していたことが分かったため、ヘイスティングスの友人の記者の中にも、ブレナンがヘイスティングスを殺したと思っている人が少なくないようですが、ディープ・ステイトからどんな報復を受けるか分かったものではないので、口をつぐんでいます。

さらに、オバマ政権の国家安全保障局は、ドイツのアンゲラ・メルケルを筆頭に世界35ヶ国のリーダーを盗聴し、ドイツの外相やメディアまでをもスパイし、盗聴に値する容疑のないアメリカ人のことも盗聴してCIAやFBIに情報を提供していました。オバマは「知らなかった」としらを切っていますが、ホワイトハウスの元職員は、「このような情報を大統領が知らない、などということは有り得ない」と断言しています。

上院がCIAのレンディション（テロ容疑者を他国に移送して非人道的手段で取り調べをするCIAのテロ対策）に関する調査をしている最中、ブレナンCIA長官の部下が上院のコンピュータをハッキングして、この調査に関係している上院議員たちをスパイしていたことも、まだ記憶に新しいところです。これがバレた後、ブレナンは、「部下が勝手にやったこと」と言い通して、おとがめ無しでした。

２０１５年には、オバマはイラン核合意に反対する議員やネタニヤフ首相を始めとするイスラエル要人の電話を盗聴しメールを傍受していました。オバマは、イラク侵略戦争を始める前にブッシュがやったこととまったく同じことをしていた、というわけです！

２０１０年から数年にわたり、オバマとマケインの側近のデヴィッド・クレイマーが国税庁を使って無数のティー・パーティ系グループ（反オバマケアー、反ネオコンの草の根団体）を糾弾し、メンバーの情報を集めて、会計監査をしたり、ＦＢＩの捜査官を差し向けて脅迫まがいの不正な妨害行為をしていたことも忘れてはなりません。

■イスラム国を支援したオバマ

もう一つ忘れてはならないのは、ブレナンとオバマがロシアを騙した、という紛れもない史実です。

オバマは政権発足直後、国務長官になったヒラリーをロシアに派遣して、ロシアと友好的な関係を築きたいそぶりをしていました。

当時ロシアはイスラム教過激派テロに悩まされていたので、テロ対策の面でアメリカと協力できることを歓迎し、互いに相手国でスパイをリクルートするのは辞めることにして、テロ関連情報を共有しよう、ということになり、ロシアは2011年には「ツァルナエフ兄弟はテロリストだ」とCIAに教えていました（しかし、CIAがスペルを間違えたため、二人は捜査を免れ、ボストンマラソンで爆破テロを起こしました）。

ロシアがせっかくアメリカのテロ対策に協力してくれたのに、オバマは恩を仇で返し、ロシア駐屯のCIAのスパイたちが約束を破ってロシア人のリクルートを続けたので、ロシアはCIA工作員を次々に国外退去にしました。そのため、2016年の段階で、ブレナンに偽情報を提供したオレグ・スモレンコフ（プーティンの外交政策顧問の助手）の心理状況や情報の信ぴょう性を査定できる人材がロシアにいなかったのです。

シリアでも、ロシアはオバマと協力してイスラム国を倒したかったのですが、オバマはロシアを裏切ってイスラム国を支援しました。

ウクライナの内政への干渉（第24章参照）、旧ソ連領の国々をNATOに組み入れるためのレジーム・チェンジも、ゴルバチョフとアメリカが交わした「NATOは1インチたりとも旧ソ連の領域に近づかない」という約束を破る裏切り行為です。

つまり、オバマの政権発足当時のロシア外交方針は下手な芝居で、オバマの実体はディープ・ステイトの住人たちとなんら変わりもない冷戦メンタリティの悪代官だったのです。

ツァルナエフ兄弟

■自分が大好きなオバマ

あと二つ、特筆に値する事項があります。

一つめは、オバマの計り知れないエゴです。オバマはたぐいまれなるナルシストで、恐らく本気で自分が救世主だと信じていて、自分がやることはすべて正しい、と確信しています。

2008年の民主党予備選勝利スピーチで、オバマは自分の声に酔いしれながら、「いつの日かこの日を振り返り、子どもたちにこう言ってきかせるだろう。（僕が勝った）この瞬間に、海面上昇が抑制され、この惑星が癒され始めたのだ、と。この瞬間に、戦争が終わり、この国が最後にして最高の地球の希望となったのだ、と」、と、オバマ・カルト集団の前で演説。恐るべき救世主妄想です。

同年の民主党大会の会場は、ギリシア神殿、はたまたローマ帝国の宮廷を思わせる舞台作りで、オバマはギリシア神話の神かローマ皇帝であるかのように、信者たちから崇められていました。

オバマは、何よりも自分が大好きで、ネルソン・マンデラの葬儀の弔辞でも、銃乱射事件の後のスピーチでも自分の話を挿入せずにはいられない、という自己顕示欲の塊です。

オバマのスピーチは、どんな内容であろうとも1人称単数の I, me, my, mine が頻繁に登場します。2009年9月の段階で、オバマは41回の演説を行い、1人称単数代名詞を1198回使っていました。

以下、オバマの甚だしいエゴの度合いを物語る例をいくつかあげてみましょう。最初の数字はスピーチの長さ、2番目の数字は1人称代名詞の数です。

2012年7月9日、オハイオでの再選キャンペーン演説、25分、117回
2012年12月22日、イノウエ民主党議員葬式弔辞、35分、63回
2014年7月9日、テキサス、50分、199回
2014年11月30日、不法移民問題に関する演説、45分、91回
2015年1月17日、インド憲法記念日祝賀演説、33分、118回
2015年10月2日、乱射事件被害者を慰めるはずの演説、12分、28回
2016年1月9日、銃規制に関する演説、33分、76回
2016年7月28日、民主党大会ヒラリー応援演説、約1時間、119回
2016年11月3日、ヒラリー応援演説、84分、207回
2017年5月9日、食糧危機に関する座談会、100分、216回
2018年10月23日、中間選挙応援演説、38分、92回
2018年11月5日、シカゴで、48分、89回、
2019年4月8日、ベルリン、90分、467回

特に、2016年夏の民主党大会で、ヒラリーが大統領候補になったことを祝うはずの演説で、自分の声に陶酔して、自分のことを蕩々と語り続けたオバマには、2008年の大統領選でオバマにさんざん小馬鹿にされたヒラリー支持者もウンザリしていました。

オバマはこれだけのエゴの持ち主ですから、自分の〝遺産〟であるオバマケアーやイラン核合意を撤廃しようとするトランプのことを〝許すまじ！〟と決意して、トランプ潰しに乗り出したのでしょう。

▒陰険オバマのゆがんださもしい根性

もう一つは、オバマの復讐心に満ちた性格です。

オバマは、ナイス・ガイ、というイメージがありますが、実は非常に卑劣で執念深く、底意地の悪い毒蛇のような人間です。オバマの性の悪さを証明する史実は、これだけで一冊の本が書けるほど大量に存在しますが、紙面の都合があるので、ほんの数例だけご紹介しましょう。

2014年1月、オバマ司法省は、保守派コメンテイターのインド系アメリカ人、ディネシュ・デスーザを「複数の知人の名前を借りて共和党議員に2万ドルの政治献金をした」という罪で起訴し、8ヶ月の刑を下し、軽罪犯を収容する施設に送り込みました。合衆国憲法の第一人者でリベラルな人権保護派のアラン・ダーショウィッツ、ハーヴァード大学名誉教

ディネシュ・デスーザ

授は、「そんなことは献金集めの専門家が全員やっていることで、彼らを全員有罪にしたら刑務所が満杯になってしまう」と、スターリンまがいのオバマの行動を批判していました。２００８年、２０１２年のオバマ選挙キャンペーンの献金サイトにはクレジットカードの認証システムが設置されていなかったため、盗んだカードでもギフト・カードでも献金でき、献金できる上限を超えて献金しても記録に残らなかったことを思うと、オバマの偽善と復讐心に驚嘆せざるを得ません。

２０１５年、イスラエルの選挙の前に、オバマの国務省は、オバマの選挙キャンペーン組織であるワンヴォイスにアメリカの国家予算から搾取した30万ドル以上の資金を与えて、ネタニヤフを倒すための大規模なキャンペーンを行いました。オバマがネタニヤフを嫌っていることは周知の事実でしたが、アメリカ国民の血税を投じて同盟国のレジーム・チェンジまで謀るとは！、あな恐ろしや、オバマの執念、と言った感じです。ネタニヤフはこの選挙では勝利を収めましたが、オバマが蒔いた反ネタニヤフの種は立派に育ち、これ以降の選挙でネタニヤフは苦戦を強いられています。

２０１６年６月、フロリダ州オーランドの同性愛者が集うナイトクラブで、同性愛者を憎むアフガニスタン系のイスラム教過激派テロリストが乱射テロを起こし、49人を射殺した後、フロリダ州知事リック・スコットが連邦政府に援助を求めました。しかし、スコットは共和党で、かねてからキューバを褒めるオバマを批判していたため、オバマは援助を拒絶しまし

リック・スコット

た。2009年、オバマは自分の大統領就任式を〝守る〟ために非常事態宣言を布告して、ワシントンDCにFEMA（連邦緊急事態管理庁）の特殊部隊まで派遣した上、国庫から1500万ドルもの援助金を与えていたことを思うと、オバマのゆがんださもしい根性には呆れるばかりです。

エドワード・スノーデンのおかげで国家安全保障局があらゆる通信を傍受していることが暴露され、チェルシー・マニングのおかげで米軍の実体も明らかになっているので、ブレナンとオバマの指令を実行するテクノロジーと実践能力を米政府が備えていたことは議論の余地のない事実です。

これだけ汚い手を使って政敵をスパイしてきた冷戦メンタリティのブレナンと復讐好きなオバマが、トランプをスパイしなかった、と考えるのは、理にかなわない幻想でしょう。

そして、レジーム・チェンジが大好きなブレナンとオバマが、暫定政権中にトランプを大統領の座から引きずり下ろそうと画策しなかった、と思うのも論理の飛躍でしょう。

ちなみに、オバマ・ブレナンに盗聴・スパイされた人々の中には、自分に不利な情報を摑まれて恐喝され、黙っている議員や記者もいるはずなので、いったいどれほどの数の被害者が存在するのか、その全貌はいまだにつかめていません。

2018年、CNNのクリスチャン・アマンプール記者は、「トランプは記者の存在を脅

エドワード・スノーデン

チェルシー・マニング

クリスチャン・アマンプール

かす危険人物です」とのたまいました。トランプがフェイク・ニューズを報道するメディアをフェイク・ニューズと指摘して小馬鹿にしているのは事実ですが、トランプがジャーナリストをスパイした、あるいは脅した、という事例は、まだありません。

第17章 ロシア疑惑の真相

■ロシア・ゲートではなく〝オバマ・ゲート〟が真相

ロシア疑惑は、CIA率いる諜報機関のクーデターでした。

2017年1月、ブレナンがでっちあげた諜報機関査定書が「トランプとロシアが共謀した、という疑いが強い」と報告した後、トランプは情報の信ぴょう性を小馬鹿にする態度を露わにしました。

この直後、民主党上院議員、チャック・シューマーが「諜報機関にたてつくと、あらゆる方法を使って仕返しされるぞ」と、脅しとしか思えないコメントを発しました。

シューマーが真相を知っていたのかどうかは分かりませんが、この一言は文字通り的を射た発言でした。

チャック・シューマー

ロシア疑惑は、トランプ・ロシア共謀の疑惑ではなく、マイケル・フリンを憎む諜報機関、軍部、NATOの復讐劇に端を発したディープ・ステイトのクーデターだったのです。

首謀者はCIAのジョン・ブレナン。2010年以来、ずっとフリンを陥れる機会を狙っていたブレナンは、2013年に遂にCIA長官の座を手に入れ、CIAの〝伝統芸〟を使って、フリンがロシアの手先であるかのように見せかけて、失脚させようと画策し始めます。

2014年2月、ブレナンはステファン・ハルパーと元MI6のリチャード・ディアラヴ、MI5のクリストファー・アンドリューを使って、ロシア人女性、ロホヴァをフリンに近づけ、ロホヴァはロシアのスパイだ、という偽情報を流して、〝フリンはロシアの女スパイと絡んでいる〟という状況証拠をでっちあげます。

しかし、半年後に、やはりフリンを嫌うクラッパーがフリンを追い出してくれたので、ブレナンの企画は冬眠状態に入ります。

一方、FBIはマナフォートの資金洗浄疑惑を追い、チャルパとネオコンはマナフォートを潰したいと思っていました。

そして2016年、奇妙な運命の巡り合わせで、フリンとマナフォートが親ロシア・反NATOのトランプの顧問になりました。

これでフリンを狙うCIA、NSA、軍部、外国の諜報機関と、マナフォートを狙うFBI、チャルパと国務省、NATO、さらにトランプを個人的に嫌う司法省の役人や外国政府の要人が合流して、ヒラリーとオバマの政敵でもあるトランプという共通の敵を潰すために、ロシアの脅威をダシに邪魔者を倒す、というCIAのお家芸をひな形にして一芝居打つことになったのです。

ブレナンは、まずハルパーをスティーヴン・ミラー、カーター・ペイジに接近させ、トランプの取り巻きに罠をかけ、ヒラリーはスティールを雇い、チャルパはウクライナに働きかけて、FBIが捜査を開始するために必要な〝証拠〟を揃えます。

幸運にも、FBIの捜査官と弁護士はトランプが大嫌いだったので、ブレナンの偽情報、スティールの偽造情報、ウクライナのマナフォート情報をすんなり受け容れて、捜査に乗り出しくれました。9割方がリベラルな大手メディアもオバマ盲従とトランプ嫌いが高じて信ぴょう性を判断する能力がなくなっていたので、諜報機関の人間からリークされた偽情報を〝事実〟としてフェイク・ニューズを流し続け、国民の半数があたかも集団催眠にかかったかのごとく、CIAお手のものの情報操作に洗脳され、ロシア疑惑を信じてしまったのです。

オバマとヒラリーがどこまで関与していたのかは明らかではありません。

FBIの弁護士リサ・ペイジが「大統領はすべて知りたがってる」というテキスト・メッセージを送っていたことを思うと、オバマは大方の部分は知っていたと思われます。エゴの塊でナルシストのオバマは、自分の〝業績〟であるイラン核合意やオバマケアーを撤廃しようとするトランプを、どんな手を講じてでも阻止しようとしたのでしょう。

ヒラリーが執念深いことは誰もが知っている史実ですが、当時のヒラリーはすでに政権の外にいたので、積極的に裏工作に関わったわけではなく、ブレナンが仕組んだトランプ倒し作戦を歓迎し、支援していたのでしょう。

ロシア疑惑は、『オリエント急行殺人事件』に似ています。大統領選、という列車に、トランプという共通の敵を憎む現状維持派・冷戦メンタリティのディープ・ステイトの刺客たちが次々に乗り込み、トランプを殺そうとしたのです。

ロシア疑惑ねつ造者・支援者は全員、ヒラリーが勝つと思っていたので、どんなに汚い手を使っても、不正が表面化することはないと高をくくっていました。

しかし、トランプが勝ってしまったので、彼らは焦って、さらに汚い手を使って、暫定政権中、あるいは政権発足数ヶ月でトランプを大統領の座から引きずり下ろそうとしました。

トランプ勝利直後から、各地で大規模な〝自発的デモ〟が起き、諜報機関からリークされた偽証拠をフェイク・ニューズが報道し、ロシア疑惑を疑問視するコメンテイターが〝自分では気づかぬうちにロシアの片棒を担いでいる〟と非難された経緯を見ると、これがＣＩＡの十八番、レジーム・チェンジの戦法を踏襲したクーデターだったことは明らかです。

しかし、それも不発に終わり、ディープ・ステイトはウクライナ疑惑をでっち上げて、弾劾へとシフトします。

さて、読者の皆さんの中には、「２０１２年7月にオバマがフリンを国防情報局長官にすることを、ブレナンはなぜ許したのか？」という疑問を抱く方もいるでしょう。当時のオバマは、〝自分はイエスマンしか雇わない了見の狭い人間ではない〟と強調するために、自分と波長の合わない人間も要職に就けていました。ブレナンは、フリンの昇格を阻止することもできたでしょうが、高い地位に就いたフリンを蹴落として、「諜報機関にたてつくと、ひどい目に遭うぞ！」という見せしめにしたほうが効果がある、と判断したのでしょう。ブレナンの用意周到な企みを振り返ると、フリンの2013年のモスクワ訪問も、ブレナンの仕込みだったのかもしれません。

　私がこの本を書いている2020年4月の段階では、まだパパドポロスに「ロシアがヒラリーのメールを持っている」と告げたジョセフ・ミフサドの正体が分かっていません。

いつか、ミフサドの正体が判明したら、CIAの裏工作の全貌が明らかになるでしょう。

【付記】この章を書き終えた後、5月7日に、下院が2017年から2018年にかけて非公開で行ったロシア疑惑調査の喚問記録が発表され、ジェイムズ・クラッパー（オバマ政権の国家情報長官）、ダン・コーツ（オバマ政権初期の国家情報長官）、スーザン・ライス、サマンサ・パワー、ベン・ローズ（オバマの外交政策スピーチライター）、アンドリュー・マケイブ、サリー・イェイツ、ロレッタ・リンチ（オバマの司法長官）、エヴリン・ファーカス（オバマ政権のロシア・ウクライナ・ユーラシア担当国防副次官補）を含む証人全員が、「トランプ・ロシア共謀の証拠は一つもない」と証言していたことが発覚しました。

ダン・コーツ

ロレッタ・リンチ

エヴリン・フォーカス

それにもかかわらず、彼らも、彼らの証言を聞いていたアダム・シフなどの民主党議員たちも「トランプがロシアと共謀した証拠が山ほどある」と、嘘をつき続けました。

アメリカ国民の約半数が連日連夜延々と垂れ流されるフェイク・ニューズに洗脳されて、集団催眠術にかかってしまい、いまだにこの嘘を信じています。ディープ・ステイトの情報操作力は本当に恐ろしいです！

第18章　ウクライナ疑惑～弾劾裁判～

■トランプ潰しの第2弾

ウクライナ疑惑に端を発した弾劾裁判は、ディープ・ステイトが仕掛けたロシア疑惑パート2でした。

ロシア疑惑では、ねつ造証拠が不十分で、トランプをつぶせなかったため、ディープ・ステイトは民主党とつるんで弾劾裁判を仕組んだのです。

反トランプ派は、トランプが当選したその日から弾劾を求め、大統領就任式と同時に弾劾を実行に移すための下準備を始めました。

合衆国憲法には、こう記されています。

第1条第2節5項　下院は弾劾訴追権を専有する。

第1条第3節6項　上院は弾劾裁判執行権を専有する。（中略）合衆国大統領が弾劾裁判を受けるときは、最高裁判所長官が議長となる。出席議員の3分の2の同意がなければ誰も有罪になることはない。

つまり、弾劾訴追権は下院のみにあり、弾劾裁判執行権は上院のみにあり、上院の3分の2の同意無しにはトランプを有罪にできない、ということです。

2017年の時点では上下両院で共和党が多数党だったため、民主党は下院で多数党になれるまで待ち、2018年の中間選挙で下院を制したとたんに弾劾準備が始まりました。

弾劾裁判を起こすには、それなりの〝理由〟が必要です。合衆国憲法第2条第4節には、こう記されています。「大統領、副大統領、そして合衆国のすべての文官は、反逆罪、収賄罪、その他の重大な犯罪や非行をおかした場合、弾劾され、有罪判決を受けた場合は免職される」

ロシア疑惑をなすりつけて反逆罪でつるし上げる夢が破れた民主党は、収賄罪か、その他の重罪、非行という罪をなんとかでっちあげて、トランプを弾劾しようと企てます。

そして、CIAのエリック・シアラメラを使って、「トランプが、ウクライナ大統領に〝バイデンのあら探しを手伝ってくれないと、援助金をあげないぞ！〟と言って、脅した」という話をでっちあげて、弾劾企画を実行に移します。

弾劾の理由としてウクライナが使われたのは、単なる偶然ではありません。ウクライナは、ロシア疑惑をしかけたNATO、CIA、ネオコン、チャルパの本拠地だったので、ロシア疑惑なすりつけ作戦で気心が知れた〝仲良しディープ・ステイト組〟のまったく同じメンバ

エリック・シアラメラ

ーが、同じ手口を使ってトランプ潰しの続編に乗り出した、ということなのです。

■〝ウクライナ疑惑〟という〝お話〟

真相究明作業を始める前に、まず、大手メディアが伝えている〝お話〟をおさらいしておきましょう。

2019年8月、何者かが「7月25日、トランプはウクライナ新大統領、ゼレンスキーに電話して、〝バイデンの息子の汚職捜査をしてくれないと、援助金をやらないぞ〟と脅した」と、大手メディアにリークしました。

これが大々的に伝えられて、民主党議員たちが、「トランプはウクライナにバイデンのあら探しを頼んだ」、「友好国の援助に交換条件を出すとはけしからん！　まるでマフィアだ！」、「贈収賄だ！」、「職権濫用だ！」と叫びまくり、10月に弾劾裁判を起こすための調査が始まりました。

この調査は、主に国務省の役人を証人喚問して、下院多数党の民主党の指揮の下に非公開で行われました。そして、民主党は自分たちに都合のいい部分のみを選りすぐって大手メディアにリークして、「トランプはウクライナ政府を使ってバイデンに泥を塗るために、ウクライナへの援助を止めようとした。その間に、ウクライナがロシアから攻撃されてウクライ

ヴォロディミル・ゼレンスキー

ナ人が何百人も死んだ」と見せかけました。大手メディアはこの〝お話〟を事実として報道し、コメンテイターたちは「トランプは政敵を罰するためには人殺しも辞さない最悪の人間だ」、「ウクライナの安全はアメリカの国家安全保障とつながっている。トランプはアメリカの安保にとって危険な人物だ」と叫び続け、民主党議員は「弾劾裁判でトランプを失脚させろ！」と叫びました。

そして、11月13日、弾劾訴追のプロセスの第2弾である公聴会が始まりました。非公開の調査に喚問された証人たちが次々に呼ばれて、民主党議員がリークした内容とは大幅に違う証言を行ったため、日を追うごとに弾劾裁判の支持率が落ちていきました。

そこで、民主党は「国家安全保障に関わる一大事だから一刻も早く弾劾裁判をしてトランプを失脚させねばならぬ！」と主張し、大急ぎで弾劾裁判を実施するかどうかの採決を行い、２０１９年12月18日、２３０対１９７（数名を除く民主党議員が賛成票を投じ、共和党議員は全員反対）で弾劾裁判を行うことが決定しました。

早急に弾劾裁判を済ませたい共和党議員たちは、この採決の直後に裁判を始めたい意向を示しましたが、ペロシ民主党下院議長が正式な手続きを取ることを拒み、一刻を争う一大事であるはずの弾劾裁判は、クリスマス休暇が終わるまで延期されることになりました。

年が明けて、まず弾劾裁判のフォーマットを決める話し合いが行われ、２０２０年1月16日にやっと裁判が始まり、トランプは職権濫用と議会妨害という二つの容疑で裁かれ、2月

5日、無罪になりました。

中国でコロナウイルスの死者が続出して、世界史上かつてない最悪のパンデミックの危機が迫る中、アメリカの大手メディアは弾劾裁判とトランプ・バッシングに明け暮れていた、というわけです。

第19章　ザ・グレイト・ゲーム

ウクライナ疑惑の真相を理解するためには、まずロシアと欧米の歴史的な関係を根本から紐解く必要があります。

現在の二者の関係を築いた〝台本〟と、この〝台本〟に基づく〝企画書〟を、おさらいしておきましょう。

■「ロシアは本質的に拡大政策主義」――グレイト・ゲームという台本

キプリングの小説、『少年キム』で有名になったフレーズ、グレイト・ゲーム（大いなるゲーム）は、19世紀に大英帝国とロシア帝国が繰り広げたアフガニスタンと中央アジアの支配権を巡るチェスのような抗争のことです。ロシアは大英帝国が中央アジアを侵略することを恐れ、大英帝国はロシアがインドを侵略することを恐れ、互いに疑心暗鬼になって、両者は常に威嚇し合っていました。しかし、１９７６年、ロシア外交史専門の歴史家、バーバラ・ジェラヴィッチの包括的な調査で、19世紀以降のロシア帝国はインドに進出する意図などまったくなかったことが判明しています。ピューリッツァー賞を授与された歴史家、デヴ

バーバラ・ジェラヴィッチ

イッド・フロムキンも、「ロシア帝国が中央アジア進出を考えていたのはパーヴェル1世（1796～1801年）の時代だけだった」と断言しています。

つまり、すでに19世紀の時点から〝ロシアの脅威〟は大英帝国の一方的な被害妄想だったわけです。

しかし、当時、大英帝国は、中央アジア進出正当化の道具として、勝手にロシアの脅威を煽り、ブハラ首長国（現在のウズベキスタンとタジキスタン）との間に貿易ルートを確立し、そこを拠点にアフガニスタンに進出して、アフガニスタンを大英帝国の保護領にして、ロシア帝国とインドの間に距離を置こうと企みました。

インド侵略などさらさら考えてもいなかったロシアは、アフガニスタンを中立地帯にすることを提案しました。しかし、大英帝国は〝ロシアはインドを侵略してインド洋を支配したがっている〟と勝手に決めつけ、ロシアを〝大敵〟に仕立て上げて、〝ロシアの脅威からアフガニスタンを守るため〟にアフガニスタンに進攻し、第1次英アフガン戦争（1839～1842年）を始めます。その後、第2次英アフガン戦争（1878年）など複数の戦争を経て、1895年にパミール・ブンダリ委員会議定書でロシア帝国とアフガニスタンの国境の線引きをして、グレイト・ゲームは一応幕を閉じました。

しかし、その後、大英帝国が英国になり、ロシア帝国がソ連になった後も、〝ロシアの脅威〟という口実は延々と引き継がれて、グレイト・ゲームという台本を元にヨーロッパでは

デヴィッド・フロムキン

グラディオ作戦、東南アジアではドミノ理論に基づくベトナム戦争、南米・中南米ではＣＩＡの裏工作によるレジーム・チェンジが次々と展開していきます。

ウラジオストックは、ロシア語で東を支配（ヴラーディ＝支配、ヴォストーク＝東）という意味なので、この名称一つを取っても、ロシア帝国に領土拡大の意図がまったくなかった、ということではないでしょう。極東での南下政策の脅威は本物で、そのせいで日露戦争が起きたと言われています。しかし、少なくとも中央アジアでのロシアの脅威はなかったことが明らかになっているので、グレイト・ゲームは、大英帝国の一方的な被害妄想、あるいは中央アジア侵略正当化のためにロシアの脅威を利用した策略だった、と言えるでしょう。

〝ソ連の脅威〟という概念を植えつけたのは、１９４７年にロシア駐在のアメリカの外交官、ジョージ・ケナンが『フォーリン・アフェアーズ』という外交・国際政治専門雑誌に書いた論文に出てくる「ソビエトは本質的に拡大政策主義だ」という一言でした。

さて、ケナンがそもそもこの分析リポートを書くきっかけとなったのは、アメリカ国務省に「スターリンはなぜ世界銀行とＩＭＦを拒絶するのか？」と、尋ねられたからでした。

つまり、この時点からすでに世界銀行とＩＭＦが両者の溝を深める原因となっていた、ということです。

ジョージ・ケナン

念のため書いておきますが、世界銀行とＩＭＦは、開発国に莫大な借金を負わせ、借金のかたに天然資源や現地企業の利権などを取り上げ、主にアメリカのエリートに渡して開発国の経済を横取りする乗っ取り屋です。ディープ・ステイトが暴力団だとすると、世界銀行とＩＭＦはオバマ組の表の顔として公然と悪事を行う高利貸しです。

話を元に戻しましょう。

ケナンのこの分析を信じて、トルーマンはソ連・共産主義の〝封じ込め〟政策を採り、アイゼンハワーとジョン・フォスター・ダレス（アイゼンハワーの国務長官）は鉄のカーテンに閉じこめられている人々を積極的に解放しようと努める傍ら、ドミノ理論をでっち上げて「ソ連の脅威が広がらないようにするため」という口実のもとに、ベトナム戦争（１９５５～１９７５年）など、各地で戦争を始めました。

そしてベトナム戦争の間に、ケナンの「ソビエトは本質的に拡大政策主義だ」という一言が伝言ゲームのように何度も間違って引用され、いつの間にか「ロシア人は本質的に邪悪だ」、「ロシア人は本質的に攻撃的だ」、「ロシア人は本質的にどう猛だ」と、ロシア人が生まれながらに悪者である、という何の根拠もない非科学的なステレオタイプが定着し、「人類の敵である邪悪なロシアを潰す」というのがアメリカの外交政策の基本方針となりました。

■すべての戦争、紛争、〝民衆蜂起〟の陰で糸引くキッシンジャーとブレジンスキー

この愚かしい〝ロシアの脅威に基づく外交政策〟は、デタントの間もソ連崩壊後もヘンリ

ヘンリー・キッシンジャー

ー・キッシンジャーやズビグネフ・ブレジンスキーなどのディープ・ステイトの人間たちによって延々と受け継がれ、今に至っているのです。キッシンジャーは、ヒットラーが台頭した1938年にドイツからアメリカに亡命してきたユダヤ人なので、スターリンの全体主義を心底恐れていたのでしょう。ブレジンスキーは、父親が外交官で、ナチス政権下のドイツ、スターリン政権下のソ連で子ども時代を過ごし、キッシンジャー同様に全体主義と共産主義に並々ならぬ恐怖を抱いていたのでしょう。物心つく時期に培われた恐怖心、その恐怖心に根ざした偏見や先入観は、長期間に渡る心理セラピーを受けないと消し去ることはできないので、彼らはいつまで経っても冷戦メンタリティから抜けきれず、グレイト・ゲームという台本に基づく外交政策を後進に伝授し続けています。

地球上のあらゆる地域の紛争、戦争、〝民衆蜂起〟はキッシンジャーとブレジンスキーが陰で糸を引いている、と言っても過言ではありませんが、とりあえずウクライナ疑惑理解に役立つ事項のごく一部だけおさらいしておきましょう。

キッシンジャーは、1954年から1970年末期にかけて、南米から共産・社会主義を駆逐してソ連の影響力を根絶するために、アメリカにとって不都合な支配者を暗殺したり、クーデターを仕組んで、アルゼンチン、ボリビア、ブラジル、チリ、パラグアイ、ウルグアイでレジーム・チェンジを強行しました。これはコンドル作戦と呼ばれ、CIA以外にMI6、フランス、西ドイツの諜報機関も参加しました。コンドル作戦のせいで少なくとも6万人が死んだ、と言われています。謎の飛行機事故で殺されたエクアドルのアギレラ大統領の跡を継いだレオン・フェブレス・コルデロ大統領、セヴァロス大統領、やはり謎の飛行機事故で殺されたパナマのトリホス最高司令官の跡を継いだノリエガ大統領も含め、南米のみならず世界のリーダーはほとんどが、アメリカの傀儡政権だと思って間違いはないでしょう。

ブレジンスキーは、1979年7月、アフガニスタンにCIAを送り込んでムジャーヒディーンへの訓練を開始し、武器・資金も援助しました。ムジャーヒディーンがソ連を挑発したため、ソ連は仕方なく国境防衛のために武器を使って対抗しますが、アフガニスタンの動きを知らない世界中の国々は、「ソ連、アフガニスタン侵略！」と、反ソ報道を繰り返しました。

1998年に、フランスの『ヌーヴェル・オプセルヴァトゥール』紙のインタビューで、ブレジンスキーは、「ソ連が国境を越えた日に、私はカーター大統領にこう伝えた。〝ソ連を彼らにとってのベトナム戦争に引き入れるチャンスだ〟とね。実際、約10年、モスクワは政権にとって耐え難い戦争を続けなきゃならなくなって、士気を喪失してソビエト帝国が崩壊したんだ」と、誇らしげに語りました。

イスラム教過激派を援助して、後にテロリストになった集団に武器や指示を与えたことを後悔しているか、という質問に対しては、こう答えています。「世界史上で何が最も重要か？　タリバンか、ソビエト帝国崩壊か？　一部の過激化したムスリムか、中央ヨーロッパ

アギレラ大統領

オマル・トリホス

マヌエル・ノリエガ

解放と冷戦の終結か？（後者のほうが遥かに重要だ）」

同年に出版されたブレジンスキーの著書 *The Grand Chessboard: American Primacy And Its Geostrategic Imperatives.*（壮大なチェス盤――アメリカの首位を守るための戦略地政学的緊急課題、邦題は『ブレジンスキーの世界はこう動く――21世紀の地政戦略ゲーム』）には、ユーラシアをチェス盤に見立てて、コマを進めながら、ロシア周辺の国々における民族・宗教の対立を利用してアメリカがコーカサス、中央アジアを支配する策略が提示されています。これがグレイト・ゲームという台本に基づくロシア潰しの企画書で、ブレジンスキーの手下と化したオバマは、この企画書に添ってロシアを追い詰め、世界制覇を狙う外交政策を展開していました。

ちなみに、ソ連崩壊後、1999年にチェコ、ハンガリー、ポーランド、2004年にブルガリア、エストニア、ラトヴィア、リトアニア、ルーマニア、スロヴァキア、スロヴェニアがNATOに加盟したとき、ロシアは声高に「〝NATOは1インチたりとも東進しない〟という約束をアメリカは破った！」と抗議して、ロシアの西の国境付近の警備を強化しました。このとき、欧米はロシアの抗議を無視して、「本質的に拡張主義であるロシアが西側を侵略して、ソ連時代の領地を取り戻そうとしている！」と、ロシアの脅威を煽りまくりました。

1990年2月9日、父ブッシュとジェイムズ・ベイカー国務長官がゴルバチョフに「N

ATOは1インチたりとも東方（ソ連の元領域や元共産圏）に拡張することはない」と約束していました。この約束を記した公文書が2017年に公表されています。父ブッシュは、守る意図などさらさらない偽約束をしてゴルバチョフを騙し、ソ連を解体させたのです。

ロシアがこの約束を信じていたことを思うと、アメリカが旧共産圏に武器を売ったり、軍事援助をするたびに、ロシアが国境警備を強化したのは〝攻撃的な反応〟ではなく、むしろ正当な自己防衛に根ざすリアクションだったことが分かります。

■ドイツ語圏でも人気のプーティンがディープ・ステイトの反露感情に火をつけた

次の章に移る前に、ソ連崩壊後のロシアの成り行きを、ざっと復習しておきましょう。

嘘つきブッシュの偽約束を鵜呑みにして、NATOから侵略されることはない、と、うかつにも信じてしまったゴルバチョフがソ連を解体した後、待ってました！、とばかりに世界銀行とIMFがロシアに乗り込み、国営企業の急激な民営化（ショック療法）を敢行し、イェリツィン大統領（1991～1999年）や一握りの悪賢い人間がクリントン政権とつるんで甘い汁を吸い、その陰で一般庶民は貧困のどん底に陥り、ロシアは経済破綻しました。

イェリツィン政権の8年間、欧米は「ロシアが弱体化した！」と大喜びしていましたが、その後プーティンが現れて、大富豪の横暴を抑制し、労働者から搾取する経営者をしかりつけ、経済を立て直そうとして、ロシア人の心にプライドを戻してくれました。2016年のアメリカ大統領選でトランプが使ったスローガンはMake America Great Again！「アメリカを再び偉大に！」でしたが、プーティンはその16年前に、Make Russia Great Again「ロシアを再び偉大に」というテーマの政策を進め、国民の心を摑んでいたのです！

それぱかりではありません！　プーティンはKGBにいた時代にドイツに駐在していたためドイツ語が得意で、ドイツやオーストリアの要人たちと気さくな会話ができます。ドイツで行われた記者会見でドイツ語でユーモラスななぞなぞを言ったり、セント・ペテルスブルグの国際フォーラムで旧西ドイツの国防長官、ヴィル・ヴィマーの通訳を買って出たこともあり、好戦的なNATOの人権無視政策を嫌うヴィマーはドイツのテレビでよくプーティンを擁護しています。また、プーティンは数年前にオーストリア外相カリン・クネスルの結婚式にクルツ首相と共に出席し、クネスルとダンスをした後にドイツ語で祝辞を述べているニュース映像が放送されたこともあり、プーティンはドイツ語圏ではけっこう人気があり、人間味のあるリーダーと見られています！

これは、プーティンを悪者として描きたいディープ・ステイトにとっては非常に不都合なことなので、ここ数年、グレイト・ゲームの継承者たちは反ロシア感情を煽るためのキャンペーンにさらに力を入れ、なんと2019年の欧州連合会議は「第2次世界大戦を引き起こしたのはソ連にも責任がある」「ナチのシンボルが禁じられたのと同じように、ソ連時代のシンボルも禁じられるべき」と宣言しました。

ソ連が参戦してくれなかったらナチスを負かすことができなかったことは、少なくとも2019年以前に書かれたあらゆる歴史書で証明されています。しかし、ディープ・ステイトには史実も事実も通用しません。彼らの前進を阻むものは、どれほど汚い手段を使ってでも、絶対に排除しなくてはなりません。英米とNATOの操り人形である欧州会議は、ご主人様が目的を達成しやすくするために、平然と歴史の改ざんをしてまでロシアを傷つけようとしているのです。

こうして欧米は延々と「ロシアの脅威」を煽り、ロシア潰しゲームを続行しています。プーティンはイェリツィンの跡を継いで以来、何度も何度も繰り返し「領土拡大の意図はまったくない」と断言しています。しかし、欧米、特にアメリカ人の多くは「ロシア人は本質的に攻撃的で、ロシアは本質的に拡大主義だ」という根拠のない仮説をいまだに信じています。ですから、グレイト・ゲームで大英帝国がロシアを勝手に敵視していたのと同様、アメリカも勝手にロシアを邪悪な帝国と見なし、世界各国で戦争を仕掛けてはディープ・ステイトがぼろ儲けをしている、というわけです。

こうした歴史の大きな流れをおさえた上でロシア疑惑を見直してみると、ロシアとの友好を求め世界制覇に興味のないトランプが、19世紀から続く英米の伝統に背く、という大罪を犯した許されざる不届き者だったので、ディープ・ステイトに激しく疎まれた、といういきさつが浮き彫りになってしっかり見えてくるでしょう。

第20章　グラディオ作戦

ウクライナ疑惑を理解するためには、NATOの真の姿を理解する必要があります。

次に、NATOの実態を見てみましょう。

■ナチの戦犯をリクルートして実行されたステイ・ビハインド作戦

ステイ・ビハインド作戦とは、ソ連が占領した領地内に残留stay behindして、パルチザンとしてレジスタンス活動を行う作戦で、連合軍の諜報組織の指揮の下に第2次世界大戦中に始まりました。

戦後も、ソ連が侵略してきた場合に備えてこの作戦は続行され、1947年にCIA、1949年にNATOが設立された後は、この二つの組織がステイ・ビハインド作戦の中核になって、NATO傘下のすべての国々にステイ・ビハインド作戦遂行組織が設置されました。CIAとNATOはナチの戦犯やイタリアのファシストをリクルートしてレジスタンス活動のための訓練を行い、武器や資金を支給し、アメリカ国内でもFBIが元ナチの諜報部員を使って共産主義思想を持つ人々の取り締まりに当たりました。これらの組織にリクルートされた元ナチの数は２０１４年の段階で判明した数だけでも１０００人以上で、彼らは新しい名前と新しいパスポートを与えられ、ＣＩＡやＦＢＩに保護されていました。

ステイ・ビハインド作戦のもともとの目的は、〝ソ連軍が実際に侵略を始めて西側諸国を占領したときのために備える〟というものでしたが、戦後1年もたたないうちに進化を遂げて、西側諸国内部の共産主義者を威嚇するために行使されるようになりました。

ＣＩＡとＮＡＴＯにリクルートされたファシストや元ナチ、反共主義者、そして単なる暴力団は、共産主義に抵抗する〝レジスタンスの戦士〟として、共産主義者を装って共産主義・社会主義を唱える組織に潜入。そして巧みな心理操作でメンバーをテロ活動に導き、共産・社会主義思想の政治家が支持を得るたびに〝左翼の無差別テロ〟を行って、共産思想への恐怖を煽り、共産思想の政治家を潰しました。この手口は、フォールス・フラッグ工作（偽旗《にせはた》工作）と呼ばれています。反共の人間が〝共産主義者〟という偽の旗を立てて、テロを行い、実際は反共のテロリストの仕業を共産主義のテロと見せかけているからです。

こうした偽旗工作をする組織は、共産・社会主義思想の政治家が人気を得るたびに、テロを起こして、〝共産・社会主義者は恐ろしい〟というイメージを植えつけました。

〝左翼テロ〟が特に大活躍したのはイタリアで、１９６９年のミラノのフォンターナ広場爆破テロ（死者17人、負傷者88人）、１９８０年のボローニャ駅爆破テロ（死者85人、負傷者２００人以上）、１９７８年の左傾のアルド・モロ元首相誘拐暗殺など、１９６９年から１９８

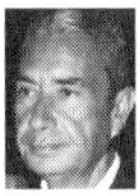
アルド・モロ

0年代まで恐ろしい事件が多発しました。

■偽旗工作としてのグラディオ作戦

しかし、1990年にモロ首相の後任、ジュリオ・アンドレオッティ首相が、これらのテロがCIAとNATOが仕切るステイ・ビハンド作戦の後身、グラディオ作戦の一環として実行された偽旗工作だったことを告白！　のちにNATO加盟国の他、オーストリア、スイス、スペイン、フィンランド、スペインなどの首相たちも、同類の作戦を実行する組織があったことを渋々認めざるを得なくなってしまい、グラディオ作戦という名称がそれらの作戦の総称として使われるようになりました。そして、それまでまかり通っていた〝西側は正義と自由を守る民主国家で、東欧は独裁者と秘密警察が支配する恐怖の社会だ〟という神話が一時的に崩壊しました。

と、この史実だけを端的に書き記すと、最初にグラディオ作戦の存在を認めたアンドレオッティがあたかも勇敢な人物であるかのように思えてしまうでしょうが、それは大いなる妄想です。アンドレオッティが、史実を認めざるを得なくなった経過をご説明いたしましょう。

　1981年4月、マフィア映画でお馴染みのラッキー・ルチアーノやガンビーノ・ファミリーの資金洗浄をしていたミケーレ・シンドーナを捜査していたイタリア警察が、シンドーナの仲間であるリチオ・ジェッリの家宅捜索を敢行しました。そこで、捜査陣は、グラディ

ジュリオ・アンドレオッティ

オ作戦に関する何千枚もの書類を発見し、それまで噂はされていたものの実体はつかめなかった影の団体が実在したことが分かったのです。これだけでも大きなショックでしたが、グラディオ作戦を実施していたロッジP2というフリーメイソンの裏組織の名簿に962人ものイタリア人の有力者の名前が載っていたのです！　内訳は、52人が国家治安警察隊の高官、50人がイタリ陸軍高官、37人が財政警察高官、29人がイタリア海軍高官、11人が警察本部長、70人が有力実業家、10人が銀行頭取、3人が現役大臣、2人が元大臣、1人が政党党首、38人が国会議員、14人が判事で、残りは市長や病院の院長、弁護士、公証人、ジャーナリストで、元イタリア王国王太子、この時点ですでにイタリアのメディアを牛耳っていたシルヴィオ・ベルルスコーニの名前も含まれていました（ベルルスコーニは1994年から4回イタリア首相になっています）。

そのため、イタリア国会に特別捜査委員会が設けられて、何百人もの証人を喚問し、何千枚もの書類を調べて、ジャーナリストも調査に乗り出して、以下のことが判明しました。

●ロッジP2のメンバー総数は2500人だったが、大半の名前や正体は追究できなかった。
●メンバーたちは、自分たちは共産主義からイタリアを守るための英雄だと信じていて、暴力やテロも国家安全保障のために必要な正当な手段だと確信し、まったく罪悪感がなかった。
●アメリカ政府がロッジP2に月に1000万ドルの援助金を支給していた。
●ホワイトハウスがイタリアの政治の一部をコントロールしていた。

シルヴィオ・ベルルスコーニ

●イタリア諜報部はNATOと緊密に連絡を取り合い、CIAの協力を得て15万7000人のイタリア人の電話を盗聴し、スパイして、浮気の証拠写真などを撮り、政治家を買収し、汚職の証拠を保持するなどの手段を使って、ほとんどの政治家の弱みを摑んでいた。
●リチオ・ジェッリは当時NATO軍司令官だったアレクサンダー・ヘイグと、ニクソンの国家安全保障問題担当大統領補佐官のキッシンジャーから命令を受けて、イタリアの高官とNATOの高官400人をロッジP2にリクルートした。
●ロッジP2はイタリア諜報部とCIAの援助を受けてグラディオ作戦を展開していた。

こうして、ディープ・ステイト率いるグラディオの存在がバレて、大スキャンダルになってしまったため、アンドレオッティはグラディオ作戦をしぶしぶ認めただけであって、決して勇敢に真実を暴露した、というわけではないのです。

1993年、1985年から1992年までイタリア大統領を務めたフランチェスコ・コッシガは、さらに一歩踏み込んで、「ロッジP2はアメリカの支配下で、イタリア共産党がアメリカの支持を受けた党と共に連立政権を作ることを阻止するために活動していた。ジェッリは、アメリカと親しい将軍たちに権力を分配する仲介者にすぎず、すべてはアメリカが牛耳っていた」と語りました。

共産党を連立政権に組み入れようとして暗殺されたアルド・モロの未亡人は、イタリアの法廷で、「(モロは)キッシンジャーに、〝共産党を連立政権に入れる方針を棄てろ。さもな

フランチェスコ・コッシガ

いと高い代償を払うことになるぞ〟と言われました」と証言していました。当時は、彼女の言葉を信じる人は少なかったようですが、キッシンジャーが第2次世界大戦中ドイツで米軍諜報機関員として活躍していたこと、キッシンジャーがコンドル作戦（212ページ）を指揮していたことを考えると、彼女の証言に疑いの余地はないでしょう。

グラディオ作戦が明るみに出た過程は、ステファン・ハルパーと父ブッシュ一味の悪事が露呈された過程に酷似しています。前者は、マフィアの資金洗浄捜査で偶然にも証拠が見つかり、後者は、コレクターがゴミ箱をあさって偶然に紙切れを発見したことで、たまたま悪事が露呈される羽目になった、ということです。つまり、この二つの偶然がなかったら、ディープ・ステイトの悪事はまったく日の目を見ないまま、闇から闇へと葬られていたのです。

グラディオ Gladio とは、短剣を意味するラテン語、グラディウスの目的格で、グラディエイター（剣奴）の語源でもあるため、グラディオ作戦を実行する人々はグラディエイターと呼ばれていました。グラディオ作戦に関わったヴィンチェンツォ・ヴィンチグエッラの獄中インタビューを始め、元CIA工作員、NATO関係者、フランスの工作員など、10人以上の関係者のインタビューをフィーチャーしたBBCのドキュメンタリー『グラディオ』を見ると、最前線で活動していた人員がグラディエイターであることを誇りに思っていたことや、実行犯の多くがディープ・ステイトに守られて投獄を逃れていたことが分かります。

ヴィンチェンツォ・ヴィンチグエッラ

第21章　グラディオからグラディオＢへ

ド・ゴールを殺そうとしたＣＩＡ

アンドレオッティのおかげでイタリアのグラディオの動向はかなり摑めましたが、他の国々は暗い歴史は闇の中にしまっておこう、という態度を貫いているため、証拠となる文書などはほとんど流出していません。

しかし、１９９２年に、ミッテラン政権時代のＤＧＳＥ対外治安総局長官、ピエール・ラコストが「ド・ゴールのアルジェリア政策に反対するテロにはグラディオが絡んでいた」と発言しました。これをふまえて、ドゴール暗殺未遂事件を振り返って見ましょう。

１９５８年、ド・ゴール、英米主導のＮＡＴＯに不満を表明。

１９５９年３月、ＮＡＴＯ地中海艦隊からフランス艦隊を撤退させ、フランス領域から米軍核兵器撤去を要請。

１９５９年９月、ド・ゴール、アルジェリア人の民族自決を認める。

１９６０年以降、アルジェリアをフランス領として保持したい右翼組織ＯＡＳがテロを展

シャルル・ドゴール

開。

1962年、ド・ゴール、アルジェリア独立を承認。

1962年8月22日、OASの一員がド・ゴールを射殺しようとしたが、ド・ゴールは無事だった。

暗殺未遂犯は、「ド・ゴールのアルジェリア政策に反対した右翼の人間」ということですが、ラコストの発言を併せて経緯を見直すと、NATOに逆らったド・ゴールをCIA、MI6、NATOが除去しようとして、グラディオ作戦を展開したのでは、と思えてきませんか？

ド・ゴールは無事だったので、1966年、フランス軍はNATOから完全撤退し、1967年にNATOの欧州連合軍最高司令部がフランスからベルギーに移転しました。軍撤退後もフランスはNATOのメンバーであり続け、2009年、NATO創設60周年を機にフランスはNATOに全面復帰しました。

■ローマ法王暗殺未遂事件もグラディオ作戦

ヨーロッパの他の国々でのグラディオの活動は、まだ謎の部分が多いのですが、トルコのグラディオは、かなりの部分が明らかになっています。

トルコのグラディオだけで数冊の本が書けるほどなのですが、ここではロシア疑惑・ウクライナ疑惑の説明に特に役立つ例を選りすぐって二つだけご紹介しましょう。

まず、ローマ法王暗殺未遂事件。

１９８１年5月31日、トルコの極右武装組織、グレイ・ウルフのメンバー、メフメト・アリ・アジャがヴァチカンのサン・ピエトロ広場でローマ法王、ヨハネ・パウロ2世をピストルで撃つ、という暗殺未遂事件が起き、アジャはその場で現行犯で逮捕されてイタリアで投獄されました。

この直後、アメリカでクレア・スターリング、マイケル・レディーン、ポール・ヘンズという3人の〝ジャーナリスト〟が、「アジャは、ＫＧＢとつながりがあるブルガリアの諜報員から指示を受けて法王を殺そうとした。法王（ポーランド人）は反共産主義だからだ」という記事を書き、他の出版機関も〝乗り遅れたら大変！〟とばかりに、後追い報道をしました。３人はあっという間に大手メディアの寵児になり、スターリングとヘンズはテレビにも出まくって、「ソ連は法王のことを殺そうとした！」と吹聴しまくりました。彼らはテレビでも引っ張りだこのコメンテイターとなっていたので、どの番組のプロデューサーも、「対立意見のコメンテイターは共演させない」という２人の要求を呑み、２人は誰からも批判されることなく「ソ連の脅威」を煽り、アメリカ中が「法王暗殺未遂はソ連の仕業だった」と信じ込みました。そして、この説に疑問を抱くようなことを一言でも口にしたコメンテイタ

メフメト・アリ・アジャ

ヨハネ・パウロ2世

クレア・スターリング

マイケル・レディーン

ポール・ヘンズ

ーや記者は、即座に「ソ連を弁護する非国民！」と、激しく糾弾されました。

1985年に開かれた裁判で、グレイ・ウルフの幹部、アブドゥラ・チャトリが「俺がアジャに銃を渡した」と証言し、共犯容疑で捕まった3人のブルガリア人は証拠不十分で無罪になり、アジャは終身刑になり、2000年にトルコの刑務所に移送され、2010年に釈放されました。

裁判の後、イタリアの新聞が1983年にアジャがイタリアのアメリカ大使館の武官、アーネスト・ティル大尉に送った手紙を掲載。その手紙には、「私が何の罪を犯したというんですか？　あなたが〝始めろ〟と言ったので、私は〝話し始めた〟のです」と書かれていました。

1991年、CIAに関する上院情報委員会の調査で、「ローマ法王暗殺未遂事件にソ連は関わっていない、という証拠があったのに、アナリストたちはKGBの仕業だと示唆するリポートを書くことを強要された」という真実が発覚しました。

「暗殺未遂はソ連の仕業」という偽情報を広めたヘンズは元CIAトルコ支局長で、カーター政権時代にブレジンスキーに「イスラム教過激派を使って中央アジアでのソ連の支配を弱体化させるといい」とアドヴァイスした人物です。

1985年8月8日付けの『ウォール・ストリート・ジャーナル』紙は、「右翼のテロを左翼の仕業と見せかけていたイタリア諜報部のフランチェスコ・パッツィエンツァが、法王暗

フランチェスコ・パッツィエンツァ

殺に関する情報をクレア・スターリングに伝えたと告白した。スターリングはこれを怒って否定した。が、マイケル・レディーンと共にパツィエンツァの上司に二度会ったことは認めた」と記しています。

アジャはグラディオの偽旗作戦の、ヘンズ、スターリング、レディーンは偽情報作戦の執行人だったのです。

CIAとNATOは、二度とデタントが起きないように！、と、〝ソ連のアフガニスタン侵略〟のすぐ後に〝ソ連のローマ法王暗殺未遂〟というように、偽旗作戦をたたみかけて、ソ連の脅威を煽ったわけです。

スターリングは自分では知らないうちに偽情報作戦に荷担していたのかもしれませんが、マイケル・レディーンは〝ジャーナリスト〟ではなくて、国務省や国防省の外交政策顧問を務め、イラク侵略戦争正当化のための情報ねつ造に関わった筋金入りのネオコンです。1980年10月、大統領選の数週間前に、レディーンはカーター大統領の評判を落とすために、「ビリー・カーター（大統領の弟）がリビアのカダフィ大佐と接触を取っている」という記事を書きました。後に、前出のパツィエンツァがイタリアの法廷で恐喝容疑で裁判にかけられたときに、パツィエンツァがマイケル・レディーンのために、大統領選でカーターが不利になる情報を恐喝などの不正な手段で入手したこと、ロッジP2の名簿のZ-3という暗号名がレディーンであることが明らかになりました。

レーガンとブッシュは、ステファン・ハルパーだけではなく、マイケル・レディーンやイタリアのグラディオのメンバーも使って、カーターをスパイし、カーターに不利な情報を収集、配信していた、ということです。ディープ・ステイトは選挙操作の専門家なので、ロシア疑惑でトランプを倒せなかったことに、さぞやフラストレイションを感じていることでしょう！

ちなみに、1991年の上院の調査では、以下の事項も明らかになりました。

●ロバート・ゲイツ（1989〜1991年、国家安全保障問題担当大統領副補佐官。1986〜1989年、CIA副長官）は、第3世界でソ連が裏工作を行っているという仮定を弁護するための〝革新的な方法〟を見つけること（＝証拠ねつ造、偽証）を薦めた。

●ウィリアム・ケイシー元CIA長官（1981〜1987年）以降のCIAでは、ソ連の脅威を認めないアナリストたちは〝共産主義のシンパ〟と批判されることを恐れて自粛していた。

●ゲイツは、ケイシーの反ソ連のイデオロギーに沿わない分析を書き直すか、無視した。

●ゲイツは、第3世界へのソ連の武器援助は減少している、という情報を握りつぶした。

●「イランでのソ連の影響に対抗するためにイランに武器を供給しなければならない」というケイシーの言い分を裏づけるために、アナリストたちは情報をねつ造した。

ロバート・ゲイツ

この調査結果を見る限りでは、昔はＣＩＡのアナリストの中にも公平な人がいたことが分かりますが、恐らくまともなアナリストたちは出世できず、上からの圧力にウンザリして退職して、今のＣＩＡには反ロシアのアナリストしか残っていないのだろうと思われます。

■イスラム教過激派を使う偽旗工作――グラディオB

次に、アジャにピストルを渡したアブドゥラ・チャトリなどの主なグラディオのメンバー、オサマ・ビン・ラディン、フェトフッラー・ギュレン、アゼルバイジャンに関する恐るべき裏話の一部をまとめておきましょう。

以下、96ページでご紹介した元ＦＢＩ通訳・翻訳家、シベル・エドモンズが暴露した真相の中から、ロシア・ウクライナ疑惑の解釈に特に役立つ事項です（エドモンズは、イラン系アゼルバイジャン人の父、トルコ人の母を持ち、トルコ語、ペルシャ語、アゼルバイジャン語に堪能で、麻薬密売、武器密売、イスラム教過激派のテロ網に関する膨大な量の情報を通訳・翻訳した）。

●チャトリはグラディオのメンバーで、偽旗作戦（暗殺や脅し、恐喝）を実行する代償として麻薬売買で儲けていて、欧米では麻薬密売などの容疑でインターポールやＦＢＩから追わ

オサマ・ビンラディン

れていたが、ＣＩＡとＮＡＴＯに守られていた。１９８２年、ハッサン・クルトグルという名前のパスポートで南米諸国を回ってマイアミ経由でフランス入りしたときに逮捕され、１９８８年にスイスの刑務所に移送されたが、ＮＡＴＯのヘリコプターが刑務所の上空に現れて脱獄した。

●脱獄後、イギリスに姿を見せてイギリス国籍を取得、その後、シカゴに渡りグリーンカードと複数の外交官専用パスポートを与えられ、１９９０年以降、麻薬密売で儲け、キプロスの銀行を使って資金洗浄をしていた。ＦＢＩや麻薬取締局はチャトリの行動の詳細を把握していたが、国務省からの要請で逮捕することを許されなかった。

●トルコのグラディオのメンバー、オメル・トパルはＮＡＴＯ本部のあるベルギー経由でヘロインをアメリカに運んでいた。１９８１年に実情を知らないベルギーの警察に逮捕されてしまったが、アメリカに移送され、投獄を免れた。

●１９９３年にアゼルバイジャン大統領になったヘイダル・アリエフは、元ＫＧＢでプーティンと親しくロシア寄りの政策を採っていたので、１９９５年、チャトリがシカゴからアゼルバイジャンに飛んで、暗殺を試みたが失敗した。

●暗殺未遂後、トパルがアゼルバイジャンに複数のカジノを建設。大統領の息子でギャンブル中毒・女好きのイルハム・アリエフに莫大な借金を負わせるとともに、娼婦と一緒にいる写真などを撮って恐喝し、アリエフは親西欧米政策を採らざるを得なくなり、シェヴロンな

ヘイダル・アリエフ

どの西側の石油会社がアゼルバイジャンと契約を結んだ。

●チャトリは、暗殺未遂後、シカゴに戻り麻薬密売を続ける傍ら、中国西端のトルキスタンで偽旗作戦を展開し、1996年、トルコで交通事故で死亡。同乗者はトルコ警察ゲリラ対策班の高官、マフィアの手先となっていた元美人コンテスト優勝者、トルコ政府が組織したクルド・ゲリラ対策部隊を率いるクルド人で、クルド人のみが生き残った。インターポールに追われていたチャトリは複数の身分証明書と外交官パスポートを持っていて、トルコ警察高官と同乗していたので、この事故はトルコとヨーロッパでは大きなニューズになったが、アメリカではまったく報道されなかった。事故直後、CIAとNATOは隠蔽工作に走り、アメリカ大使はベルギーに転勤、カザフスタンとトルクメニスタンで偽旗工作をしていたダグラス・ディカーソンはアメリカに帰国した。

●チャトリ死亡後、CIA、NATOは右翼やファシストの代わりにイスラム教過激派を使って偽旗工作を行うグラディオBをロシアに隣接する中央アジア・コーカサス（ジョージア内紛、アブハジア戦争、トランスリスト、タジキスタン内紛、チェチェン紛争、ダゲスタン戦争）で展開し、その指導者はフェトフッラー・ギュレンだった。

●ギュレンは、クリントン政権時代にアメリカに呼び寄せられて、ペンシルヴァニアに棲み着き、〝民主主義を広めたい人道的な団体〟から巨額な寄付を受け、世界中に350校以上のマドラサ（アラビア語で〝学校〟の意味）を設立し、アメリカから外交官のパスポートを持った〝英語教師〟（＝ＣＩＡ工作員）を派遣。

●ギュレンはペンシルヴァニア在住だが、１９９０年代のグラディオＢのアメリカの本拠地は、アルバニアとトルコのマフィアが麻薬取引を牛耳っていたシカゴだった。

●ギュレンのマドラサを通じて中央アジア、コーカサスでリクルートされたイスラム教過激派はトルコでＮＡＴＯやＣＩＡから戦闘・諜報訓練を受けて、さまざまな地域に送り込まれて偽旗工作を行って紛争を起こした。

●１９９７年から２００１年にかけて、オサマ・ビン・ラディン家の人間たちとアイマン・ザワーヒリー（後にアルカイダの戦略責任者となったエジプト人）はアゼルバイジャンのバクーにあるアメリカ大使館で米軍関係者、米軍諜報機関の人間たちと頻繁に会っていた。ビン・ラディンたちはＮＡＴＯの飛行機で中央アジアやバルカン半島（ユーゴスラヴィア、コソヴォなど）に送り込まれて、米軍が仕組んだ治安崩し作戦を展開していた。

●ＮＡＴＯは、エジプトのムバラク大統領に、ザワーヒリーの仲間の反体制分子を刑務所から釈放することを要請し、反体制分子たちはトルコでザワーヒリーと合流してコソヴォやアルバニアで戦った。

●タリバンは１９９６年以降アフガニスタンを支配していたが、ヘロインの70〜80パーセントはロシア経由でさばかれていた。２００１年の同時多発テロ以降は、８割方がＮＡＴＯの本部があるベルギー経由で売られ、キプロスの銀行で資金洗浄をするようになった。

アイマン・ザワーヒリー

●ＦＢＩは、英国、ベルギー（ＮＡＴＯ本部がある）、トルコ、アゼルバイジャンの人間を逮捕することは禁じられていた。

　エドモンズが見聞きした事実が分かったところで、次にアゼルバイジャンの重要性をおさえておきましょう。

　アゼルバイジャンは石油、天然ガスの他、金、銀、チタン、コバルトなどの天然資源が豊かなばかりではなく、ロシア威嚇・中央アジア制覇、という地政学的な面でも非常に重要な国です。

　どれほど重要かを物語る証拠は、１９９５年に設立された合衆国アゼルバイジャン商工会議所です。同組織は、２国間の貿易・投資を促進させ、ビジネスの仲介をするためのシンクタンク、という触れ込みになっていますが、実際はアゼルバイジャンの天然資源を横取りし、ロシアへの入り口としてアゼルバイジャンを支配するために作られました。創設者は、レーガンの首席補佐官／父ブッシュの国務長官だったジェイムズ・ベイカー。設立当時のメンバーは、ブレジンスキー、ディック・チェイニー、リチャード・アーミテージ（子ブッシュの国務副長官）、名誉会員にはキッシンジャーやブレント・スコウクロフト（父ブッシュの国家安全保障担当大統領補佐官）。文字通り天然資源と政権の乗っ取り屋の巣窟《そうくつ》です。

　アゼルバイジャンがネオコンのお膝元であることをしっかり理解した上で、トランプの長

リチャード・アーミテージ

ブレント・スコウクロフト

男とロシア人弁護士のミーティングを見直してみると、ディープ・ステイトがアゼルバイジャン人に偽情報を吹き込んでドン・ジュニアを罠にかけようとした、というシナリオがハッキリと見えてくるでしょう。

第22章　民主主義奨励を隠れ蓑に外国を侵略する疑似NGO

〝レジーム・チェンジ〟を仕掛ける組織・団体

グラディオ、グラディオBと平行して、アメリカは〝民主主義を広める〟という大義名分の元で、世界各地でレジーム・チェンジを敢行しています。

まず、民主主義という皮をかぶった侵略犯の中で特に罪の重い団体を列挙しておきましょう。

●NED（National Endowment for Democracy）全米民主主義基金
国務省や民間団体から資金を受けて、CIAが隠れてやっていることを表でやる組織
ブレジンスキーが会長だった。マデリン・オルブライトは重役の一人

●USAID（United States Agency for International Development）アメリカ合衆国国際開発庁
海外で非軍事援助をする機関、予算270億ドル

●国際共和協会
海外で〝民主主義〟を普及するための共和党の団体

●全国民主国際研究所
海外で〝民主主義〟を普及するための民主党の団体
●フリーダム・ハウス
自由と民主主義を監視するシンクタンク
●全米商工会議所
商工業の改善、発展を目指す団体
●オープン・ソサイアティ・インスティテュート
自由と民主主義を広める、という主張をするソロスの組織
●合衆国ドイツ・マーシャル基金
欧米の協力強化を目指すシンクタンク
●カナダ国際開発エージェンシー
海外援助団体
●各国にソロスが作った団体

１９８０年以降、アメリカは旧ソ連から独立した国々、アラブ諸国、アフリカ、アジアのさまざまな国々に上記の組織の工作員たちが〝民主主義を広めるため〟という大嘘を口実にして堂々と入り込み、既存政権に不満を持つ人々を組織して、デモを起こし、世論を味方に

つけて、〝大規模な抗議運動を起こす〟、〝暴動を起こす〟、〝選挙に勝つ〟ことによって、レジーム・チェンジを遂行しています。

■アメリカが気に入らないリーダーは〝最悪の独裁者〟の烙印

エジプトやチュニジアで〝自然発生〟した〝民衆蜂起〟も、上記の団体が仕掛けたメイド・イン・アメリカの〝偽革命〟でした。

この章では、ユーゴスラヴィア、スロヴァキア、クロアチア、ルーマニア、ブルガリア、セルビア、ジョージア、アルメニア、ベラルーシ、モルドヴァ、ウズベキスタン、カザフスタン、タジキスタン、マケドニア、ウクライナなどのロシア寄り／反欧米のリーダーが率いる国々でディープ・ステイトが仕掛けた〝カラー革命〟の舞台裏を見てみましょう。

ネオコンのＰＲ機関と化したアメリカの大手メディアは、これらのレジーム・チェンジを〝自由を求める民衆が起こした無血革命〟と呼んでベタ褒めしていましたが、どのイヴェントも、欧米、特にアメリカの支援と指導、そして何億ドルもの資金援助があって初めて成り立ったグラディオ工作でした。以下、西側の団体が使った手口を列挙しておきましょう。

●人種や宗教のいさかいを利用して欧米が気に入らないリーダーを〝最悪の独裁者〟と断定して敵意を煽る。

●メディアや落書きで〝独裁者〟、〝ロシアの手先〟などの言葉を普及させて敵を悪魔化。

●世論調査（＝マーケティング・リサーチ）を行って、敵意を煽るため／民衆蜂起を誘発させるために最も効果的なスローガンを決める（セルビア —— Otpor「抵抗」、ジョージア —— Kmara「ウンザリ」、ウクライナ —— Pora「時期到来」、キルギスタン —— Kelkel「再生」）。

●抗議運動全体をヴィジュアルにするためにシンボル・カラーを一本化（ジョージアはピンク、ウクライナはオレンジ、ベラルーシはブルー・ジーンズ）。

●スローガンや拳のロゴをプリントしたシンボル・カラーのTシャツを配布。

●スローガンや拳のロゴを建物の壁などにスプレイペイントで描いて、宣伝する。

●パーティ、カラオケ・ショーなどを開いて若者を招き、選挙もデモもイヴェント感覚で楽しめるようにする。

●有名人を味方につけ、報道機関を招いた集会で有名人に演説させる。

●倒したいリーダーの対抗馬たちを一本化（アメリカが推す対抗馬以外の候補者に新内閣のポジションを約束するなどの裏取引、あるいは単に説得）。

●世論調査を行って庶民にとっての重要課題を探り、アメリカが推す候補者にその課題を中心に話すように指導。

●選挙前にロックコンサートなどを行って投票を呼びかける。

●主にソロスの資金提供によりメディアを買収して味方につけ、アメリカが推す候補に有利な情報を流す。

●学生運動などのリーダーたちを集めて講習会を開き、効果的デモの起こし方、メディアへの対応の仕方（フレンドリーな話し方をしろ、重要なメッセージを繰り返せ、不都合な質問には怒らずに笑顔で話題をそらせ、など）を教える。

●学生団体を主体とする選挙キャンペーンの人員が有権者の家を戸別訪問してメッセージを伝える。

●選挙当日、戸別訪問して有権者を投票所に連れて行く。

マーケティングの論理に基づく以上の手段は、アメリカのデモや選挙ではすでに常套手段となっているものですが、旧ソ連の国々では使われていない手法だったので、旧体制のリーダーたちは適切な対応ができず、選挙で負けるか、出馬を諦めました。

ベラルーシのルカシェンコ大統領の〝説得作戦〟を行っていたのは、ニカラグア、パナマ、ハイチ、キューバで暴動によるレジーム・チェンジをしかけたマイケル・コザックでした。

ベラルーシは幸運にも〝人民蜂起〟が起きた２００５年の段階では経済が比較的安定していたのでディープ・ステイトの罠にかからずに済みましたが、その後ＩＭＦと世界銀行がベラルーシを侵略したので、ベラルーシがＮＡＴＯに乗っ取られるのも時間の問題でしょう。

ルカシェンコ大統領

マイケル・コザック

■ロシア疑惑、ウクライナ疑惑はこの手法をアメリカ国内に応用しただけ

デモや選挙運動に参加した若者や一般市民たちは、本当に民主主義を求めていたのでしょう。

しかし、彼らを〝助けた〟西側の団体の真のゴールは、天然資源の横取り、自由経済導入後の経済支配、NATOに引き入れて武器を買わせ（1997年だけで350億ドルの売上げ）、ロシアを包囲することでした。

ロシアを包囲する理由は、ロシアを潰すために他なりません。ロシア周辺諸国のレジーム・チェンジは、ロシアを滅ぼすための陣地固めなのです。

こうしたアメリカ仕込みのレジーム・チェンジ劇で一番恐ろしいのは、ディープ・ステイトは失うものがない、という点です。たとえ企画書通りに事が進まず、傀儡政権を樹立できなかったとしても、〝民衆蜂起〟や既存政権に対するネガティヴ・キャンペーンによって政情不安を招き、国民の間に不和の種を蒔く／すでに存在した民族・宗教間の対立をさらに激化することができます。

つまり、レジーム・チェンジは、たとえ1度目が失敗しても、ターゲットとなる国家の土台を弱体化させられれば、2度目、3度目がやりやすくなるので、ディープ・ステイトにとってはまさに失敗は成功の元ということなのです。

コソヴォ紛争が終わった3年後に、コソヴォを徹底的に破壊したマデリン・オルブライト

とウェスリー・クラーク（当時ＮＡＴＯの欧州連合軍最高司令官）がコソヴォを訪問し、テレコムや石炭の利権を買いあさったことは日本でも伝えられているでしょう。ＮＡＴＯ、ＣＩＡという顔のない巨大ディープ・ステイト組織の残酷さもさることながら、ネオコン個人が私腹を肥やす、という悪行には、本当に胸が悪くなります！

ネオコン、ＮＡＴＯ、ＣＩＡを中核に置くディープ・ステイトは、アメリカでもレジーム・チェンジを試みました。

ウクライナにおけるデモを組織し、２０１６年の夏にトランプとロシアを結びつけた民主党全国委員会の要人、アレクサンドラ・チャルパの指導の元に、ディープ・ステイトは上記の手練手管をそのままアメリカに持ちこんで、トランプ当選後にアメリカ各地で大規模なデモを〝自然発生〟させました。シンボルの一本化（ネコ耳の帽子）、キャッチーなメッセージ（抵抗！　弾劾！）、敵の悪魔化（〝人種差別主義者〟、〝独裁者〟、〝ロシアの手先〟）、マドンナやコメディアンのキャシー・グリフィンを抗議の顔にする、トランプ支持者の集会に暴力的な極左組織を送り込んで小競り合いを誘発させる、もともとリベラルなメディアに反トランプの視点のみからの報道をさせる、という手口は、まさしくディープ・ステイトのレジーム・チェンジ・マニュアルそのものです！

軍産複合体＋メディア、という強大な勢力が、あたかも何十頭もの牙をむきだした猟犬が

ウェスリー・クラーク

一匹の狐を追い立てるがごとく、トランプを執拗に追及し追い詰めたのです。

ディープ・ステイトという追っ手をかわして、トランプがまだ生き延びているなんて、奇跡としか言いようがありません！

第23章　ウクライナ〝革命〟というお話

■ブレジンスキーが書いた台本が実行に移されたウクライナ〝革命〟

トランプ弾劾の基盤となったウクライナ紛争は、アメリカの大手メディアの作り話を鵜呑みにすると、こんな感じです。

ロシア寄りのヤヌコヴィッチが大統領選を盗んだので、欧米型の民主主義を求めるウクライナの人々が平和的なデモを行った。しかし、ヤヌコヴィッチが反対派の人々に銃弾を浴びせ、暴動になり、反ヤヌコヴィッチの人間たちを制圧するために悪者ロシアが攻め入り、クリミアを占領したので、正義の味方NATOは民主主義を守るためにウクライナを擁護し、心優しいアメリカはウクライナに武器援助をしてあげることになった。

これはもちろん、ちゃんちゃらおかしい作り話で、実際は、NATOとCIAが仕組んだグラディオ作戦でした。グレイト・ゲームという台本をもとに、ブレジンスキーが1998年に書いた企画書、ザ・グランド・チェスボード（『ブレジンスキーの世界はこう動く――21世紀の地政戦略ゲーム』）が実行に移されたのです。

まず、企画書に出てくるウクライナ関連の記述をいくつかおさらいしておきましょう。

●500年も前から世界の中心だったユーラシアは最重要な地域だ。アフリカ、西半球、オセアニアの支点にあり、世界のGNPの6割を占め、エネルギー資源の4分の3を有するユーラシアはアメリカにとって地政学上最大の賞品なので、ユーラシアでアメリカに対抗する勢力が台頭することは絶対に阻止しなくてはいけない。そのためには、農奴たちの共謀を防ぎ、彼らの安全対策依存を保持し、属国を服従させ、保護し続け、野蛮人どもが団結しないようにせねばならぬ。

●ユーラシアというチェス盤の上で新たに重要な位置を占めることになったウクライナは、独立国としての存在そのものがロシアの変遷を決める地政学上の旋回軸だ。ウクライナ無しではロシアはユーラシア帝国にはなれない。

●ウクライナがロシアの傘下に入ったら、統合されたヨーロッパの東端にあるポーランドが旋回軸国《ピヴォット・ステイト》になってしまう。

●地政学上の旋回軸国とは、国力や国家の意図とは関係なく、重要な地域への進攻を可能にする、主要国の資源獲得を妨害する、などの地理的に微妙な位置にある国のことだ。

●ウクライナとトルコは、ヨーロッパと中東にロシアの影響力が及ばないようにするための民主主義の橋頭堡。

●ウクライナ無しのロシアは、単なるアジアの帝国で、南部のイスラム教の国々から援助を受けた中央アジアの元ソ連領諸国での紛争に苦しめられて弱体化するだろう。

●人口5200万人、天然資源豊富で、黒海に面するウクライナをモスクワが支配すると、ロシアは再びヨーロッパからアジアにまたがる強力な帝国になるための手段を取り戻すことになる。

●2005年から2010年の間に、ウクライナはEU、NATOに加盟するための交渉を始めるだろう。

ということで、ユーラシアの農奴をNATOに依存させる、という企画をNED（全米民主主義基金）、USAID（アメリカ合衆国国際開発庁）、ソロスが次々に実行に移し、2004年、遂にウクライナが犠牲になる番がやって来たのです。

第24章　ウクライナの真実

ウクライナ疑惑・弾劾裁判は、ロシア疑惑という偽旗工作の続編でした。

ディープ・ステイトがまき散らす害毒がどれほど広く深く世界を蝕んでいるか理解していただくため、CIAとNATOの裏工作の全貌をつかんでいただくため、そして、ウクライナ版グラディオの真相を見定めていただくために、時間軸に従ってディープ・ステイトの悪事の一部を検証していきましょう！

■ディープ・ステイトが推すユシチェンコvs反急進派ヤヌコヴィッチ

ソ連崩壊後、1991年に独立したウクライナは、国民の8割がウクライナ人、2割がロシア人です。

バイデンはタカ派民主党上院議員だった時代から、ソ連が崩壊するやいなや、旧ソ連から独立した国々をNATOに加盟させて資金・武器援助をすべきだ、と力説していました。

独立とほぼ同時に、ウクライナは欧州・大西洋パートナーシップ理事会への参加を余儀なくさせられ、1994年には平和のためのパートナーシップへ引きずり込まれます。両組織はＮＡＴＯ内部の機関です。ＮＡＴＯに徐々に引きずり込むための互助会のようなもの、と考えると分かりやすいでしょう。

２００２年、ブッシュ政権は２年後のウクライナ大統領選に備えて６５００万ドル投じてＮＥＤ、ＵＳＡＩＤをウクライナに送り込み、親米派のウクライナ人を訓練し、２３８ページで紹介したレジーム・チェンジ作戦を開始。汚職政治家のクチマ大統領を倒してレジーム・チェンジを実行するために、ディープ・ステイトはすでにこの時点からヴィクトル・ユシチェンコを推すことに決めていました。なぜならシカゴ生まれのユシチェンコ夫人はユシチェンコと結婚する前に、レーガン政権、父ブッシュ政権で働いていたからです。

２００４年春から夏にかけて、ブッシュがつぎ込んだ大金のおかげでＥＵ／ＮＡＴＯ寄りのユシチェンコが、対抗馬である〝親ロシア〟のヤヌコヴィッチ（当時ウクライナ首相）より高い支持率を得ていました。欧米の報道では、ヤヌコヴィッチを必ず〝親ロシア〟、〝ロシア寄り〟と表現していますが、ヤヌコヴィッチは特にロシアに肩入れしているわけではありません。でも、欧米のメディアはロシアに激しい偏見を抱いているので、声高にプーティンを批判してロシアへの憎しみを露わにしない人は、〝親ロシア〟というレッテルを貼られるのです。

２００４年９月、ユシチェンコが毒をもられる、という事件が起きて、ユシチェンコ派のヤヌコヴィッチに対する怒りがさらに高まりました。犯人はいまだに判明していませんが、

ヴィクトル・ユシチェンコ

西側は一斉にプーティンを攻め、ウクライナ人も大方こうした報道を信じて、それまでどっちつかずだった人々が一気にユシチェンコ支持派になりました。

2004年11月21日、大統領選でヤヌコヴィッチが僅差で勝ちますが、ユシチェンコ支持者たちが「不正だ！」と叫び、次の日に、まるでこの日に備えて予行演習でもしていたかのようにオレンジ色の服を着てオレンジ色のヘルメットをかぶりオレンジ色の旗を手にした民衆が〝自発的に蜂起〟してオレンジ革命が起き、選挙をやり直すことになりました。

2004年12月25日、今度は約7パーセントの差でユシチェンコが勝ち、欧米よりの大統領が誕生しました。

ヤヌコヴィッチはこの直後に、コンサルタントとしてマナフォートを雇いました。

選挙キャンペーンという概念自体が存在しなかった旧ソ連領にNED、USAIDを派遣して、アメリカのキャンペーン・テクニックとCIA世論操作術を最初に持ちこんで独り勝ちしていたディープ・ステイトは、マナフォートの参入により、もうアメリカ式選挙必勝法を独り占めできなくなってしまったのです。チャルパやネオコンがマナフォートを潰したがったのも無理はないでしょう。

マナフォートはアメリカのマーケティング・リサーチ主体の選挙キャンペーンをヤヌコヴィッチに伝授し、演説の仕方やジャーナリストへの対応の仕方も教え、ヤヌコヴィッチは、それまでのダラダラした話し方をやめて、同じテーマを繰り返し、テレビやラジオで引用されたときに映える端的な話し方をするようになりました。さらに、マナフォートは、オレンジ革命に、青と黄色のウクライナ国旗にちなんだ青い旗、黄色い旗で対抗するなど、テレビの報道でヴィジュアル面でも対抗馬に勝つためのアドヴァイスも与えました。

また、支持層を増やすために、ＥＵ／ＮＡＴＯ寄りの政策も薦めました。が、ヤヌコヴィッチはＩＭＦや世界銀行にウクライナが乗っ取られることを恐れて、今までの票田が支持する反急進派の政策を貫きました。

マナフォートのアドヴァイスが功を奏し、ヤヌコヴィッチは２００６年にウクライナ首相に返り咲き（ユシチェンコ大統領と議会とのねじれが生じる）、その後、ウクライナのトップの政治家たちがこぞってアメリカのコンサルタントを雇い、ＮＥＤ、ＵＳＡＩＤも選挙運動にさらに力を入れました。

２００８年８月23日、オバマはバイデンの外交政策面での経験を買って、バイデンを副大統領候補に選択。

２００８年10月、オバマ対マケインのアメリカの大統領選では、マケインの選挙コンサルタントがマナフォートの会社の人間だったため、「マケインのコンサルタントの同僚は、プーティンの手先としてロシアの国益のために働いている！」というマケイン・ロシア共謀疑惑が出ていました!!　つまり、政敵をロシアと結びつけて〝ロシアと共謀している！〟と叫ぶのは、大昔からあったネガティヴ・キャンペーンの常套手段だったわけです!!

２００９年７月、副大統領になったバイデン、オバマ新政権の代表としてウクライナ訪問。
２０１０年２月、ユシチェンコ政権化で経済が悪化したため、ウクライナの大統領選でヤヌコヴィッチが勝ち、６月にはウクライナ国会がＮＡＴＯ加盟のためのプロセス中止を決定しました。

ウクライナをＮＡＴＯに引き込む策略をつぶされたチャルパとディープ・ステイトは、ヤヌコヴィッチの頭脳であるマナフォートをどんな手を使ってでも排除したい！と思ったことでしょう。

ユシチェンコが負けてもディープ・ステイトはロシア潰しの大望を諦めたりはせず、ウクライナの人々に「経済状況を改善させるために欧州連合に入ろう！」と呼びかけ、欧州連合代表がヤヌコヴィッチ説得作戦を続け、それと同時にＮＥＤ、ＵＳＡＩＤへの支援をさらに増強して、〝民衆が自発的に〟暴動・革命を起こす機会を虎視眈々と狙います。

ウクライナの人々、特に大学生や若い層はＮＥＤ、ＵＳＡＩＤが提唱するフリーダム（自由）に憧れ、フリーという一言が入ったフリー・トレード自由貿易が経済成功・自立へのカギだ、と勘違いして、欧州連合加盟を拒むヤヌコヴィッチへの怒りが増幅します。

ディープ・ステイトの〝生け贄〟カダフィ大佐

一方、２０１０年の暮れから２０１２年にかけて、チュニジア、エジプト、リビア、シリ

カダフィ大佐

アなど中東の十数ヶ国で〝アラブの春〟と呼ばれる〝自発的人民蜂起〟が起きて、チュニジアとエジプトでは既存政権が倒され、シリアからはイスラム国が生まれ、リビアではカダフィ大佐が殺されました（2011年10月20日）。現地でNEDやUSAIDの活動を目撃した人々が、「アメリカが仕組んだレジーム・チェンジだ！」と、真実を訴えましたが、彼らの声は大手メディアによって、「根も葉もない陰謀説！」と、切り捨てられました。特に大ニューズになったリビアに関しては、大手メディアは喜々として〝民主主義を求める民衆が蜂起してカダフィを倒した〟、〝カダフィは自国の人民にロケット砲を撃った〟と伝えました。

しかし、2015年に情報公開法でヒラリーのメールが公開され、実際は黄金や石油を横取りして欧米の支配を拡大するためにCIAとNATOが仕組んだレジーム・チェンジだったことが明らかになりました。NATOの支援を受けた欧米の軍隊がカダフィ大佐を攻撃し、カダフィ大佐はリビアの民衆にではなく欧米の軍隊にロケット砲を撃っていたのです。さらに米軍がアル・カイダ系統のテロリストを訓練していたことが、ヒラリーの腹心、シドニー・ブルーメンソールがヒラリーに送ったメールで明らかになっています。

しかし、当時、ロバート・ゲイツは「米軍の攻撃でリビアの一般人が死んだ、という証拠はない」と断言し、スーザン・ライスは「カダフィは兵士にヴァイアグラを与えて女性をレイプさせている」と、大嘘をほざいて、カダフィを悪魔化してリビア攻撃を正当化していました。これは、ブッシュが湾岸戦争を始めたときに「サダム・フセインの軍隊がクウェートの病院で赤ちゃんを保育器から引きずり出して殺している！」という大嘘を、在米クウェート大使の娘、ナイーラに〝証言〟させたのと酷似しています。スーザン・ライスは、ベンガジのアメリカ領事館襲撃事件に関しても、「ムハンマドを小馬鹿にした YouTube のビデオに怒った人々が暴動を起こした」と大嘘をついていましたが、これはアル・カイダ系のテロリストの仕業で、そもそもアメリカ大使が大使館のあるトリポリではなく、エジプトに近いベンガジにいたのは、ベンガジにあるＣＩＡ本部からカダフィが所有していた武器をシリアの反政府軍（イスラム国）に送るためでした。

中東諸国の中で、特にリビアのカダフィ大佐に対する仕打ちが残虐だったのは、カダフィ大佐が石油取引をドルではなく金本位制に切り替え、アフリカ諸国を援助するためにアフリカ通貨基金を設立しようとしていたからです。アメリカとＩＭＦに逆らう人間は絶対に生かしておくわけにはいきません。アフリカ大陸、中東をも支配したいＮＡＴＯもアフリカ諸国がカダフィの元に団結することを許すわけにはいきません。

ブレジンスキーの言葉を思い出してください。「ユーラシアでアメリカに対抗する勢力が台頭することは絶対に阻止しなくてはいけない。そのためには、農奴たちの共謀を防ぎ、彼らの安全対策依存を保持し、属国を服従させ、保護し続け、野蛮人どもが団結しないようにせねばならぬ」。〝ユーラシア〟を〝アフリカ・中東〟に置き換えると、カダフィ殺しを正確に理解することができるでしょう。

カダフィ大佐は、サダム・フセイン同様、ディープ・ステイトの生け贄でした。ディープ・ステイトにたてつく者がどれほど恐ろしい死に方をするか全世界に知らしめるために、見せしめとしてわざわざ暴徒にカダフィ大佐を襲わせて、「暴徒がカダフィの肛門に棒を差し込んだ！」というニューズを大々的に流したのです。ほとんどのイスラム教徒にとって、アナルセックスを強いられることは最大の屈辱なので、カダフィ大佐が恥辱を受けている映像をイスラム教徒の国家元首たちの脳裏に焼きつけることで、第2のカダフィの出現を阻もうとしたのです（オバマを小馬鹿にするジョークを厳しく検閲している YouTube は、カダフィ大佐が恥辱を受ける映像を取り締まっていません）。

情報公開法で公開された別のメールで、リビア攻撃に乗り気ではなかったサルコジがアメリカの誘いに乗ることにしたのは、フランス諜報部が「カダフィが70億ドル相当の金銀を隠し持っている」と伝えたからだ、ということが明らかになりましたが、当時は「民主主義を求めて立ち上がったリビアの民衆を支援するために正義の味方の欧米軍が立ち上がった！」と報道されていました。

アメリカが支援したシリアの反政府軍がイスラム国になったことはすでにお伝えしましたが（184頁）、イスラム国軍団のシンボルになったトヨタのトラックは、国務省が〝シリアの反政府軍〟への兵器・資金支援の一環としてプレゼントしたものでした。

▨真実を闇に葬ったチャルパ

2013年

2013年、経済の立て直しができずに苦戦しているヤヌコヴィッチに、欧州連合は最後通告をつきつけ、メディアは、「ヤヌコヴィッチはもうすぐ調印するだろう！」と、煽ります。この最後通告は、アヘン戦争を招いた南京条約や日米修好通商条約も顔負けの不平等条約でした。

2013年11月初旬から5週間の間に、ヴィクトリア・ニューランドは3回ウクライナを訪問。

2013年11月21日、〃自由〃貿易を強いられたら、欧州連合からの物品が流れ込んでウクライナは莫大な貿易赤字を負い、借金返済のため、という口実で乗っ取り屋（世界銀行とIMF）がなだれ込んで、ウクライナの土地、天然資源、経済を牛耳り、ウクライナ人が農奴になることを知っているヤヌコヴィッチは調印を拒否しました。

これに怒った〃ウクライナの人々〃が、〃自発的〃に大規模なデモを起こし、ヤヌコヴィッチの辞任を要求。最初は平和的なデモでしたが、小競り合いから暴動になり、ユーロマイダンと名づけられた〃革命〃に発展し、欧米のメディアが一斉に「ロシアの手先、ヤヌコヴィッチが自由を求める民衆を弾圧！」と批判しました。

メディアはもともと反ロシアですが、その反ロ憎悪の炎に油を注いだのが、お馴染み、アレクサンドラ・チャルパでした。チャルパはニューヨークの広告会社と組んでdigitalmaidan.comというサイトを立ち上げ、そこを拠点に反ヤヌコヴィッチ、反ロシアのツイートや映像、書き込みを宣伝。

それに対抗して「アメリカが支援している組織が暴力を誘発している」、「ネオナチのアゾフ大隊がデモ参加者を殴っている」などの真実を告げるウクライナ人たちのツイッターを炎上させ、罵詈雑言を浴びせて人格を抹殺し、徹底的なオンラインいじめを遂行しました。さらに、反ロシア感情を煽る写真を選りすぐって掲載し、ヤヌコヴィッチ批判のキャッチーなコメントや欧州連合とＮＡＴＯに好都合な端的で人目につくメッセージを制作して、英語が得意ではないウクライナ人たちが一丸となって同じメッセージをツイートできるように手配しました。

民主党全国委員会幹部であるチャルパはそもそも大手メディアにコネがあるので、アメリカのメディアはこぞってdigitalmaidan.comが伝える情報を〝現地からの生の声〟、〝現場の真実〟として伝えました。暴動を起こしているのはネオナチだ！　という真実を伝えようとした人は、一人残らず〝ロシアの宣伝塔！〟と激しく非難されました。こうしてチャルパは報道管制を敷き真実を闇に葬ったのです。

２０１３年12月14日、マケインはウクライナに出向き、ネオナチの政治家たちと会談し、彼らの応援演説をしました。これは、マケインがボケ老人と化したからではなく、ベトナム戦争で捕虜になったマケインはロシアへの憎しみのせいで、敵の敵は味方＝ロシアの敵であるネオナチは味方だと、本気で信じていたからです。

　2013年12月、ワシントンに戻ったニューランドは、ウクライナ系アメリカ人のロビー団体のミーティングで「我々はウクライナに安保と民主主義をもたらすために、1991年以来ウクライナに50億ドルの投資をしました」と、自慢げに語っています。この一言からも、アメリカの莫大な支援を受けたNED、USAIDがネオナチのアゾフ大隊を指揮して暴動を引き起こしたことは明らかです。

■リークされたニューランドの会話もメディアは無視

2014年
　1月3日、アレクサンドラ・チャルパが、ホワイトハウスでオバマのスタッフ、NSC上層部と会見し、〝親ロシア〟のウクライナ政権批判を要請し、4日後に上院がロシアを批判します。チャルパがどれほどの政治的影響力を持っているかを、雄弁に物語る一幕です。
　2014年1月22日、デモ参加者4人が狙撃者に銃殺されて暴動が激化し、西側のメディアは一斉にヤヌコヴィッチとプーティンを糾弾。
　この間も、欧州連合は代表をウクライナに送ってヤヌコヴィッチと交渉を続けます。しかし、レジーム・チェンジを望むニューランドは己れが起こしたマイダン暴動に満足しました。

ヤヌコヴィッチを引きずり倒した後、反ヤヌコヴィッチの顔となった元ボクシング・チャンピオンのクリチコ、元ウクライナ国立銀行副総裁のヤツェニュク、ネオナチのティアニュボックの中から、ヤツェニュクを傀儡政権のトップにつける計画を着々と進めていました。

2月4日にリークされたニューランドとパイアット（アメリカのウクライナ大使）の電話の会話の中から、重要な部分をおさらいしておきましょう。

パイアット　クリチコは結婚生活に問題があるから、あなたが電話して話をしなくてはならないでしょう。ヤツ（ヤツェニュク）と話して、このシナリオでのヤツの立場を明解にしたように。彼が納得してよかったですよね。

ニューランド　そうね。クリチ（クリチコ）は政権に入れるべきじゃないわね。彼は必要ないわ。彼を入れるのは間違いよ。

パイアット　そうですね。彼は政権から外して、政治を勉強させるほうがいいでしょう。穏健派の民主党員たちの団結を保つ上でティアニュボックは問題ですよね。ヤヌコヴィッチはこれを計算に入れてます。

ニューランド　経済と国家支配の経験があるのはヤツだから、クリチとティアニュボックを排除しないとけない。ヤツは彼らを説得しないといけない。クリチが政権に入ってヤツと同じレベルで働くのは無理でしょう。

ジェフリー・パイアット

（中略）

パイアット （3人がミーティングを開くとしても）クリチコがボスなのですぐには出席しないかもしれませんから、3人の人間関係をスムーズにするためにあなたが直接彼と話したほうがいいでしょう。そうすれば事が早く進んで、彼がみんなの前で文句を言う前にこの件を終わらせることができます。

ニューランド そうね。それでいいわ。

このあとパイアットとニューランドは、国連の支援を得てウクライナをアメリカ寄りにプッシュする話をして、ニューランドは欧州連合の力不足を小馬鹿にして Fuck the EU！とカジュアルに言い放ち、バイデンに最終プッシュをまかせる、という一言で会話を終えます。

もう一度書きますが、ディープ・ステイトが提唱する〝民主主義を広めるための自由選挙〟とは、〝ディープ・ステイトの傀儡政権を樹立するための世論操作〟で、**中国とロシア以外では、ディープ・ステイトのお墨付きがない政治家が国家元首になることなど有り得ないのです。**

それにしても、この電話リークで何よりも恐ろしいのは、メディアがこの裏工作を問題視しなかったことです。もしブッシュ政権（在任2001～2008）が外国の選挙を操るためにこれほどの裏工作をしていることがほぼ同時進行で暴露されたら、大手メディアは怒り狂って激しく非難したことでしょう。しかし、オバマがやることはすべて善！と思い込んでいるメディアは、このリークはなかったことにして、ひらすらロシア批判を続けました。

実際はネオナチがデモ隊を撃っていた

２０１４年2月21日、マイダン暴動が収まらず、身の危険を感じたヤヌコヴィッチは翌22日ロシアに亡命して、政権が崩壊。トゥルチノフが暫定大統領に就任します。

この〝狙撃者がデモ参加者たちを狙撃して始まった暴動〟で、死傷者が続出しました。死傷者の多くはヤヌコヴィッチを守っていた大統領防衛隊の隊員たちでした。欧州連合ＥＵ委員会は１月22日の狙撃犯が誰なのか、真相究明のためにエストニアのウルマス・パエト外相をウクライナに派遣します。

２月23日、ウクライナ国会で、地方言語法（ロシア語使用者が人口の10パーセント以上を占める州、全27州のうち13州でロシア語も国語と定めた法律）の撤回法案が通過。ロシア系の人口が多いウクライナ東部（ドネツク州とルガンスク州）とクリミア（住民の77パーセントがロシア語を母語としている）で抗議運動が起きて、反ヤヌコヴィッチ派（親西側《にしがわ》）と衝突。ウクライナ共和国内の自治共和国ではあるものの、かねてから独立を望んでいたクリミアのロシア人がロシアへの帰還を求め、それを受けてプーティンが「ウクライナとの国境で軍事演習をする」と発表します。

アメリカのメディアでは、地方言語法撤廃のニューズはゼロで（英語、日本語のウィキペディアにも載っていません）、ロシアの脅威を煽るのに好都合なプーティンの軍事演習のニューズばかりが報道されました。

２０１４年２月26日、パエト外相がキャサリン・アシュトン欧州会議外務・安全保障政策上級代表に、電話をかけて、下記の事項を報告しました。

●銃で武装した男たちがヤヌコヴィッチ政権側の人間をめった打ちにするのを、複数のジャーナリストが目撃した。

●ポロシェンコ（後にウクライナ大統領になる）とアシュトンの知り合いの医師、オルガは、スナイパーたちが無差別に両サイドの人々を撃っていた、と言った。

●現場にいたオルガは、両サイドの犠牲者たちは同じ弾丸で撃たれた、と証言。

●スナイパーたちはヤヌコヴィッチではなく、新政権側に雇われた。

●新政権はこの件に関する調査をする意志がない。

ウクライナ紛争がグラディオの偽旗作戦《フォールス・フラッグ》だったことを証明するこの会話は２０１４年３月５日にリークされました。しかし、オバマのレジーム・チェンジに不都合な真実は一切無視するアメリカのメディアは「ロシアがクリミア侵攻」というアングルの報道に徹し、ネオナチとネオナチの悪事はまったく話題になりませんでした。

２０１５年２月12日、ＢＢＣは、反ヤヌコヴィッチ派がヤヌコヴィッチ派の特別警察（内

キャサリン・アシュトン

務省大統領警護隊）に発砲していた、と報道。9月には、オタワ大学のイワン・カチャノヴィスキー政治学教授が、150ギガバイトのビデオ、インターネットのライヴ・ストリーミング、テレビ映像、さまざまな国々のソーシャル・メディア、ニューズ、約5000枚の写真、30ギガバイトになる狙撃者と指令者の無線交信、70人以上の目撃者の証言を検証。「マイダンの狙撃者は反ヤヌコヴィッチ派で、暴動は政権掌握のための偽旗工作だった」という結論を発表しています。

時間軸が前後しますが、2014年2月27日に、ニューランドが推したヤツェニュクが首相になり、次の日（2月28日）にロシアの武装勢力がクリミアのロシア人をネオナチから守るためにクリミア入りし、3月1日、クリミア自治州首相が正式にロシアの庇護を求めました。

しかし、オバマ政権誕生後のアメリカには公正な報道は存在しないので、真実は闇に葬られ、アメリカではいまだに「ロシアの傀儡政権ヤヌコヴィッチ派の警察が約50人を撃ち殺した」という〝作り話〟が事実として報道され、英語のウィキペディアも「ロシアが訓練したヤヌコヴィッチ派の特別警察がデモ隊を撃ち殺した」と、大嘘を誇らしげに伝えています。

3月2日、stopfake.org という〝事実検証をする中立なサイト〟なるものが立ち上げられ、ニューランドとNATOに不都合な情報を片っ端から〝ロシアの偽情報！〟と糾弾し始め、グーグルも含む西欧米の報道機関がこのサイトを絶賛。

3月3日、ブレジンスキーは「プーティンの暴力的クリミア占領は、ウクライナ占領の第一歩だ。1939年にヒットラーがやったポーランド、チェコスロヴァキア占領と同じ結果を招きかねない。NATOは断固とした態度で対応すべきだ。だからといって平和的解決のために、西側は〝ウクライナをNATOに引き込む意図はない〟と示してロシアを安心させねばならぬ」と、『ワシントン・ポスト』紙に論説を載せます。最後の一言は「ロシアを騙せ」ということで、苦笑してしまいます。この後、ヒラリーやマケイン、ルビオも、プーティンをヒットラーに例えてロシアの脅威を煽りました。

動乱が激化する中、3月6日、オバマは大統領勅令を発令し、クリミア動乱に荷担した人物たち（親ロシア派）の、米国内の資産を凍結する制裁を加えました。大統領勅令を発します。

同日、リベラル派反戦団体のサイトが、マケインやニューランドがウクライナに行ってネオナチを公然と支持し、ジョン・ケリー国務長官とオバマ政権がネオナチに莫大な資金援助をしていることを批判しました。しかし、アメリカの大手メディアもツイッターもインターネットも、すでにチャルパの支配下にあり、アメリカ人の8割がディープ・ステイトに洗脳されていました。このため、この記事は〝プーティンのプロパガンダだ！〟と、一笑に付されました。群集心理を巧みに利用したチャルパの世論操作は、まさにCIAお得意の心理作戦です！

3月11日、クリミア最高会議が圧倒的多数で独立法案を可決し、ヤヌコヴィッチはウクライナへの帰還の意志を発表。

3月14日、オバマはウクライナ暫定政権への武器販売を拒否。この後、フィル・ブリードラヴNATO欧州連合最高司令官、クリントン時代のNATO欧州連合最高司令官のウェスリー・クラーク（コソヴォ爆撃犯）、子ブッシュの国務長官、コリン・パウエル（イラク侵略犯）、ニューランド、アトランティック・カウンシル（NATOのシンク・タンク）の重役などがウクライナ軍事援助を強化する政策を進めるために画策しているメールが後にリークされています。

同時期に、ソロスも、オバマに武器供給を要請していました。

3月17日、クリミア住民投票で圧倒的多数でロシア帰属賛成派が勝利を収め、ロシアはクリミアを併合し歓迎します。

民主政治とは、民衆の代表が主権を持って行使する政治体制のことですよね？　オバマ政権が真に〝民主政治〟を目指してNED（National Endowment for DEMOCRACY 全米民主主義基金）をウクライナに送り込んでいたのだとしたら、クリミアの民衆が主権を行使して決定した〝ロシア帰属〟を〝民主主義が実行された結果〟として歓迎するべきでしょう。

しかし、オバマ政権は欧米寄りの新ウクライナ政権を作らせて、ウクライナ軍はクリミア人弾圧のために4万人の予備兵をクリミアに送り込み、抗争が激化します。〝予備兵〟の中

フィル・ブリードラヴ

には、ネオナチのアゾフ大隊義勇兵も多数存在しました。アメリカではあたかもオバマ政権によって報道管制を敷かれたかのごとく、この事実は明るみにならず、個人のウェブサイトなどで真実を告げた人は、〝ロシアの犬！〟と罵倒されました。２０１９年後半から、やっとオバマ支持派の報道機関もアゾフ大隊がネオナチであることを認めました。２０１４年の段階では、敵（ロシア）の敵（ネオナチ）は味方、という理論に従い、ロシアと戦っているネオナチをオバマとオバマ崇拝メディアは暖かく抱擁していたのです。

ジョージ・ソロスの悪だくみ

２０１４年3月18日、ネオコンのシンクタンクがロシアの〝クリミア侵略〟を非難し、NATOの反撃を要請し、アメリカのメディアも〝NATOがんばれ！〟報道に一本化されました。そして、「クリミア人がロシアに帰属したい、と民主的に決定したことに、ロシアが従っただけなので、これは侵略ではない」という意見は、アメリカでは言えなくなりました。ドイツやフランスでは言えても。

3月31日、ソロスがパイアット（米のウクライナ大使）に〝新ウクライナ〟を築くための政策を指示し、〝ヤツェニュクにもっとインタビューさせろ〟、〝中央政権ではなく地方分権にしろ〟、〝旧政権と関係のあるティモシェンコを排除しろ〟などと命令していました。これは２０１６年にリークされたメモで発覚しましたが、アメリカでは数個のオンライン紙以外では報道されませんでした。報道した人は〝プーティンの手下！〟と糾弾されました。

4月21日、オバマ政権の〝ウクライナ危機対策責任者〟になった副大統領のバイデンは、再びウクライナの首都キエフに出向いて、ウクライナ支援を強調。

5月13日、汚職疑惑捜査を受けているウクライナの天然ガス会社、ブリスマが、「ジョン・ケリーの継息子が設立したコンサルティング会社に勤めるバイデンの息子、ハンター・バイデンを重役にした」と発表。天然ガスに関して何の知識もないハンターの月給は約17万ドルでした。ブリスマのオーナーは、おそらく「バイデンの息子を〝人質〟にとっておけば、汚職捜査を免れ、アメリカの要人とコネをつけることができるだろう」と思ったのでしょう。

5月25日、ウクライナ大統領選で、チョコレート王、ペトロ・ポロシェンコが当選。ポロシェンコは、ウクライナ暴動は反ヤヌコヴィッチ（＝親オバマ政権、ネオコン）である狙撃兵が両サイドの人間を殺して引き起こしたものだと知りながら、平然とヤヌコヴィッチを批判して、自分は公正な政治家であることをアピール。

6月3日、バイデン、新大統領ポロシェンコと会見のため3度目のウクライナ訪問。4800万ドルの経済援助を約束。

11月20日、バイデン、4度目のウクライナ訪問。「ロシアのウクライナ侵略、クリミア占領、違法併合を許さない！」と、ロシアを糾弾。アメリカのメディアも、ウクライナを襲撃する悪の帝国ロシアを非難しつづけました。しかし、実際は、ロシアはクリミアのロシア人

ハンター・バイデン

を守っていただけでした。アメリカで報道されていた「ロシアの戦車隊がウクライナ国境を越えて進撃してきた」、「正規ロシア軍がすでにウクライナ入りしている」などのブリードラヴ（NATO欧州連合最高司令官）の〝偵察報告〟はすべて作り話で、ブリードラヴは繰り返しロシア部隊の戦車や兵士の数を大幅に水増ししていたことが明らかになっています。ブリードラヴはNATO軍備拡張、NATOのロシア攻撃を正当化するために平然と嘘をついていたのです！

こうした事実はアメリカでは完全に無視されていて、私はたまたまスイス人の友だちから教えてもらって、唖然としました！

「イラクは大量破壊兵器を持っている」と嘘をついてイラクを侵略したパウエル、「コソヴォで大虐殺が起きている」と嘘をついて（虐殺はNATO軍の民族主義者たちへの攻撃の後に起きました）コソヴォを爆撃したクラークと共に、ブリードラヴは戦犯として投獄されるべきでしょう。

12月23日、ソロスは、ポロシェンコとヤツェニュクに「経済改革は徐々にではなく、ビッグ・バンのように一瞬にして行え。経済を安定させてIMFからもっと援助を得られるようにするために、欧州連合が150億ドル援助してやるから、メルケルに電話しろ。私もジャック・ルー（オバマの財務長官）に電話してあげる」と、ショック療法を要請していました。ソロスは、クリントン財団への大口寄付者であるウクライナ人大富豪、ヴィクトル・ピンチュクと組んで、ウクライナを乗っ取る計画を進めました。ウクライナと似通った経済状況にあるギリシアの報道機関にカネをつぎ込んで親ウクライナ・反ロシアの報道をさせる悪巧みも敢行していました。

ディープ・ステイトが悪代官だとすると、ソロスは越後屋です。ここでご紹介したソロスの裏工作は氷山の一角の頂点だけで、ソロスの悪事だけで50冊近い本が書けます。

■「クリミアは欧州の問題」のトランプ発言がディープ・ステイトの怒りに火をつけた

２０１５年

６月11日、反戦派の働きかけでアゾフ大隊がネオナチ、ファシストであることをやっと理解したコンヤーズ民主党下院議員が、ウクライナ武器・資金援助法案に、〝アゾフ大隊へは支給しない〟という修正条項を付加して、この法案が通りました。

つまり、この時点で、連邦議会もウクライナ軍にネオナチが混じっていることを認知していたのです！　しかし、アメリカでは、ウクライナ軍は民主主義を守る正義の戦士が悪の帝国ロシアと勇敢に戦っている！、というアングルの報道が依然として続いていました。

７月30日、必死になってプーティンをヒットラー化してロシアを攻撃しようとしているＮＡＴＯ、ネオコン、ソロスの一味の企みにまったく気づかないトランプは「僕はプーティンとそりが合うと思う」と発言。

7月31日、トランプ、「クリミアはヨーロッパの問題。アメリカが関与すべきじゃない。ドイツが問題解決のリードを取れ」と断言。

8月14日、トランプ、ニュー・ハンプシャーのキャンペーンで、またまた「僕はプーティンとうまくやっていけると思う」と発言。

8月20日、トランプ、「僕が勝ったらプーティンといい関係を築けると思う」と発言。この後、トランプはキャンペーン中繰り返し、ロシアと友好関係を築く必要性を説きました。

9月11日、トランプ、「(アメリカ人の)NATO軍のヨーロッパ駐屯にはものすごい費用がかかってる。その予算はもっといい使い道がある。僕は2年前モスクワに行ったんだけど、ロシア人とうまくやれると思う。ロシアとうまく取引ができるはずだ。オバマには無理だけどね。僕ならプーティンとうまくやれるよ。リーダーシップの問題さ」と発言。

ロシアという敵が絶対に必要で、戦争を永遠に続けたいディープ・ステイトは、この時点で、「もしトランプが共和党候補になったら絶対に抹殺せねばならぬ！」と覚悟を決めたはずです。

10月9日、ロシアのシンクタンク、ロシア世界情勢会議が「コーカサスや中央アジアからイスラム教過激派、中東からイスラム国支持者がウクライナに来て戦隊を編成し、ロシアと戦っている」と伝えましたが、この真実をネット上で広めようとすると、チャルパやネオコンやNEDのサイトで〝ロシアの偽情報を伝えるバカ！〟と徹底的に小馬鹿にされて、辱めを受けました。大手メディアは、不都合な真実をひた隠しにしました。

12月8日、バイデン、5度目のウクライナ訪問。ブリスマの汚職を捜査していた汚職捜査担当ヴィクトル・ショーキン検事をクビにしないと、10億ドルの援助金をあげないぞ、と、ポロシェンコを脅し、２０１６年3月、ショーキンは解雇されました。

アメリカ中でロシアへの反感がさらに増強する中、トランプがロシアのクリミア侵攻を批判しなかったので、12月21日に、ヒラリーのキャンペーン本部長、ジョン・ポデスタはヒラリーに、「ドナルドを叩きのめす最善の策は、彼とプーティンのブロマンス（男同士の友好関係）を責めることだ」とメールしていました。

ヴィクトル・ショーキン

ジョン・ポデスタ

■大統領選とトランプ泥塗りサイト

２０１６年

3月28日、トランプ、「ＮＡＴＯはソ連時代の遺物。ソ連はもう存在しない」と、ＮＡＴＯの存在意義を疑問視。

4月2日、トランプはまたしても、「ＮＡＴＯは対ソ連の組織で、テロ対策の組織じゃない。ソ連はもう存在しないからＮＡＴＯは廃物だ。ちゃんと加盟費を払わない国は脱退すべきだ。それでＮＡＴＯが崩壊してしまう、というのであれば、崩壊すればいい」と、ＮＡＴＯを激しく批判し、その後も、ＮＡＴＯ批判を連発します。

恐らく、トランプはまだこの時点では、アラブの春がNATOとCIAが仕掛けたグラディオ作戦だったことを知らず、ディープ・ステイトが地球上のあらゆる地域でレジーム・チェンジを狙っていることに気づいていなかったのでしょう。

世界制覇を狙うディープ・ステイトがデス・スターだとすれば、キッシンジャーはパルパティーン、ブレジンスキーはダース・ベイダー、NATOは帝国軍、ソロスはジャバ・ザ・ハットのようなもの。トランプは、自分では気づかないうちに彼らの悪巧み達成を阻む障害物になってしまったのです。

4月4日～4月12日、民主党コンサルタントのダグ・ショーンが、クリントン財団に2500万ドル寄付したウクライナの大富豪、ヴィクトル・ピンチュクに雇われて、ウクライナ国会で燃料・エネルギー委員会副委員長を務めるオルガ・ビエルコヴァ（ピンチュクとソロスの息がかかった政治家）をワシントンに招き、オバマ政権国務省のスタッフ、ウクライナ担当CIAアナリストのエリック・シアラメラ、マケインの側近、デヴィッド・クレイマー、ヒラリーの副大統領候補ティム・ケインを含む72人の議員と会見させます。

4月6日、チャルパ、キャプター民主党議員にマナフォート調査を要求。

4月28日、チャルパ、68人のウクライナ人記者を集めたアメリカ連邦議会主催の集会で、マナフォートに関する調査結果を発表。

4月下旬、民主党全国委員会のコンピュータがハッキングされて、民主党はクラウドストライクに調査を依頼。

5月、クラウドストライク、ロシアの仕業だった、と発表。

5月3日、チャルパ、ヤフーのイシコフにマナフォートに関する情報提供。

7月11日、共和党大会綱領の「ウクライナに致死性防御兵器を提供する」という部分を「適切な支援を提供する」に変更したことで、メディアが一斉に「トランプはロシアに甘い！」とトランプ批判。

7月24日、ヒラリーのキャンペーン・マネージャー、ロビー・ムークが、ハッキングはロシアの仕業！と、叫び、7月28日、民主党全国大会では、元NATO国際治安支援部隊隊長、ジョン・アレンが、トランプを非難。

7月31日、トランプ、クリミア住民の意思を尊重せよ、と言って、またまた「ロシアの犬！」呼ばわりされ、8月4日には、アメリカ駐在ウクライナ大使がトランプを声高に批判し、8月9日には共和党派の国家安全保障専門家50人が「トランプは適切な価値観と経験に欠けるので大統領に向かない」という文書を発表。

8月15日、ロシアからマナフォートへの裏金の支払いを記したとされる手帳がウクライナで見つかり、マナフォート辞任。

9月19日、国連本部でウクライナ大統領ポロシェンコ、ヒラリーと会見。

11月8日、トランプが当選。トランプのスローガンは、America First！アメリカ・ファースト（アメリカ国民の利益を優先！＝派兵や武器・資金援助も含め、外国には干渉せず、予算はアメリカ国内のインフラストラクチャー改善、アメリカ人の生活改善のためのみに使い、中国などの労働力が安い国々に移転した製造業をアメリカに戻し、低賃金の不法移民を閉め出してアメリカ人労働者の給料を上げる）の政策を実行して、Make America Great Again！アメリカを再び偉大にする！でした。

この後、各地でソロスやリード・ホフマン（LinkedIn創始者）などの大富豪の資金援助を受けた〝自発的な〟デモが発生。

そして、propornot.com（プロパガンダか否か）というサイトが立ち上げられ、ロシア疑惑にほんの少しでも疑問を投げかけるウェブサイトを〝ロシアの小道具〟として徹底的に糾弾し始め、「サイトに広告を載せている広告主に〝このサイトはロシアの手下だから広告を止めてください！〟とメールしろ！」と呼びかけました。

11月24日、『ワシントン・ポスト』紙が、「選挙中、ロシアのプロパガンダがフェイク・ニュースを広めた」という記事を掲載。その中で、ネオコン機関の〝識者〟たちの〝ロシアが冷戦時代のテクニックを駆使して偽情報を流し、それを信じた人々がネット上にロシア弁護の記事やコメントを載せている〟という警告を載せ、〝外交政策、軍事、テクノロジーの専門家たちが立ち上げた政治的に中立なサイト、propornot.com がロシアのプロパガンダを載せるサイトを取り締まっている〟と報道しました。

リード・ホフマン

そして、proporno t.com に〝ロシアの手先〟と断定されたサイトは、次々に広告主を失い、ロシア疑惑を100パーセント信じない記事を書いた人は〝非国民！〟と糾弾されました。

その後、このサイトは〝中立な有識者〟が作ったものではなく、ロシアへの憎悪をむき出しにした筋金入りの反ロシアのサイト、interpretermag.com の出先機関だったことが判明しました。interpretermag.com にはアトランティック・カウンシルの受け売りコメントがふんだんに登場するので、propornot.com がNATOの宣伝塔であることは火を見るよりも明らかです。さらに、interpretermag.com の当時の編集長は、マイケル・ワイス（左派のデイリー・ビーストの副編集長、後にCNNのコメンテイター）だったので、propornot.com は〝中立な事実検証サイト〟ではなく、〝反ロシア憎悪を煽りNATO批判をつぶす報道操作サイト〟です。

この時点では、すでに民主党寄りのグーグルやソロスの財団が資金援助をしているポインター・インスティテュートが世界中にファクト・チェック（事実か否かの確認）をする組織を設立し、前出の stopfake.org と共に、中立な情報を片っ端から〝フェイク・ニューズ〟と糾弾していました。ソロスが資金援助をしている mediamatters.org という〝事実検証サイト〟も、ディープ・ステイトのシナリオに従わない人々をさかんにバッシングしていましたが、それだけではトランプをつぶせなかったので、ディープ・ステイトはさらにもう一つ、トランプ泥塗りサイトを立ち上げたわけです。

そして彼らは、ロシア・バッシングをしないフォックス・ニューズのショーン・ハニティやタッカー・カールソンをつぶすために、「スポンサーに〝あいつらの番組から降りないと、ボイコットするぞ！〟のメールを送ろう！」と、呼びかけ続けました。

彼らのプレッシャーに負けて、ウィキペディアは中立な立場でウクライナ事情を報道していたsouthfront.orgのページを除去しました。

オバマとブレナンがトランプ潰しのために画策する中、２０１６年が過ぎ去り、年が明けて２０１７年が訪れます。

ショーン・ハニティ

タッカー・カールソン

■大統領就任式に「弾劾作戦が始まった」（ワシントン・ポスト）

２０１７年

２０１７年初旬、元ＦＢＩアナリストで、ダイアン・ファインスタイン民主党上院議員のスタッフとして上院情報委員会で仕事をしていたダニエル・ジョーンズが、ソロスから１００万ドル以上、左派のシンクタンク、Fund for a Better Future（ＦＢＦ、よりよい未来基金）から約２００万ドル、その他の機関から４００万ドルの献金を得てThe Democracy Integrity Project（ＴＤＩＰ、民主主義高潔プロジェクト）を設立。ＴＤＩＰは、スティール報告書を発注したフュージョンＧＰＳの情報を配布するための組織で、ニューヨーク・タイムズ、ＣＮＮ、ＭＳＮＢＣを始めとするメディアや上院情報委員会のマーク・ワーナー民主

ダイアン・ファインスタイン

ダニエル・ジョーンズ

党上院議員を始めとする民主党議員にロシア疑惑普及に役立つ偽情報を「FBIが捜査しているところだ」と嘘をついて提供し始めました。さらに、TDIPは、DisInfo2018.comという〝民主的選挙を守るためにロシアの偽情報を駆逐する〟サイトを立ち上げ、stopfake.org、ソロスのmediamatters.org、NATOのpropornot.comと同じように、トランプ派の意見を述べるサイトを列挙したブラック・リストを公表し、ロシア疑惑を信じない人のツイッターのアカウントを炎上させ、インターネット上でマッカーシー時代の赤狩りを彷彿とさせるトランプ擁護派糾弾が繰り返されました。

1月16日、トランプ大統領就任式の4日前、バイデンは、6度目のウクライナ訪問。ロシアの激しい〝攻撃〟と闘い続けるウクライナを激励し、汚職という手を使ってウクライナを弱体化させるロシアを批判しました。政治家を買収して汚職の証拠を保持する、というのはCIA、グラディオの常套手段であることを思うと、自分の悪事を棚に上げて平然と正義の味方の振りができるバイデンの政治家としての才能に感動せざるを得ません。

1月20日、大統領就任式、『ワシントン・ポスト』紙、「弾劾作戦が始まった！」と報道。

1月27日、トランプ、メキシコ大統領と電話で会談。

1月28日、トランプ、オーストラリア首相と電話で会談。

2月3日、上記の会話の一部が『ワシントン・ポスト』紙にリークされました。

2月8日、アラバマ州選出上院議員だったジェフ・セッションズがトランプの司法長官になったため、アラバマ州で上院議員特別選挙が行われることになりました。

６月、欧州安全保障研究所が「ウクライナに諸外国からイスラム教過激派が潜入してロシアと戦っている」という報告書を提出しますが、アメリカでは完全に無視されました。

８月３日、トランプとメキシコ大統領、オーストラリア首相の会話を記録した記述が『ワシントン・ポスト』紙にリークされたため、ホワイトハウスは要人との通話記録保管システムをさらに強化しました。

10月16日、アラバマ州上院議員選の共和党候補、ロイ・ムーアのツイッターのフォロアー１１００人以上がロシアからのものであることが分かり、メディアが一斉に〝ロイ・ムーアはロシアの手先だ！〟と言い始めました。

12月12日、共和党有権者が圧倒的多数を占めるアラバマ州で、民主党候補、ダグ・ジョーンズが僅差で当選しました。

ロシア疑惑で明け暮れる中、12月、トランプはウクライナにジャヴェリン対戦車ミサイルを含む４７００万ドル相当の武器援助をすることに同意し、２０１８年４月30日、ウクライナはジャヴェリンなどの援助を受け取りました。アメリカは２０１４年以来、ウクライナに10億ドルの軍事援助をしていますが、オバマは攻撃用兵器は送らなかったので、ディープ・ステイトは国務省がトランプを操縦できたことに喜びました。

ロイ・ムーア

ダグ・ジョーンズ

おもしろいことに、ロシア疑惑のおかげで、それまでロシア攻撃派だった保守派が「ロシアばかりが悪いわけではないはず！」と、ロシア中道派になってしまいました。

ロシア疑惑で一年が明け暮れ、２０１８年が訪れます。

■スクリパル事件を最大利用するディープ・ステイト

２０１８年

２０１８年1月23日、バイデンはネオコンのイヴェントでウクライナの思い出にふけり、「わしは（ポロシェンコ大統領に）こう言ってやった。わしはあと6時間で発つが、あの検察官（ヴィクトル・ショーキン）をクビにしないかぎり10億ドルの援助をやるわけにはいかん、とな。そうしたら、あの野郎はクビになった！」と自慢げに語りました。


さて、ここで２０１８年初頭のアメリカの状況を再確認しておきましょう。

オバマ出現と同時に、そもそもリベラルなバイアスがかかったアメリカの9割方のメディアは「オバマがやることはすべて善！」と、オバマのいいなりになっていたため、２００８年以来オバマ政権の方針（ドローンでの殺人やアラブや東欧、中央アジアへの干渉による反ロシア政策）に疑問を抱くジャーナリストは数えるほどしかいませんでした。反ロシア政策に疑問を抱く人はディープ・ステイトのファクト・チェック組織から激しいバッシング受けてかたっぷしから潰されました。

しかし、もともと国防を重視していたトランプ支持者がロシア疑惑を信じず、それまで反ロシアの中核だった保守派がこの1年で一気にロシアに対する姿勢を翻して、〝ロシアの脅威〟という筋書きに疑問を抱くようになっていました。

そこに、〝ロシアの脅威〟がないと存在できないディープ・ステイトにとって天の恵み、と言っても過言ではない最高に都合のいい事件が起きました。

２０１８年3月4日、英国ソールズベリー在住のロシア人元軍人で二重スパイのセルゲイ・スクリパルと娘の毒殺未遂事件が起き、詳細が分かる前からプーティンの仕業！、と世界がロシアを糾弾しました。スクリパル親子のこの日の足跡をたどってみましょう。

スクリパル親子は、午後1時25分に家を出て、レストランで食事をし、3時半に公園に行き、アヒルにパンをあげ、近くにいた子ども3人にもパンを手渡し、子どもの1人がもらったパンを食べています。この一連の行動は英国全土に配置された監視カメラに捕らえられています。4時3分、ベンチで苦しむスクリパルと彼にもたれかかる娘の姿を見た人が警察に通報し、二人は救急車で病院に運ばれ、〝なんらかの毒のせいだ〟と発表されて、レストランはテーブルを焼いて焼却し、パンをもらった子どもたちやソールズベリーの多くの住人が病院で検査を受けましたが何の症状もなく、皆一安心しました。

12日、「ロシアが毒殺に使うことで知られる神経剤、〝冷戦時代にソ連が使っていた〟ノヴィチョクが原因だったので、プーティンの仕業に決まっている」と、テリーザ・メイ首相が発表。諜報機関の〝調べ〟で、〝ロシアの刺客がスクリパルの家のドアノブに、冷戦時代にソ連がよく使っていたノヴィチョクを塗っていた〟と発表し、メディアはこれを鵜呑みにして、「冷戦時代にソ連がよく使っていたノヴィチョクは吸い込むと即死、触れた場合は数時間で致死。ノヴィチョクに触れたスクリパルの手が触れたものは最低2時間は汚染されている」とノヴィチョクの危険性を警告し、プーティンのロシアが〝冷戦時代のソ連〟と同じ恐ろしい存在だ、ということを世間に知らしめました。

15日、NATOのリーダーたちが一丸となってロシアを非難。

スクリパル親子は重体になったものの、1ヶ月後に全快しましたが、この間、ず〜と欧米諸国はロシア糾弾の報道を続けました。

2018年3月26日、トランプは毒殺未遂の制裁として60人のロシアの外交官を国外追放し、NATO諸国も約40人追放しました。テリーザ・メイ英国首相は「（ロシアが使った毒は）160人のソールズベリー住民が被害にあったかもしれないほどの強力な毒だった。プーティン政権は我々を攻撃している。英国は欧州会議とNATOと一致団結してこの脅威に立ち向かう！」と力説し、コメンテイターたちもこぞってロシアの脅威を煽りました。

しかし、4月15日、『ワシントン・ポスト』紙が「極端な反ロ政策を避けたかったトランプは、60人のロシア人を追放と発表した次の日、英国は23人、ウクライナは13人、残りの国々は数人しか追放しなかったことを知り、諜報員に騙されて60人も追放したと悟り、激怒した」と報道。

クリミアに続き、スクリパル事件で、ディープ・ステイトが世界を再び冷戦時代に戻すことに成功したと思えたのもつかの間、6月中旬に開かれたG7の会合で、トランプは「以前のようにロシアも入れてG8に戻すべき」、「クリミアの住民はロシア語を話すのだからロシアに帰属して当然」と発言！　ディープ・ステイトの怒りが再び燃え上がります。

11月6日、中間選挙で下院で民主党が多数党になり、弾劾のプロセスを開始できるようになりました。

■ニュー・ノレッジのアラバマ・プロジェクト

2018年12月17日、上院情報委員会が、2016年大統領選におけるロシアのソーシャル・メディア情報操作に関する報告書を公表。この調査を依頼されたニュー・ノレッジというサイバー・セキュリティ会社は、左記のような結論を出しました。

- ●ロシアはフェイスブックやツイッターを駆使して大規模な情報操作を行った。
- ●選挙後も、ロシアは偽情報と陰謀説を大量に送りだして情報操作工作は続いている。
- ●これはアメリカ人の間にすでに存在する意見の違いを悪用して、両者の溝を深め、互いの猜疑心を増強し、民主主義への疑惑を煽るためである。
●虚偽情報工作のテクニックはロシアが一番優れているが、中国、北朝鮮、イランも行っている。
●国家安全保障と言論の自由のバランスを保ちながら、ソーシャル・メディア会社、政府、法執行機関が協力して虚偽情報工作対策を取らねばならぬ。

この報告書が発表されたことで、調査を行ったニュー・ノレッジに対する関心が高まって、12月19日、2017年のアラバマ上院議員選でニュー・ノレッジがアラバマ・プロジェクトと名づけた偽旗工作を行っていたことが発覚。分かったことの一部をご紹介しましょう。
●ニュー・ノレッジは保守派の人間が立ち上げたサイトを装う多数のフェイスブックのページとツイッターで、共和党支持者に「投票用紙にロイ・ムーア以外の人間の名前を書いて、書き込み投票をしよう！」と呼びかけていた。
●ロシアからのツイッターのアカウントでムーアにロシア疑惑をなすりつけたことを自慢していた。
●偽旗工作の費用は、LinkedIn の創始者で、バイデンのイメージ・アップのために150万ドルつぎ込んだ億万長者のリード・ホフマンだった。
●オバマが設立した合衆国デジタル・サーヴィス（連邦政府機関にテクノロジー関連のアドヴァイスをする政府機関）の長官だったマイキー・ディカーソン、オバマ時代の司法省顧問、サ

マイキー・ディカーソン

ラ・ハドソンも、この偽旗工作に関わっていた。
●偽旗工作を指揮したのは、ジョナソン・モーガンと上院情報委員会の報告書を制作したルネ・ディレスタだった。
●ディレスタは、オバマ政権国務省の顧問で、「ソロス批判は〝陰謀説〟」という主旨の論文を複数執筆している。
●ジョナソン・モーガンは中間選挙が行われた11月6日、『ニューヨーク・タイムズ』紙に、「ロシアの虚偽情報作戦はまだ続いている！」など、ロシアの脅威を煽る記事を頻繁に書いている。
●ニュー・ノレッジは、ＴＤＩＰ（ロシア疑惑流布、トランプ支持派取り締まりのためにソロスの資金援助で創設された組織）からも約50万ドルの資金援助を受けていた。
●共和党有権者が圧倒的に多いアラバマで、民主党のダグ・ジョーンズは67万３８９６票、共和党のロイ・ムーアは65万１９７２票を獲得し、２万１８２４票差で民主党が勝った。投票用紙に印刷されていない共和党派の政治家の名前を書いた書き込み投票数は２万２８００票だった。

このニューズを扱ったテレビ局はフォックスだけでした。

ロシア疑惑とカヴァナー最高裁判事人格抹殺事件（１９８２年、高校生時代のカヴァナーにレイプされた、と、36年後に急に思い出した民主党派の女性の〝証言〟が、証人も証拠も皆無で、彼女の親友が彼女の言葉を疑っていたにもかかわらず、〝真実〟として報道されて、カヴァナー判事がつるしあげにあった事件）で1年が過ぎ、２０１９年に。

■スクリパル殺害未遂はディープ・ステイトの仕業

２０１９年

２０１９年3月24日、モラー報告書で、トランプとロシアが共謀した証拠がなかったことが分かり、ディープ・ステイトと民主党は一瞬ガッカリしますが、気を取り直して、「いざ、弾劾！」と、ロシア疑惑パート2に取りかかります。

２０１９年4月16日、『ニューヨーク・タイムズ』は、初の女性ＣＩＡ長官、ジーナ・ハスペルの活躍を伝える記事の中で、ロシアの脅威を信じないトランプにロシアの恐ろしさを納得させたハスペルの〝説得術〟を称えて、こう報道しました。「ハスペルは、スクリパル毒殺未遂への報復としてロシアの外交官を60人国外退去にすべき、と提案した。トランプが納得しなかったので、ハスペルは英国政府から送られたきた、ノヴィチョクの犠牲になった病気の子どもたちとノヴィチョクのせいで死んだアヒルの写真を見せ、ロシアの工作員のノヴィチョクの扱い方がずさんだったせいで起きた被害だ、と説明して、トランプを説得した。ハスペルは冷静な現実主義に基づき、感情に訴えて大統領を説得したのだ」

ジーナ・ハスペル

この記事を読んだ人々が、子どもたちが無事だったこと、アヒルが死んだという事実はないことを指摘したため、『ニューヨーク・タイムズ』はこのパラグラフを削除し、オリジナルの記事を改ざんした記事を、同じURLに掲載し、今も改ざんされた記事が載っています。『ニューヨーク・タイムズ』のオリジナルの記事が正しいとすると、ロシアの脅威を煽るために、英国政府が病気の子どもと死んだアヒルの写真を偽造し、ハスペルが偽造と知りながら、トランプに嘘を売り込んだ、ということになります。

オリジナルの記事が大嘘だとすると、『ニューヨーク・タイムズ』は、やっぱりフェイク・ニューズだった、ということです。

どちらにせよ、ロシアと友好関係を築きたいトランプが、ディープ・ステイトにはめられたことは揺るぎない事実です。

中央アジアでグラディオBが行われている最中にウズベキスタン駐在の英国大使だったクレイグ・マレイは、1990年代にロシアでMI6のパブロ・ミラーがスクリパルをリクルートしたとき、ミラーの上司がスティールだったこと、ミラーが退職後、スティールの情報会社オービスに入ったことを指摘して、「スティール報告書の情報源がスクリパルだったとしたら、口封じのために殺そうとしたのかもしれないし、単にロシアの脅威を煽るための偽旗作戦だったのかもしれない」と、言っています。クレイグ・マレイはウィキリークスのジュリアン・アサンジの親友で、民主党全国委員会のコンピュータをハッキングしてサムドラ

クレイグ・マレイ

パブロ・ミラー

イブをアサンジに渡した民主党員に会った、と言われている人物でもあります。

■トランプはウクライナへの武器輸出に交換条件など出してない

4月21日、ウクライナ大統領選で、親NATOではあるもののロシアとの戦いを辞めたい意向を示し、汚職追放を公約した俳優のヴォロディミル・ゼレンスキーが当選。

7月18日、トランプ、ウクライナへの4億ドル相当の武器援助資金（アメリカから武器を買うための資金）を延期。

7月25日、トランプ、ゼレンスキーと電話で会談。トランプはゼレンスキーと彼の所属党の健闘を称えました。

8月14日、ウクライナの内情に詳しい情報サイト、ドンバス・インサイダーが、「ウクライナでNATOがネオナチやイスラム教過激派に戦闘訓練をし、クリミアのタタール人（イスラム教徒）をイスラム国へ送り込み、その代わりに中東からジハードのベテランを招き入れてロシアと戦わせている」と、リポートしましたが、欧州連合の出先機関、https://euvsdisinfo.eu/（ロシアの〝偽情報〟を〝暴く〟サイト）や stopfake.org などに、「ロシアの偽情報だ！」と、糾弾されました。

9月11日、ウクライナへ400億ドル相当の武器援助金送金完了。

9月19日、『ワシントン・ポスト』紙が「トランプは外国のリーダーと何らかの裏取引をした、と内部告発者が通報」と報道。

9月20日、メディアが一斉に、「トランプはゼレンスキーにバイデンの息子の捜査を強要した」、と報道し、民主党議員たちが一丸となって「違憲行為だ！」と叫びます。

9月22日、ショーキンがクビになったことをブリスマのオーナー、ズロチェフスキーが喜び、新検事と〝協力〟して、訴追を免れ、和解していたことが分かりましたが、これはニューズになりませんでした。

ミコラ・ズロチェフスキー

9月23日、メディアが「ゼレンスキーとの電話の1週間前に、トランプはウクライナへの援助を保留した」と報道し、その直後、「トランプは、〝バイデンの息子の捜査をしないと援助をやらない〟と交換条件 quid pro quo をつけてウクライナを脅した」と報道され、この後、報道陣と民主党が一斉に quid pro quo という言葉を使ってトランプを糾弾。

9月24日、ペロシ、弾劾の準備を始める、と発表。

9月25日、ホワイトハウスはゼレンスキーとの会話を書き写した記録を公開しました。

問題となった部分をかいつまんでご紹介しましょう。

トランプ　我々はヨーロッパ諸国よりもウクライナを援助してる。ドイツはウクライナのためにほとんど何もしてない。口ばっかりだ。君は彼らと話すべきだ。私はアンゲラ・メルケルと話したが、彼女もウクライナのことを話しても行動に移さない。

ゼレンスキー　まったくその通りです。

トランプ　我々のために一つやってほしいことがある。ウクライナがどんなことになってるのか調べてほしい。クラウドストライクはウクライナにあるんだろう？　司法長官に電話させるから、真相を究明してほしい。

ゼレンスキー　それは、とても重要なことだと思います。透明な捜査を行います。

トランプ　腕のいい検事がクビになったと聞いてる。元ニューヨーク市長のジュリアーニに電話させるから、話してくれ。バイデンの息子について、いろいろ言われてる。バイデンが訴追をやめさせた。どうなってるのか知りたい人がたくさんいるんだ。司法長官と一緒にできることがあったら、是非やってくれると嬉しい。バイデンは、訴追をやめさせたと自慢してた。ひどい話だ。

ゼレンスキー　その件は知っています。今後私が任命する検事に、捜査させます。

二人の会話の中に、援助保留の話は出てこなかったので、トランプが交換条件を出した証拠がないことが判明しましたが、民主党もメディアも、「トランプは、〝バイデンのあらさがしをしないと援助をやらない〟と言った」と断言し続け、トランプ支持者以外は電話の記録を読まなかったので、アメリカ人の過半数がメディアと民主党の嘘を鵜呑みにしました。

9月26日、内部告発者の文書が公開され、この内部告発者は通話を実際に聞いたわけではなく、通話を聞いた人の話が耳に入ってきて、通話の内容に疑問を抱いたので通報した、ということが分かりました。

内部告発者の情報が〝又聞き〟だったと分かり、信ぴょう性が薄れたので、民主党下院議員アダム・シフは、「トランプの行為は暴力団のゆすりのようなものです」と前置きをして、トランプの電話の内容をでっちあげて〝再現〟してみせました。シフの〝熱演〟の一部をご紹介しましょう。

あんたにやってほしいことがあるんだ。7度しか言わないからよく聞けよ。俺の政敵に不利になる泥をでっちあげてくれ。頼むぞ。泥をぬりたくってくれ。司法長官に連絡させるから。俺の司法長官のビル・バーだよ。アメリカの司法権力を掌握している男さ。ルーディにも連絡させる。あんた、ルーディを気に入るぜ。マジだ。俺のいいたいこと、分かるだろう。あと数回繰り返してやるかな。俺に電話するな。あんたが俺の頼んだ仕事を終えたら、俺から電話する。

シフのこの〝演技〟のビデオがツイッターやYouTubeであっという間に広がって、多くのアメリカ人が、トランプが本当にこう言ったのだと信じてしまったのです‼

シフが演技をしている最中、メディアは又聞きだったことから注意をそらすために「密告者が、〝トランプ政権は通話記録を誰の手も届かない所に隠した〟、と言っている！」というアングルからトランプを責め始めました。

しかし、これも、大統領就任直後に、メキシコ大統領、オーストラリア首相との電話の会話がリークされたことへの対処として保管システムを強化しただけのことで、トランプがゼレンスキーとの会話を隠したわけではないと発覚。その後、民主党とメディアはこのアングルからの攻撃を諦めて、再び「トランプが交換条件 quid pro quo で、大統領選のライヴァルであるバイデンのあら探しをしないと援助をやらない、と、ウクライナ大統領を脅した」という路線で統一し、メディアと民主党が連日連夜、この一言を繰り返しました。

■ディープ・ステイトがいかにまったくの大嘘を国民の半分に信じ込ませたか

トランプ側が、「交換条件を出してウクライナを脅したのは、息子が重役になった会社の汚職を調べている検察官（ヴィクトル・ショーキン）をクビにしないと、10億ドルの援助をやらない、と言ったバイデンのほうだ！」と反論。すると、メディアは一斉に口裏を合わせたかのように「あの時点ではブリスマの捜査は休止状態 dormant だった、と報道しました。『ワシントン・ポスト』紙だけでも9月23日から10月23日までの1ヶ月で、「ショーキンのせいでブリスマの捜査は休止状態 dormant になっていた」という報道を52回繰り返し、他の報道機関もまったく同じフレーズをコピペして繰り返し、バイデンがショーキンをクビにしたのは息子を守るためではなかった、と強調しました。

9月30日、オバマ政権に不利になる報道をひたすら避けていたヴォイス・オヴ・アメリカが、遂にウクライナでロシアと戦っているのがネオナチであることを認め、アメリカ人のネオナチもウクライナに出向いて戦っている、と報道しましたが、誰も後追い報道をしませんでした。

10月、民主党下院で、秘密裏に何十人もの関係者（外交官、役人、ウクライナ・ロシア専門家、諜報部員）の証言を聞く非公開喚問が開始され、事情聴取が終わるたびに、何者かが民主党に都合のいい証言のみをリークし、それが大々的に報道されるということが繰り返されました。ロシア疑惑のフェイク・ニューズ配布と同じ手口です。

10月2日に、ショーキンが「パイアット大使に、ブリスマの捜査は慎重に、と言われて、捜査をするな、という意味だと解釈した。（資金洗浄や脱税で捜査されていたブリスマのオーナー）ズロチェフスキーがバイデンの息子を雇ったのは、自分の身を守るためだ。それは周知の事実だった」と発言しましたが、大手メディアには無視されました。

10月5日、バイデンが4回もポロシェンコに電話をして「ショーキンをクビにしない限りカネをやらない！」、とせっついていたことが分かりました。

10月18日、『ワシントン・ポスト』紙が「ショーキンは汚職検事で欧州連合、ＩＭＦもショーキンをクビにしたかったので、バイデンがショーキンをクビにしたかったのは息子を守るためではない」と報道し、これがメディアと民主党の統一見解となり、「ショーキン解雇は世界のコンセンサスだった」ということになりました。そして、その後、保守派が「ブリスマの汚職は捜査を受けていたので、息子を守るためにバイデンがショーキンをクビにした」、と言うと、「その陰謀説は嘘だと証明された」と言われるようになりました。

しかし、この3日前の10月15日に下院の非公開喚問で、「ショーキン解雇は世界が同意したことだ、とされていますが、解雇要請の発案者は誰ですか？」という質問に、国務省ウクライナ担当として２０１５年から２０１８年までウクライナに赴任していたジョージ・ケントが、「アメリカが率先して、他国の同意を得ました」と答えていました。民主党と『ワシントン・ポスト』紙は一心同体なので、『ワシントン・ポスト』紙がこの証言を知らなかったはずはありません。恐らく『ワシントン・ポスト』紙は、この証言が後に明るみに出る前に「ショーキン解雇はバイデンの発案ではなく世界のコンセンサスだった」と、アメリカ人の頭脳に刷り込みをして、この第1印象がいつまでも脳裏に残るように仕組んだのでしょう。

非公開喚問の間、これと同じようなこそくな手段が頻繁に使われて、メディアと民主党はquid pro quo！、「トランプは、バイデンのあら探しをしないと援助金をやらない！、とウクライナを脅した！」と叫び続け、アメリカ人の大半が、トランプは悪いことをした、と思うようになりました。

11月13日、公聴会が開始され、非公式喚問の証人たちが今度は公聴会で証言することになりました。

11月中旬、メディアと民主党が、あたかも裏で打ち合わせでもしたかのように、quid pro quo という一言を使うのをやめて、トランプの罪は贈賄 bribery、という単語に統一されました。

11月14日、このシフトは、「民主党は、マーケット・リサーチの結果〝一般人はラテン語の quid pro quo の意味が理解できない。合衆国憲法の弾劾の項で罪の一つとして記されている bribery という単語を使ったほうが、弾劾の必然性を説きやすい〟と分かったからだ」と、報道されました。

メディアと民主党が「バイデンのあら探しをしないと援助をやらない、というのは贈賄罪で弾劾に値する！」と叫ぶ中、公聴会が進みます。そして、証人として呼ばれた国務省の役人や外交専門家、ホワイトハウスに勤務するさまざまな省の役人たちが、誰一人トランプに実際に会ったことがないことが判明。ゼレンスキーとの電話を実際に聞いた人もいなくて、「あんたら、いったい何の〝証人〟なんだ？」という感じで、インパクトに欠けることも発覚。さらに、公聴会での証言が非公開審問の間にリークされた証言とはまるでニュアンスが違うことも判明しました。

何よりも笑えたのは、役人とロシア、ウクライナの〝専門家〟たちが、次から次へと「トランプはロシアの脅威を無視して今までの国務省の方針である反ロシア政策とは違う方向の外交を展開しようとした！」、「反ロシアであるウクライナへの援助を延期したのはけしからん！」とトランプを糾弾するシーンでした。彼らが主張するトランプの〝罪〟は、「〝ロシアの脅威〟という既成概念に同意しなかった」ことだったのです！

証人たちは、まさしくディープ・ステイトそのもので、外交方針を決めるのは大統領ではなく自分たちだ！、と確信していました。

司法省の投票権担当顧問、パメラ・カーランは、ウクライナへの武器援助の重要性を説き、「ロシアとの戦いの前線におけるウクライナの勢力を保持することは、世界中に民主主義を広めること同様、アメリカの国益にとって重要なことです」と証言。ブレジンスキーは草葉の陰でさぞや喜んだことでしょう！

カーランは、さらに、「トランプは〝我々のために一つやってほしいことがある〟と言いましたが、これは〝私のためにやってほしいことがある〟という意味です。トランプはroyal we（尊厳の複数＝王や女王が自らを指すときに一人称複数代名詞を使うこと）を使っているのです」と発言。カーランは読心術の専門家ではないにもかかわらず、メディアは一斉にカーランの単なる個人的な推測を〝信ぴょう性のある証言〟であるかのように扱って、「トランプは自分を王様だと思っている！」と騒ぎ立てました。

国家安全保障のロシア担当だったフィオナ・ヒルは、ロシアの脅威を理解することの重要性を説き、「国家の役に立ちたいと思っている情報分析の専門家である私たちの意見を聞い

パメラ・カーラン

フィオナ・ヒル

てほしい」と懇願しました。ヒルは、〝情報分析〟の〝専門家〟であることを自負していますが、CIAなどの諜報機関から渡された〝情報〟がそもそもねつ造されたものであれば、彼女の情報分析は無価値で無意味だ、ということに気づいていないか、単に気づかぬふりをして、ロシアへの反感を煽る手助けをしているのでしょう。元CIAアナリスト、フレッド・フリーツが、「〝ロシアがトランプを支援した〟というシナリオを覆す情報はブレナンがことごとく握りつぶしていた」と言っていることを考慮に入れると、ヒルの存在そのものがいかに無用の長物であるかが分かります。

フレッド・フリーツ

カーランは、イェール大学で法律を学び、現在はスタンフォード大学で法律を教えているので、今後もスタンフォード大学からは、このバカ女に洗脳されたディープ・ステイトの卵が次々と世の中に送り込まれる、ということです。ヒルは、ハーヴァード卒で、現在はブルッキングス研究所でネオコンの教祖ロバート・ケイガン（ニューランドの夫）とアメリカ外交政策に関する〝アドヴァイス〟をしています。

前出のケントが遂に公の場で「ショーキン解雇を先導したのはアメリカだった」と証言しましたが、時すでに遅し！　アメリカ人の半分はすでに脳裏に刷り込まれた偽情報から離脱することができませんでした。

メディアと民主党はあらゆる証言をわざとねじ曲げて引用し、民主党議員たちは「トランプが武器援助を延期したことでウクライナ人が死んだ。トランプは人殺しだ！」と叫び、まっ昼間に行われている公聴会を見ていない人々（つまり、アメリカ人の約9割）の多くはその〝偽証言〟を信じました。

しかし、共和党の議員たちは、こう反論しました。

●外交方針を決めるのは大統領。民衆から選挙で選ばれたわけじゃない役人や専門家は、大統領が決めた外交政策に従うべき。従いたくないなら辞職しろ。

●トランプは2018年にウクライナにジャヴェリン（対戦車ミサイル）を送っている。ウクライナ紛争が今よりひどかった2014年にオバマは武器援助を拒否した。その後のオバマ政権のほぼ4年間でウクライナ人が死んだとき、「オバマが武器を送らなかったせいでウクライナ人が死んだ。オバマは人殺しだ！」とは誰一人言わなかった。

●民主党下院議員たちの召喚状にトランプ内閣の人間たちが応じないのは、この弾劾そのものが単なる政治的な見せ物で正当性に欠けるからなので、議事妨害ではない。

●仮にトランプがブリスマの捜査依頼を武器援助の交換条件としたとしても、武器援助金が汚職機関に悪用されないことを確かめるのはアメリカの国益につながるので、汚職捜査依頼は収賄ではない。

●アメリカの政治家の汚職捜査をすることは大統領の義務。

●地位を利用して家族の私腹を肥やしている政治家が大統領になったら、それこそアメリカの国益を損なう。

●トランプ大統領は、官僚政治を撃退して主権をアメリカの民衆に戻し、海外援助を削減してアメリカ人の利益を優先させる、という公約を果たしているだけである。
●ゼレンスキーは援助が遅れたことをまったく知らなかったし、トランプからプレッシャーを受けたことはないと明言している。

〝急を要する〟のに平気でクリスマス休暇入りの茶番

こうして、共和党議員と証人とのバトルがくりひろげられましたが、どの証人も、「弾劾に値する罪をトランプがおかした、という証拠がありますか？」という質問に、「ない」と答えたため、公聴会が長引くにつれ、弾劾と民主党の支持率がどんどん落ちていきました。

それを察した民主党は、支持率がこれ以上落ちる前に公聴会を切り上げねば、と思い、「トランプの罪は非常に重いので、弾劾は急を要する一大事！　一日も早くトランプを罰して免職せねばならぬ！」と主張して、12月18日に弾劾を決定！　即刻、上院に弾劾裁判を要請すると思いきや、民主党はなんとクリスマス休暇に入りました！

〝急を要する〟のに〝クリスマス休暇入り〟という矛盾に気づいたのはフォックス・ニューズだけでした。

年が明けて、上院で弾劾裁判が始まりました。

トランプ弁護団の弁護の骨子の最重要点をおさらいしておきましょう。

メディア、民主党議員、民主党側弁護団は「バイデンがショーキンを解雇させたのはブリスマ捜査をやめさせるためではなかった、という調査結果が出ている」と、3ヶ月にわたって叫び続けました。この大嘘に関し、ハーシマン弁護士がこう対応しました。

「そのような調査結果は出ていません。なぜなら、バイデンとブリスマに関していかなる調査も行われていないからです」

アメリカ人のほとんどが、この発言を聴いて、初めてメディアと民主党が大嘘をついていたことを知りました。トランプ弁護団は、「汚職政治家が大統領になるのは国益を損じるので、バイデンが汚職政治家かどうかを確かめることは国のためになる」と伝えました。

そして、アメリカで一番有名な弁護士、ハーヴァード大学で法律を教えるアラン・ダーショウィッツ教授は、こう締めくくりました。

「大統領が再選に役立つと思った物事が国家にとっても得になることであれば、その物事と引き替えに外国に援助を渡すことは収賄ではありません」

結局、民主党は共和党が多数党の上院で3分の2の賛成が得られず、ディープ・ステイトの弾劾作戦は失敗に終わりました。

しかし、弾劾に明け暮れていた間にコロナウイルスがアメリカを襲って、トランプの最大のセールス・ポイントだった好景気が一気に大不況へと豹変してしまったので、ディープ・ステイトの連中はさぞやよろこんでいることでしょう。

第25章 結論

弾劾は2020年、トランプ再選を防ぐためのグラディオ2

全体の流れを追って鳥瞰図を見るように30年の歴史を一望すると、ディィープ・ステイト執行部（CIA、NATO）が権威保持、権力拡張のために人殺しも平然と行い、ソロスの資金援助を受けたディィープ・ステイトPR部が、堂々と偽情報を流すと同時に、真実を伝える機関に〝ロシアのプロパガンダ〟、〝陰謀説〟というレッテルを貼って徹底的に潰しにかかっている、という現実が見えてくるでしょう。

ディィープ・ステイトの計り知れない威力を理解した上で、もう一度民主党院内総務のチャック・シューマーが口にした「諜報機関にたてつくと、あらゆる方法を使って仕返しされるぞ」という一言を見直してみると、当時、シューマーはすでにディィープ・ステイトの企みを知っていたのかもしれない、と思えてきませんか？

ウクライナ版グラディオの裏工作を理解するために、大手メディアではまったく報道されていない舞台裏を覗いてみましょう。

弾劾のプロセスが進行する最中、内部告発者がブレナンの秘蔵っ子で、バイデンのウクライナでの活動を裏で仕切ったホワイトハウス付きのＣＩＡアナリスト、エリック・シアラメラであることが分かりました。また、シアラメラにトランプの電話の情報を流したのは、ウクライナ生まれの軍人で国家安全保障ウクライナ担当の、アレクサンダー・ヴィンドマンであることも分かりました。

シアラメラはチャルパと親しい関係にあり、２０１５年12月にはチャルパ率いるウクライナ人キリスト教団体をオバマに会わせて、宗教的なアングルからウクライナへの援助強化をオバマに訴えていました。さらに、シアラメラは、２０１６年の大統領選中は、トランプとロシアを結びつける裏工作をしているチャルパとホワイトハウスで打ち合わせをしていました。チャルパはなんと27回もホワイトハウスを訪れていました！

シアラメラはニューランド、レイチェル・ゴールドブレナー（当時の国連大使、サマンサ・パワーの顧問）、ジナ・レンティン（ソロスのオープン・ソサイアティ基金幹部からフリーダム・ハウス重役になったネオコン）、ナザール・コロドニツキー（後にマナフォートを逮捕するきっかけとなった手帳を〝発見〟したウクライナ汚職対策班の検事）、アルテム・シトニック（ウクライナ汚職対策班ディレクター）にも会っていました。

レイチェル・ゴールドブレナー

シアラメラは、オバマ引退後も〝ロシア、ウクライナ専門家〟としてホワイトハウスに留まり、同僚のショーン・ミスコーとトランプを排除する方策を練っていました。

この二人とヴィンドマンを知る同僚たちは、こう言っています。

●二人はトランプのアメリカ・ファーストという方針に激怒していた。
●単に怒りをぶちまけていたのではなく、トランプを実際に排除する計画を企てていた。
●トランプのウクライナ政策を憎みトランプに復讐する覚悟でいた。
●「あらゆる手段を使って take him out あいつを消さねばならない」と言っていた。
●シアラメラはミスコーに「こんな（アメリカ・ファーストで、外国に関与しないという）外交方針を実施させることを許してはいけない」と言っていた。
●二人とも、周囲を気にせず、声高に上記のような会話を繰り返していた。
●ヴィンドマンもトランプへの憎しみを露わにしていた。
●ヴィンドマンもグローバリストのオバマのファンだった。

さらに、下記の事実も明らかになっています。

●ミスコーは、シアラメラが内部告発をした直後、アダム・シフに雇われた。
●シアラメラは告発後、すぐにオバマ時代の司法省で国家安全顧問担当だったデヴィッド・ローフマンを弁護士に雇い、シフと密会していた。
●又聞きの情報であるにもかかわらずシアラメラの告発の信ぴょう性を認めたアトキンソン諜報機関監査長官は、オバマ時代からの居残りで、２０１６年半ばからトランプ就任までオバマ司法省でローフマンの助手だったマリー・マコード弁護士と共にトランプのロシア疑惑を捜査していた。

●マコードは、弾劾裁判中、民主党側の弁護士として雇われた。

●いつのまにかシアラメラに関するウィキペディアのページが抹消された。

これらの、分かっている断片的な事実をつなぎあわせていくと、内部告発者（＝ブレナンの秘蔵っ子CIA工作員）の又聞き情報（＝ねつ造された偽情報）に端を発した〝弾劾〟は、ロシア疑惑というグラディオ偽旗作戦の続編で、ブレナンが仕組んだトランプ潰し工作＝ロシア疑惑グラディオ2だったことが見えてきます。

民主党議員たちは、喜々としてロシア疑惑グラディオ2に便乗しました。当時はまだ好景気だったので、トランプの再選を防ぐには弾劾でトランプを退ける以外に手はない、と思っていたからです。2019年5月6日、アル・グリーン民主党下院議員は、「大統領を弾劾しないと、再選されてしまうだろう、と心配だ」、民主党の顔となったオカシオ＝コーテス民主党下院議員も、「これ（弾劾）は2020年の選挙が悲惨な結果になることを避けるための予防策なのよ」とのたまっていました。

オカシオ＝コーテス

■ディープ・ステイトが「ディープ・ステイト」の存在を認める

さて、ロシア疑惑グラディオ、ロシア疑惑グラディオ2という一連の偽旗工作には、特筆すべき副産物があります。

それは、ディープ・ステイトが実在する！、ということが誰の目にも明らかになったことです！

オバマ政権以前は、主に軍産複合体からなるディープ・ステイトの脅威を口にするのはリベラル派で、特に反戦派がディープ・ステイトを恐れていたので、8割方がリベラルな大手メディアもディープ・ステイトの存在を信じる人々に同情的でした。しかし、オバマ以降の大手メディアは「オバマがやることはすべて正しい」と信じてしまい、オバマ（＝ディープ・ステイト）の宣伝係と化してドローンによる殺人、諸外国でのグラディオ工作を公然と擁護しています。そして、彼らは、リベラル派の反戦派とアメリカ・ファーストという政策を好む保守派の反戦派・海外干渉反対派が〝ディープ・ステイト〟ということばを使うたびに、「無教養な陰謀論者」と糾弾するようになりました。

オバマ政権発足当時はネット上には真にリベラルな報道機関も存在していましたが、次々にソロスの資金が流れ込み、ソロスの資金援助で成り立つ団体の人間がこれらのメディアのコメンテイター・執筆者となって、ネット上のリベラルな報道機関もディープ・ステイトの広報部と化してしまいました。そして、ディープ・ステイトということばを使う人やソロス批判をする人を〝無知な陰謀論者〟として片づけるようになりました。

2010年に、ブッシュのイラク戦争・アフガニスタン派兵による赤字増大、オバマケアーによる連邦政府肥大化に反対する保守派が、外国への干渉をやめて財政引き締めを叫ぶティー・パーティ運動を開始したとき、オバマとデヴィッド・クレイマーは国税庁を使ってティー・パーティ系の草の根団体の会計監査をしたり、FBI捜査官を送り込む、などの不正な妨害行為をして、ティー・パーティを潰そうとしました。被害者たちがフォックス・ニューズで「ディープ・ステイトが私たちの声をかき消そうとしている！」と訴えるたびに、9割方のメディアから〝またまたフォックスが陰謀説を吹聴してる〟と小馬鹿にされました（2014年に情報公開法で開示された文書で、これが事実だったことが明らかになっています）。

しかし、ロシア疑惑、ウクライナ疑惑の裏工作が次々と明るみに出て、〝陰謀説〟と一笑に付されていたことが次々に真実だったと明らかになり、トランプ支持者とオバマに騙されなかった真のリベラル派が「やっぱりディープ・ステイトは存在したのだ！」と確信し、ディープ・ステイトの人間たちも、この現状を認めざるを得なくなってしまいました。

まず、2018年初頭、ロシア疑惑のおかげで〝ディープ・ステイト〟という言葉が一般化した頃、ミュンヘン安全保障会議のフォーラムにニューランドとホワイトハウス民主党上院議員が出席しました。

このフォーラムで、ホワイトハウスがこう発言。「ブライトバート（トランプ支持層に人気のある情報サイト）の連中がディープ・ステイトと呼んでるのは、一生を捧げて使命を遂行している知識のあるプロの集団のことです。ディープ・ステイトが存在する限り、（トランプが中断しても）今までの政策を続行できるだろう、という希望があります」

このコメントを聴いて、観衆の最前列に座っていたジョン・ケリーは笑顔で拍手を送っています。

ニューランドも笑顔で、「同僚のみなさん、アメリカは両党、両院にディープ・ステイトに忠実な人々がいるので、アメリカのリーダーシップ、アメリカの政策はこれまで通り継続しますから安心してください」と言って、拍手を浴びます。

仲良しディープ・ステイト組のみなさんは歓談を続け、最後にジェーン・ハーマン元民主党下院議員が、脳腫瘍治療で出席できなかったジョン・マケインの功績を称えた後、ニューランドに向かって、「あなたは彼の一番のお気に入りよ！」と言っていました。

そして、２０１８年８月、ＦＢＩがステファン・ハルパーといういかがわしい人間にトランプのスタッフをスパイさせていたことが分かり、ＦＢＩや司法省の役人がトランプ潰しのために画策していたことや、モラー捜査班が堂々と卑劣な手段を使っていることが露呈し、トランプ支持者たちがディープ・ステイトに反感を抱き始めた頃、オバマ時代の連邦検事、プリート・バララは、こう発言しました。「政策の継続、憲法の重要性を理解し、党派と政治を超越し、法を尊重して正義を遂行するプロの集団がディープ・ステイトだとしたら、ディープ・ステイトに神のご加護がありますように！」

２０１９年10月26日には、ワシントン大学の歴史学者、マーガレット・オマラが『ニューヨーク・タイムズ』に「どの政党が政権党になろうが、政治的影響を受けずに国家の利益のために任務を遂行する公務員（CIAアナリストや外交官、国務省の外交政策専門家も含む）の集団がディープ・ステイトであり、ディープ・ステイトはまさしくトランプのような無謀な大統領に対する抑止力として存在する」と、これまたディープ・ステイトの存在を認める論説を書いています。

2019年の11月1日、クリントン政権のCIA副長官、子ブッシュ政権のCIA長官代理、ジョン・マクラフリンは、ジョン・ブレナン、アンドリュー・マケイブ、マイケル・モレルと共に参加した諜報機関のフォーラムで、司会者に「弾劾の手続きが始まり、〝ディープ・ステイト〟がトランプを陥れようとしている、と言われていますが」と聞かれ、「ディープ・ステイトの存在に対し神に感謝しています！」と答え、会場から拍手を浴びています。さらにマクラフリンは、こう続けます。「外交官や諜報部員、ホワイトハウス勤務の役人たちが勇敢に議事堂に向かい、〝我々は大統領の命令より崇高な権威に従って義務を果たしているのです〟と証言してます。事情を知っている人はたくさんいたでしょうが、勇気を持って弾劾の発端となった内部告発をしたのが諜報関係者でした。なぜなら諜報関係者は真実を語るからです」

そして、ブレナンも、ディープ・ステイトの高潔さを称えて、「トランプはディープ・ステイトが彼を倒そうとしていると思っています。トランプがFBI、CIAと対立するのは、課報関係者が常に真実を述べるからです」とほざいています。

〝内部告発者〟が又聞きの〝情報〟を元にトランプを告発して、弾劾公聴会で次々とロシアの脅威を説く〝外交専門家〟と〝役人〟の偉そうな態度が露呈されたことで、それまで単なる陰謀説と小馬鹿にされていたディープ・ステイトが実在することが誰の目にも明らかになったのは、まさしく不幸中の幸いでした。

アメリカの外交方針は、軍産複合体と諜報機関が選りすぐった情報（＝ディープ・ステイトの目的達成のために好都合な情報）を分析する連中と彼らに従う役人が決めていて、それに逆らった人間は、たとえ大統領であろうとも罰（＝仕返し）を免れることはできない、という事実が、ハッキリと浮き彫りになりました。

トランプ大統領がいつも言っていることですが、実際に戦争にかり出される兵士、諜報組織で実際に情報を収集している人々は、愛国心溢れる正義の味方であるに違いありません。

しかし、軍部・諜報組織の上層部は武器商人に魂を売った高給傭兵か世界制覇を企むネオコンです。

軍産複合体にへばりついて莫大なコンサルティング料を貪るネオコン・シンクタンクがニューランドやカーランやヒルのような愚劣な連中をホワイトハウスに潜伏させて、外交政策を勝手に決め、昇進を望む役人どもは上層部のエリートたちにすり寄って彼らの政策を執行し、政権が変わっても十年一日のごとくグラディオ作戦を続行しているのです！　彼らにとっては、ウクライナ人も中央アジア人も日本人もアラブ人もアメリカ市民も皆、単なる農奴なのですから！

■ディープ・ステイトの長年の寄生虫バイデン

弾劾裁判のもう一つの副産物は、私腹を肥やす汚職政治家、というバイデンの正体がバレてしまったことです。

１９７３年から上院議員を務めていた古株政治家バイデンは、「労働者階級の味方」というイメージで売っていました。しかし、弾劾裁判の間にバイデンの息子の裏取引に焦点があたってしまい、バイデン本人と彼の兄弟、妹、息子がバイデンの政治的コネを利用してぼろ儲けしていたことが露呈してしまいました。ワシントンに44年も巣くっていたバイデンは、まさにディープ・ステイトの寄生虫だったわけです！

それにしても、民主党議員は、「あの検事（ヴィクトル・ショーキン）をクビにしないと援助金をやらないぞ」と言ったバイデンこそ quid pro quo という罪を犯した張本人だ、ということに気づいていないのでしょうか？

フェイク・ニューズの親玉、ＣＮＮのクリスチャン・アマンプールは「トランプは報道の自由を抑圧している」と頻繁に叫んでいますが、真実を語る人々の口封じをしているのはトランプではなくソロスだ、ということに気づかないほど愚鈍なバカ女なのでしょうか？

　ディープ・ステイトの連中は、「トランプがウクライナへの武器援助を延期したせいでウクライナ人が死んだ」、と言っています。しかし、そもそもウクライナでグラディオ工作をして人殺しをしたのは、自分たちだ、ということを忘れているのでしょうか？

　トランプの女癖の悪さを批判し続ける女権団体は、モニカ・ルインスキーとのセックスの証拠（精液がついたモニカのドレス）をつかまれ、セックス・スキャンダルで政治生命を失いそうになったビル・クリントンこそ、真に女癖の悪いふしだらオヤジだ、という明白な事実が見えないのでしょうか？

　ディープ・ステイトと民主党が「トランプは○○という罪を犯した！」と叫んだときは、実際にその罪を犯しているのはディープ・ステイトと民主党だ、と考えてほぼ間違いないでしょう。

　これは、心理学でプロジェクション（投影）と呼ばれる自己防衛手段の一つで、自分の罪を相手になすりつける行為、つまり偽旗工作です。ディープ・ステイトと民主党は、やることなすことすべてが偽旗工作、というわけです!!

　もう一つ笑えるのは、ディープ・ステイト出先機関に、ファクト・チェック（事実検証）、ストップ・フェイク（嘘を止めろ、ロシアに関する真実を潰すサイト）、全米民主主義基金（開発国乗っ取り屋）、フリーダム・ハウス（開発国農奴化団体）など、真の目的と正反対の名前

モニカ・ルインスキー

がついていることです。これは、ディープ・ステイトの人間たちが〝自分こそが正義そのものので、自分が支配するハンガー・ゲームのような社会こそが民主主義社会なのだ〟、と、本気で信じているからでしょう。このダブルスピーク（わざと本来の意味と逆のことを言う）は、まさにオーウェルの世界で、ディープ・ステイトの人々のゆがんだ思想を見事に反映しています！

２０１７年5月にブレジンスキーが死にました。その直後、何人もの評論家が「彼が１９９８年に書いた〝ザ・グランド・チェスボード〟『ブレジンスキーの世界はこう動く――21世紀の地政戦略ゲーム』（日本経済新聞社刊）はウクライナの変動を予期し、年代まで言い当てていた！」と驚いて見せていて、私は笑いすぎて椅子から転げ落ちそうになってしまいました。

ザ・グランド・チェスボードは、近未来を予想した本ではなくて、将来の外交政策方針を記した企画書だったのですから、この本の通りに世界が動いたのはあったりまえのことですものねぇ！

ムジャーヒディーンを使ってロシアをアフガニスタンに〝侵攻〟させたブレジンスキーの手の内を知っていると、ロシアのクリミア〝侵略〟が、あらかじめアメリカが仕組んだ偽旗作戦の一環だったとしても、もう誰も驚きはしないでしょう。

ロシアのクリミア〝侵略〟のおかげで〝ロシアの脅威〟がいきなり盛り上がり、冷戦が表舞台に返り咲き、NATOの必要性、NATO拡大の必然性をほぼ全世界に知らしめられたと思ってディープ・ステイトがウキウキしていた矢先、どこからともなくトランプという怪物が出現！　30代からずっとボスだったトランプは、人の言うことなど聞きません。外交のことなど知らなくても、ビジネスマンの直感で〝外国への干渉はやめてアメリカ・ファースト（国内問題優先）〟という政策を採り、本能的に〝イスラム教過激派テロ対策はロシアと協力したほうがうまくいく〟と分かっています。ほとんどの政治家はバイデンやクリントン夫妻のように政治家という地位を利用してコネを作って軍産複合体に媚びへつらって金持ちになりますが、トランプは初めから金持ちだったので買収することもできません。ワシントンのなれ合いの談合を軽蔑し、誰も手なずけることができないトランプという政界の異端者が、ディープ・ステイトがせっかく築き上げた世界制覇への道のど真ん中に立ちはだかったので、CIAやNATOは、「こいつを抹殺するしかない！」と決めて、二つのグラディオ工作を仕掛けたのです。

ソロス率いるディープ・ステイト広報部（大手メディアと8割方のネット上の報道機関）は、今、コロナウイルスのパンデミックを使って「トランプがコロナウイルス対応に失敗したせいで大量の死者が出て、アメリカが不況のどん底に陥った！」という報道を連日連夜繰り返しています。

アメリカ人がこのフェイク・ニューズに惑わされずに、11月の大統領選でトランプに投票し、再選されたトランプがディープ・ステイトを叩きのめしてくれますように！　イン・シャアッラー！ إن شاء الله

第26章 トランプ対ディープ・ステイト　第3ラウンド

ディープ・ステイトの悪事は、ほとんどの場合は外国で遂行されているのでアメリカ人が直接被害を受けることは少ない、と思ったら、それは大間違いです！

ロシア疑惑グラディオ、ウクライナ疑惑グラディオという2回の偽旗工作を仕掛けてトランプを倒そうとしたディープ・ステイトは報道機関を牛耳っているので、情報を巧妙に操作して、自分たちに都合のいい世論を形成し、アメリカ人の人生そのものを支配しようと企んでいます。

■コロナ禍の最中も続くトランプ潰し報道

トランプの最大のセールス・ポイントは、規制緩和による好景気でした。

しかし、コロナウイルスのせいで一気に不況に陥ってしまったため、再選キャンペーンのスローガン Keep America Great！アメリカをグレイトな状態に保とう！　という一言が使いにくくなってしまいました。

さらに、大手メディアとソーシャル・メディアのトランプ・バッシングも激化して、9割方のメディアのフェイク・ニューズ報道に拍車がかかっています。

一例を挙げましょう。

3月中旬、複数の医師が「抗マラリア剤として普及しているヒドロキシクロロキンとアジスロマイシンの混合物をコロナウイルス感染初期の患者に与えると効力がある」と報告。これを聞いたトランプ大統領は何度か記者会見で「ヒドロキシクロロキンとアジスロマイシンの混合物は大変革をもたらすものになる可能性がある」と、語りました。

2020年3月25日、アリゾナ州メサの夫婦がクロロキンを飲んで、夫が死亡。三大ネットワーク、CNN、MSNBCを筆頭に大手メディアは一斉に「アリゾナの男性、トランプが薦めた薬を飲んで死亡！」という見出しに、「生き残った妻のワンダは、〝私たちは熱烈なトランプ支持者で、テレビでトランプがこれが治療薬だと何度も薦めていたので飲んだ〟と語っている」と伝えました。

この二人が飲んだのは、水槽クリーナーのクロロキンで、トランプが薦めたヒドロキシクロロキンとアジスロマイシンの混合物とは縁もゆかりもない代物である事実を無視して、フォックス以外の大手メディアに登場するコメンテイターたちは一斉に「トランプのせいで人が死んだ」、「トランプは自分の支持者を殺す人殺しだ！」、「トランプ支持者は無教養なのでヒドロキシクロロキンと水槽クリーナーのクロロキンの区別がつかない」と、喜々として吹聴しました。

5日後、『ワシントン・フリービーコン』紙が妻のワンダの身元調査をして、彼女がこの2年間で複数の民主党議員と民主党支持団体に6000ドル寄付していたこと、2月27日に、トランプがいまだ食品医薬品局に承認されていないヒドロキシクロロキンとアジスロマイシンの混合物を推薦したことを激しく非難している民主党支持団体に寄付していたことが分かりました。しかし、大手メディアは、この記事を完全に無視して、「トランプの不用意な発言のせいで人が死んだ」と言い続けました。

4月25日、『ワシントン・フリービーコン』紙が、さらなる周辺調査を行い、「ワンダの夫はエンジニアで水槽クリーナーを飲むような非科学的人間ではなく、ワンダはたびたび夫に暴力をふるい逮捕歴もある」ことが分かりました。

こうした事実を考慮に入れると、これはワンダの偽旗工作だった可能性が高く、4月28日現在メサ市警は殺人容疑でワンダを調べています。

しかし、私がこの原稿を書いている4月下旬の段階では、ヒドロキシクロロキンとアジスロマイシンの混合物はコロナウイルス感染初期の患者には効き目がある、というデータが出ているにもかかわらず、9割方のネット上のメディアも大手メディアも、依然として「トランプが非科学的な薬を推薦したせいで人が死んだ」と言い続けています。

■ファクト・チェック機関にもソロスの影

グーグルもツイッターもフェイスブックも、〝フェイク・ニューズを削除するため〟という大義名分を掲げてトランプ支持派のコメントやトランプに有利になる情報を取り締まっています。誰がフェイク・ニューズなのかを決めているのか。リベラル派が〝中道である！〟と主張する複数のファクト・チェック（事実検証）組織です。その中の一つ、PolitiFact.comは、ソロスが大口の寄付をしているポインター・インスティテュートが運営しています。2018年までは、ポインター・インスティテュートの〝大口献金者リスト〟にはソロスの名前が堂々と載っていましたが、今では、このページが削除され、ウェイバックマシーンのスナップショットを積極的に探さないとソロスとポインター・インスティテュートのつながりを見つけることはできません。

2019年5月、ポインター・インスティテュートは、偽情報を伝える515のサイトのブラックリストを制作し、「これらのサイトの情報を信じるな！」、「これらのサイトの広告主に〝広告を続けるとおまえの商品をボイコットしてやる！〟とメールしろ」と訴えました。リストに載ったサイトの多くは保守派のブログでしたが、ブライトバートなどのトランプ派に人気のあるニューズ・サイトや、『ワシントン・イグザミナー』などの伝統的な保守派日刊紙や憲法重視の中道派から支持されているジューディシャル・ウォッチ、露骨な左傾バイアスを指摘するメディア・リサーチ・センターも含まれていました。そのため、中道派からも批判されて、数日後にこのブラックリストのページは削除され、編集者が謝罪文を載せました。

編集者の過ちは、度を超した検閲をして、『ワシントン・イグザミナー』紙、ジューディシャル・ウォッチ、メディア・リサーチ・センターなどの中道派にも支持されているサイトをブラックリストに載せたことでした。ブラックリストがトランプ支持者に人気のあるサイトのみで構成されていたら、文句を言うのはトランプ支持者だけなので、編集者は絶対に文句を無視したことでしょう。

くだんのメディア・リサーチ・センターは、2017年にソロスのオープン・ソサイアティ基金の納税申告を調べ上げて、同基金とその傘下にある30以上の組織がさまざまな報道機関に80億ドルの寄付をしたと指摘しています。この後、ソロスはカネの流れがバレないようにするために、オープン・ソサイアティ基金とその直々の傘下にある組織からの寄付を避けて、いくつものダミー組織を経由して寄付するようになったので、ソロスのダーク・マネーの流れを掴むのは至難の業になっています。

ソロスの資産は83億ドル、NATOは1兆ドルの巨大組織、NATOを取り巻く兵器・戦闘機・戦艦などの軍事産業に絡むカネの総額は計り知れず、トランプを忌み嫌うマイケル・ブルームバーグはトランプ倒しのために10億ドル使う覚悟でいる、と宣言しています。

ハスペルCIA長官がロシアの脅威を煽るためにトランプを騙したことは284ページで書きましたが、レイFBI長官も、トランプに任命されたにもかかわらず、ロシア疑惑を広めたFBIの内部捜査をことごとく妨害しています。

■2020年大統領選はグラディオ・ディープ・ステイト・パート3

際限のない資金と人材を有するディープ・ステイトは、ロシア疑惑、ウクライナ疑惑という2回のグラディオ偽旗工作は失敗しましたが、今度こそ〝3度目の正直〟でトランプを抹殺するために総力を動員してトランプに襲いかかって来るでしょう。

2016年の大統領選では、トランプは各地で大規模な集会を開き、報道機関を通さずに有権者に直接メッセージを伝えることによって、自分の真意と政策を正しく伝達することができました。しかし、今回はコロナウイルスのせいで集会が開けず、トランプの意見と政策を伝えてくれるのはフォックスといくつかの保守派情報サイト、数人の保守派ラジオ司会者のみです。ソーシャル・メディアの保守派口封じはもう誰にも止められません。ディープ・ステイトの情報統制、世論操作、偽旗工作の渦の中でトランプは苦戦を強いられるでしょう。

ディープ・ステイトはすでに〝バイデンがコロナウイルスに感染しないように〟という〝配慮〟から、ディベートをやめさせようと画策しています。ディベートが行われたら、バイデンが失言ばかりのボケ老人だということがバレてしまうので、ディープ・ステイトは、なんとしてでもディベートをやめさせたいのです。

ディープ・ステイトがバイデンを好む理由は、そもそもバイデンがディープ・ステイトの一員だから、ということもありますが、最大の理由はボケ老人なら簡単に操縦できるからです。副大統領にさらに操縦しやすい人材を配置できれば、就任後数ヶ月でバイデンを引退させ、副大統領を大統領に昇格させて、ディープ・ステイトの天下となるわけです！

トランプ支持者たちは、早くコロナウイルスの危機が去って、トランプが各地で集会を再開し、ディベートが3回行われますように！　と祈っています。

と、この章を書き終えた後、5月1日に、民主党が、ペンタゴンが開発したテクノロジーを使って、ソーシャル・メディアで反トランプのメッセージを広めるための組織 Defeat Disinfo（打倒偽情報）を結成したことが明らかになりました。この組織を率いるのは、ソーシャル・メディアを使ったマーケティングの専門家でリベラル派から敬愛されているカーティス・フグランドと、スタンリー・マクリスタル元陸軍大将。マクリスタルはハーヴァード大学ケネディ・スクールで学んだ後、子ブッシュのアフガニスタン戦争で国際治安支援部隊司令官を勤め、現在は外交問題評議会（外交政策のシンクタンク）のメンバー。まさにディープ・ステイトの代表格です。

この組織の目的はトランプのメッセージを阻み、バイデンの支持率を高めることです。A

スタンリー・マクリスタル

I人工知能を使ってトランプのメッセージを駆逐する最良のメッセージを選び、選ばれたメッセージを340万人のインフルエンサー（影響力のある人々）に送り、インフルエンサーたちがそのメッセージを広めて、ソーシャル・メディア上でトランプの口封じをするのです。また、フォロワーが多いユーザーにカネを払って反トランプのメッセージを広めてもらう、という企みも発覚しました。

このテクノロジーは、もともとはイスラム国が広めるメッセージを妨害、阻止するためにペンタゴンの研究機関DARPA（Defense Advanced Research Projects Agency 国防高等研究計画局）が開発したものです。

フグランドは、「トランプは〝コロナウイルス対策として消毒剤を注射しろ〟と国民に呼びかけているので、そういう偽情報を駆逐するためだ」とコメントしています。しかし、トランプはそんなことは言っていません。「トランプが消毒剤注射を薦めた」という偽情報をばらまいているのは民主党とメディアのほうです！

イスラム国対策のテクノロジーを使い、一般庶民にカネを払ってでも反トランプのメッセージを広めたい！　それほどまでにディープ・ステイトはトランプを憎んでいるのです。

打倒偽情報 Defeat Disinfo という組織名も、まさしくディープ・ステイトと民主党のプロジェクションで、これは明らかにディープ・ステイトが偽情報を流布させるための偽旗工作組織に他なりません。

さらに、5月6日、フェイスブックは言論統制のための20人の検閲員を発表。多くはリベラル派、数人はトランプを憎む人々で、弾劾公聴会でトランプの心理分析をしたパメラ・カーラン も検閲員なので、フェイスブックのトランプ派口封じにも拍車がかかるでしょう！

２０２０年の大統領選は民主的な選挙ではなく、軍産複合体とメディアがトランプを倒して民主党を政権に就けるためのレジーム・チェンジ作戦、グラディオ・パート3なのです！

あとがき

私が初めて「ディープ・ステイト」の存在に気づいたのは、1986年に超能力者、ユリ・ゲラー氏と友だちになり、CIAの裏の姿を知らされたときでした。

1990年、イラクのクウェート侵攻直後、私はテレビ朝日のCNN（当時はフェイク・ニューズではありませんでした）でキャスターをしていました。このとき私は、連邦議会の公聴会でナイーラというクウェート人の少女が「イラク兵がクウェートの病院に侵入し、保育器から赤ちゃんを引きずり出している」と、涙ながらに証言する姿を見て、もらい泣きしました。しかし、同時に私は、「こんなネイティヴ・スピーカー並みの英語を話す美少女を、よく見つけてきたものだ！」と、素直に感動しました。その後、ナイーラは反イラクの宣伝塔になり、アメリカでクウェートへの同情票が一気に集まって、湾岸戦争《ザ・ガルフ・ウォー》が実行されました。

戦争が終わった後、ナイーラが実は在米クウェート大使の娘で、保育器の話は作り話で、この公聴会はクウェートから1200万ドルもらったヒル&ノールトンという広告会社が仕組んだものだったと判明しました。このとき私はディープ・ステイトの存在を確信しました。

その後、21世紀になっても、ノーベル平和賞をもらったオバマが中東やウクライナで堂々とグラディオ工作を展開し、私はもう誰にもディープ・ステイトを止めることはできない、と嘆いていました。ところが２０１６年11月、トランプが当選したおかげでディープ・ステイトの存在が明らかになりました。それで不幸中の幸いだ、と、気を取り直しているところです。

私がこの本を書き終えた後、２０１５年と２０１６年にジョー・バイデン、ジョン・ケリー、ポロシェンコ前ウクライナ大統領の３人が交わした電話の会話がリークされ、ウクライナのクーリック検事が記者会見を開きました。この時、バイデン一味の裏工作を含む左記の事実が明らかになりました。

●ポロシェンコは「私は約束を果たした。人望があり公正に任務を果たしていたショーキンをクビにしたのですから、10億ドルの援助金をください」と、バイデンに懇願していた。
●民主党議員団が「ブリスマ捜査」を阻止しようとした。しかし捜査は続けられ、バイデンの息子を顧問にしたブリスマは資金洗浄をしていたことが明らかになった。
●バイデン、ケリー、国務省のケントとパイアット、ヨヴァノヴィッチ（ウクライナ大使）、FBIのカレン・グリーンウェイ、ソロス関係者が、ウクライナの内政と経済を仕切り、閣僚や検察局、汚職対策局の人事までも決めていた。
●バイデンは、以前から五つのウクライナ国営大企業を支配し、ソロスの息がかかった人間たちを重役に据えて巨額の給料を与え、彼らは賃金の安い移民を雇ってぼろ儲けしていた。
●バイデンとポロシェンコは、このあと銀行とメディア会社を乗っ取る計画を立て、バイデンはポロシェンコ再選のために最大限の援助を約束していた（しかしゼレンスキーが勝った）。
●トランプ当選の直後の２０１６年11月16日に、バイデンは、「トランプが大統領に就任する前にＩＭＦとの契約を完成させよ」と、ポロシェンコに指示していた。

これらの事実からも、ディープ・ステイトのウクライナ乗っ取り計画の主導者たちにとってトランプがいかに不都合な存在かが手に取るように分かります。

いつかオバマ・ゲートの全貌が明らかになるとは思います。しかし、たとえディープ・ステイトの悪事が明るみに出ても、残念ながらオバマもソロスも罰を受けることはないでしょう。なぜなら、ソロスはメディアだけではなく、司法組織も買い占めているから。アメリカでは地方検事、地方裁判所の判事も選挙で選ばれ、州民投票で州法を制定できるため、ジョージ・ソロスはアメリカ全土で莫大な資金を投入し、極左思想の地方検事を次々に当選させ、左派が好む州法を通過させています。ソロス派の検事たちは、アメリカ各地で万引き、窃盗などの軽罪の訴追をやめ、犯罪者をどんどん釈放し、不法移民の合法化を強行しています。

ソロスは貧者、黒人、ヒスパニック、ムスリム、同性愛者、トランスジェンダー、不法移民などの支援組織に莫大な寄付をしてます。それは、国民をさまざまなグループに分割し、部族主義を浸透させて部族同士を戦わせ、農奴どもが団結して農民一揆などを起こさないようにするためです。ローマ帝国の時代から使われていた分断戦略（divide and rule）という手段です。

凶悪な人間であるソロスが福祉重視を提唱するのは、ディープ・ステイトが支配する政府への依存度を高めて、誰もディープ・ステイト無しには生きていけないようにしむけるためです。ソロスの福祉は麻薬と同じで、農奴を麻薬中毒にして、楽に支配しようとしているのです。

トランプのおかげで、初めてディープ・ステイトの醜態が公衆の面前にさらされました。この、恐らく二度と訪れない機会を私たちは最大限に利用して、日本人もアメリカ人もディープ・ステイトが実在する、ということをしっかり記憶にとどめておくべきでしょう。

そして、〝民主主義を広めるため〟とか〝ロシアの脅威〟〝中国の脅威〟という言葉を聞いたら、グラディオの偽旗《にせはた》工作（false flag）が始まる！、と察する反射神経を養いましょう。

ディープ・ステイトは悪魔と同じです。「ディープ・ステイトなど存在しない」と思わせる彼らの狡猾な策略に惑わされないよう、日本のみなさん、くれぐれも気をつけてください！

最後になりましたが、Skype対談に快く応じてくださった副島隆彦先生に厚くお礼申し上げます。

2020年5月、テキサスにて

西森マリー

本書は、2020年7月小社刊行の『ディープ・ステイトの真実』に「新版補遺・その後に発覚した新事実」を加えた新版です。本文に登場する人物の肩書きは旧版刊行時のものです。

本文の記述の典拠となる参照サイト（URL）は、秀和システムのホームページ（https://www.shuwasystem.co.jp/）の本書の欄の「サポート」内に掲載いたしました。
https://www.shuwasystem.co.jp/book/9784798065366.html

新版補遺 その後に発覚した新事実

〝ロシア疑惑〟はトランプを傷つけるためにディープ・ステイトがでっちあげた大嘘でした。以下、この本を出版した後に発覚した事実の一部をご紹介しましょう。

●2020年7月以降に発覚した事実

ロシア疑惑は、ヒラリーが自分のEメール・スキャンダルから世間の注目をそらさせるために仕組んだもので、ブレナンCIA長官もオバマも「トランプとロシアは共謀などしていない」という事実を知っていた。

スティール報告書で「ロシアのアルファ銀行がトランプとプーティンの橋渡しをしている」と書かれたことを名誉毀損で訴えたアルファ銀行が、英国の裁判所で勝利を収め、裁判長がスティールに3万6000ポンドの賠償金を払うことを要請。

国務省のジョナサン・ワイナーは、スティールと接触した記録やスティールから送られたスティール報告書を2017年1月に抹消していた。

FBIのピーター・ストロックが2017年1月に記したメモに「スティール報告書も情報源は当てにならず、報告書に書かれていることを裏づける証拠は皆無だ」と記されていた。つまり、2017年1月の段階でオバマ政権司法省もFBIも、ロシアとトランプを結びつける証拠がないことが分かっていたが、スティールがヒラリーの弁護士に雇われていることを隠し、スティール報告書の情報を「信ぴょう性がある情報」と偽って裁判所に提出し、カーター・ペイジを盗聴する許可を得ていた。

ペイジ盗聴許可を要請したオバマ政権の司法副長官サリー・イェイツは、２０２０年8月5日に行われた上院司法委員会の審問で、「現時点で分かっていること（クラインスミスの改ざん、スティールの情報を裏づける証拠はゼロ）を知っていたら、盗聴許可要請はしなかった」と、証言。

バイデン副大統領、コーミーFBI長官、ブレナンCIA長官、サマンサ・パワー国連大使、ジェイムズ・クラッパーを筆頭に、約40人のオバマ政権の人間が、ロシア大使の話し相手のアンマスキングを要請していた。

ストロックのメモには、「FBIはフリンは何の罪も犯していないことを認知していたが、バイデンが『ローガン法で捕まえろ』と提案し、オバマも同意した」と記されていた（ローガン法とは、政府の許可を得ていない人間がアメリカ合衆国と争っている外国と交渉することを禁じた法律。１７９９年に制定されて以来、１８０２年と１８５２年にそれぞれ1人ずつ告発されたが、2人とも起訴は免れ、それ以来、一度も適用されたことがない無意味な法律）。

ジョー・バイデンの息子のハンター・バイデンは２０１４年にモスクワ市長夫人から３５0万ドルもらっていた。

10月の段階で、ハスペルCIA長官は、大統領選でトランプが負けてロシア疑惑の真相がうやむやになることを望んでいた。

ＦＢＩはスティール報告書はまったく信ぴょう性がないと判断したにもかかわらず、同報告書の情報を根拠としてロシア疑惑の捜査を開始した。

ＦＢＩのコーミー、ストロック、マケイブ、リサ・ペイジが容疑のないフリンを捜査する理由として〝国家安全保障のため〟という口実を使ったことに対し、現場のＦＢＩ捜査官たちが疑問を抱いていた。

ＦＢＩは大統領執務室で毎朝行われる諜報組織の近況報告を利用してトランプと大統領の側近たちをスパイしていた。

ストロックは、自分で書いたロシア疑惑捜査開始依頼書を自分で認可していた。

ストロックは、クラインスミスがカーター・ペイジの背景を改ざんする前に、ペイジがＣＩＡの協力者だったことを承知していた。

トランプがロシア疑惑の起源を捜査するために任命したジョン・ダーラム特別検査官が捜査を開始する前に、モラーの捜査班の人間たちのケイタイ電話の記録が〝誤って〟消去されてしまった。

オバマは、ウクライナのアメリカ大使館を通じてフォックス・ニュースの司会者たち、ドナルド・トランプの長男、ルーディ・ジュリアーニ、サラ・カーター（記者）、ジョン・ソロモン（記者）などの通信を傍受していた。

ジョン・ダーラム

ルーディ・ジュリアーニ

ストロックは、私設サーバーを使ったヒラリーが機密を漏らしたかどうかを捜査した後の報告書を改ざんして、ヒラリーに罪がないように見せかける努力をしていた。

「ＥＵ離脱に関する英国国民投票で離脱側とロシアが共謀していた」という大嘘を広めたのも、クリストファー・スティールと、ソロスが資金提供したＴＤＩＰという組織だった。

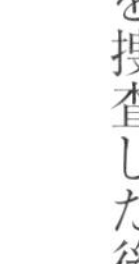
サラ・カーター

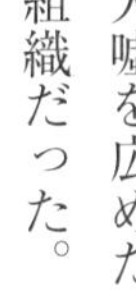
ジョン・ソロモン

●2021年に発覚した事実

民主党全国委員会のコンピュータのデータを入手してウィキリークスに渡したのはセス・リッチで、リッチはローゼンスタインの友だちが雇ったＭＳ13のメンバーに殺された。

民主党全国委員会のコンピュータのハッキングはロシアのせいだった、と発表し、ロシア疑惑の種を蒔いたクラウドストライクの社長、ショーン・ヘンリーは２０１２年までＦＢＩ捜査官だった。当時、ヘンリーは、ロッド・ローゼンスタインの元で政財界・司法界の要人のコンピュータに恐喝の素材となる犯罪の〝証拠〟（チャイルド・ポルノなど）を植えつける仕事をしていた。ヘンリーは国家機密を外国に売っていた。

ローゼンスタインは、ジョン・ロバーツ最高裁判事が子どもとセックスをしている映像を保管していたので、カーター・ペイジの盗聴許可取得の際、ロバーツがＦＢＩを援助した。

司法省がフリンの訴追を取りやめた後も、自ら弁護士を雇って訴追を続行したエメット・サリヴァン判事は、バイデンのペド仲間で、二人ともデラウェアに複数の家を所有し、そこ

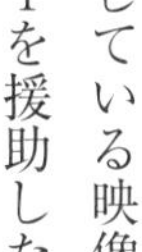
ジョン・ロバーツ

で子どもたちをレイプしていた。サリヴァンは孫娘ともう1人の少女をレイプしたときに怪我を負わせ、病院の記録が残ってしまったため、レイプの罪をやはりペドの息子に押しつけ、裁判をデラウェアからメリーランド州ボルチモア市に移して、当時のボルチモア市長とボルチモア選挙区選出のイライジャ・カミングス民主党下院議員が訴訟を闇に葬ってくれた。これらのレイプの証拠映像や病院の記録のすべてをローゼンスタインに握られていた。サリヴァンは孫娘をセックスの道具としてバイデンにオファーしたが、バイデンは黒人が嫌いなので、「要らない」と断った。サリヴァンは元司法長官のエリック・ホルダーの親友で、オバマはこれらのすべての出来事を把握していた。

ハンター・バイデンがコンピュータ修理店に置き忘れたラップトップに、中国やウクライナにバイデンの影響力を売って、その10パーセントをバイデンに渡していた記録や、ハンターがマリア・オバマ（オバマの長女）とセックスをしている映像などが入っていた。

コーミーはクラッパーに「スティール報告書は信ぴょう性がない」と伝えた後に、スティール報告書を根拠にカーター・ペイジをスパイする許可を与えていた。

ハルパーはＦＢＩに雇われてカーター・ペイジとパパドポロスをスパイし、どちらかに「トランプはロシアと関わりがある」と言わせようとしていた。

ＦＢＩは、ハルパーにピーター・ナヴァロ（キャンペーン顧問の1人で、後にホワイトハウス国家通商会議委員長）のこともスパイさせようと企んでいた。

ピーター・ナヴァロ

ＦＢＩは、ハルパーの「フリンはロシアの女スパイと関係がある」という情報は〝信ぴょう性がない〟と判断したにもかかわらず、フリンの捜査を始めていた。

ウクライナの検事が記者会見を開き、「ブリスマはラトヴィアの銀行を通じてハンター・バイデンに３４０万ドル送金していた。これは〝コンサルタント料〟という名目だが実際はブリスマの不正を見逃してもらうための政治的な裏金だった」と証言した。

２０２１年5月の段階では、ロシア疑惑ねつ造の罪で罰を受けたのはクラインスミスのみですが、ダーラムの捜査結果が公表されれば、ストロック、リサ・ペイジ、マケイブ、コーミー、ブレナン、クラッパー、ローゼンスタイン、スーザン・ライス、のみならず、オバマ、ヒラリー、バイデン、ジョン・ケリー、ソロスも投獄されるでしょう。

ロシア疑惑はヒラリーが仕組んだことが明らかになりましたが、ヒラリーは中世以降ずっと世界を支配してきたカバール（ヴァチカン、ヨーロッパ王室、中世から続く大銀行家集団）の手下にすぎません。カバールは２０１６年の選挙でヒラリーを大統領に据え、アメリカで核爆発を起こして、それをロシアか北朝鮮のせいにして第3次世界大戦を始め、戦後の荒廃したアメリカを植民地化しようと企んでいたのです。しかし、アメリカを愛する米軍勇士たちが激戦州で投票機がインターネットに接続できないようにして、カバールの投票機不正操作を阻止し、トランプが当選。狼狽したカバールが、選挙中にヒラリーが仕組んだロシア疑惑を長引かせ、さらにウクライナ疑惑をでっち上げてトランプの愛国的な政策（＝反カバール政策）を阻もうとしたのです。

ロシア疑惑の真相をさらに深く追究したい方は、是非、拙著『カバールの正体』（秀和システム）をお読みになってください！

特別対談

西森マリー×副島隆彦

日本人が知らない!2020年アメリカ大統領選とディープ・ステイトの真実

本対談は、２０２０年６月３日（日本時間）午前７時に、スカイプを使って行われた（編集部）

◆ジャーナリストも知らない「ディープ・ステイト」の実態

副島　最初に私が言うべきは、西森さんが今回お書きになった『ディープ・ステイトの真実』は、たいへん素晴らしい本です。私はここに書かれていることに何の異論もない。それどころか大賛成です。

大賛成というのは、大きな枠組みで、私と同じ立場でお書きになっている。私の立場や思想や生き方とほとんど同じです。

ただし、これは日本国内においては極めて少数の人間たちです。このことを分かってください。

西森　アメリカでもそうですよ。アメリカでも気づいていない人のほうが圧倒的に多くて、いまでも「ロシア疑惑」をそのまま信じている人が国民の半分以上です。

副島　そうでしょう。私とあなたは同じ思想的立場に立っている。かつ、これは闘いなんですよ。私たちは知識人《インテレクチュアルズ》で、言論人、表現者ですから、文字、言論で戦うしかない。私たちは無力なんですよ。

西森　そうなんです。

副島　とくに日本においては、力《ちから》にならない。勢力にならない。

西森　私は、副島先生が、2016年11月8日（日本時間9日）のトランプ大統領選勝利を予言した一冊（『トランプ大統領とアメリカの真実』日本文芸社、2016年6月30日刊）を最近読んで、私の本（『ドナルド・トランプはなぜ大統領になれたのか？』星海社新書、2017年2月刊）とほぼ同じことを、日本にいながら、選挙の半年も前から断言していたことに驚愕しています。また、先生が私と同じリバータリアンであること。ランド・ポール、ロン・ポール親子とトレイ・ガウディが好きであること、を知って、私と同じだ！と、喜んでおります。

副島　私は、今回の西森さんのディープ・ステイト（裏に隠れている政府）論で、あなたが書いたことは95パーセント理解できる。ただ、こういう日本人は日本にいません。私しかいません、本当に。哀れで悲しいこの国の現実だけど。NHKの解説委員とか、ヨーロッパやアメリカに10年以上、新聞記者で、あるいは時事通信や共同通信から派遣されて赴任していた連中でも理解できていない。

西森　その原因のひとつは、彼らはロサンゼルス、ニューヨーク、あとシカゴ、ワシントンにしかいないからです。副島先生が日本にいながら、選挙の半年も前から、トランプが当選することを分かっていらした。本当に驚異的なことです。

私は今テキサス州に住んでいるので、周りが全員トランプのファンです。そして、私はオクラホマ州にもよく行くので、アメリカの「レッド・ステイツ」（＝共和党の強い非都会型の農業地帯の州）の人たちのことがよく分かるんです。だけど日本の、いや、日本だけでなく、アメリカでもジャーナリストというのは西海岸と東海岸とシカゴぐらいにしかいないから、レッド・ステイツのことをまったく分かっていない。ジャーナリストが分かっていないということの原因の一つはそこにあると思います。

副島　私は、これまでの30年間で200冊の本を書いてきました。ずっと同じことを言ってきました。私の本を少しでも読んでいただければわかる。私は5年ぐらい前からあなたと同じ主張の本を書いてきました。今回、西森さんは「ディープ・ステイト」という言葉を中心に持ってきました。私にとって一番大事な言葉は、〝drain《ドレイン》 the《ザ》 swamp《スワンプ》〟です。この言葉を日本人は理解できない。普通のインテリでも、新聞記者でも学者でも。スワンプという言葉は「穢《きたな》い沼地」で、この沼地をイリゲイション（灌漑《かんがい》）しなければいけない。湿地帯から汚れた水と、その底を這い回っているヒルとかヘビとかイモリとか、穢い生き物を、水を抜いて干乾《ひぼ》しにしろ、ドレインしろ、と。この意味を分かる日本人の知識人はいません。「ドレイン・ザ・スワンプ！」、あのワルのヒラリーたちを干乾しにしろ、と。この野郎たちがアメリカのデモクラシーを壊して盗んでいる人たちなのだ、と。

私はそういう闘いの本をずっと書いてきました。だから、日本の現状はいやというほど分かっています。

この国は、1億2000万人もいるけれど、意識的、計画的に内側に閉じ込められている国。敗戦後75年。敗戦後はフランクリン・ルーズベルトのニューディーラーという政策によってです。ルーズベルトたちはポーズとしては民衆の味方でリベラル派でした。素晴らしい憲法を日本国に上から与えた。この素晴らしい憲法のおかげで、私は何を書いても捕まりません。言論の自由、freedom of expression《フリーダム オブ エクスプレッション》 あるいは free speech《フリー スピーチ》 が認められているから。これはアメリカでできた思想で、やっぱり偉大です。私はそれに守られている。私には、その恩義がニューディーラーたちにあります。このニューディーラーたちも、その後コミュニスト（共産主義者）と同格扱いされて、朝鮮戦争（1950年6月）からヒドい目に遭っていきました。そういうアメリカの歴史も私は知っています。

大きな枠組みで私は世界基準の人間です。威張り腐るわけではないけれど、日本においては私は極めて稀有《けう》な人間です。政治思想《ポリティカル・ソート》の大きな枠組みを、30年前に分かった人間だからです。「グローバリズム」（地球支配主義）や「グローバリスト」（地球支配主義者）という言葉を、私は30年前から使っています。人類の長い歴史の勉強もしましたし、アメリカン・デモクラシーがどのように作られてきたかも分かりました。

西森　先生の本を読むと、いったいどこから情報を得ているのか。あまり情報を得ているという感じがしないんですね。閃《ひらめ》きと勘《かん》だけで事情が見えている感じがするんですけど。

副島　政治知識人（ポリティカル・インテレクチュアルズ）というのは、そういうものなんです。どこの国にも、私みたいな人間が必ず出現するんです。世界を獲得するんです。世界の枠組みが全部分かる。日本にもそういう人間が出てくるんです。そして人々に大きな真実を伝える。中国もそうだけど。一番優れた人間というのが、必ず生まれます。それはね、大きな全体の枠組みが分かってしまう人間たちなんです。

西森　私は先生が暗殺されるんじゃないかと心配しています。

副島　私にそう言う人たちが日本にもいます。ただ、この国は私程度の人間では暗殺されません。なぜか私は分かっています。土人の国だからです。彼ら悪人たちは私を理解できないからです。このバカ野郎が何か言っているけれど理解できない。それでは殺す理由にならない。彼らには私を理解するだけの知能と知識がない。この国は知識人がいない国です。自分は知識人だと思い込んでいるバカが山ほどいるだけで。

あまりにも言語の壁が大きすぎた。日本人は英語があまりにもできなかった。これが簡単な真実。それはアメリカ人が計画して英語を日本人に勉強させなかったからだ。ウソのめちゃくちゃな英語教育をやった。NHKの英会話番組の講師をしていた西森さんは、そのことをよく分かっているはずだ。嘘八百、とんでもない英語教師たちが、とんでもない英語教育をやり続けた。まったくできない。ただ、生来《せいらい》言語感覚に優れ、音《おん》を聞き取れる一部の日本人が外国に出て行って、あなたと同じようなバイリンガルからポリグロットに近い人たちが確かにいる。でもその人たちは枠の外にはじかれた。日本の中に入れてもらえない。はっきり言いますが、あなただって、除外《エクスクルード》されたのだと思う。

西森　そうですね。

副島　除外されて、日本人なんだけど日本人ではない。そして、あなた自身はコズモポリタンになってしまったと思います。私はそうはいかない。日本土人の中の、土人の一人として、土人の中の一番頭のいい人間として死ぬまで生きていく。殺されてもいいんだ、という覚悟で生きていく。男だから、ということもある。私自身が政治活動をやらないから殺されないんです。実際に、私が中国の国家安全部、あるいはロシアのFSB（ロシア連邦保安庁。KGBの後継）の連中と付き合ったら、殺されますよ。あるいは、私がドイツに行って、たとえばドイツのネオナチであるAfD《アーエフデー》（ドイツのための選択肢）の人たちをインタビューして回ったら危ないですよ。日本とドイツが再び本当に理解し合おうとして、私が動いたら、必ず殺されます。それはもう分かっているんです。

しかし、私は日本に立てこもって動かないで、本だけを書き続けて、本当のことを全部書き続けてきた。これでいいんです。

西森さんは、アメリカでずっと暮らしてきたから分かると思うんですが、日本人は、アメリカの本当の歴史を誰も知らないんですよ。

西森　そうですね。

副島　アメリカの本当の政治の闘いの歴史を日本人には教えないことになっている。佐藤優氏が言っていたけど、アメリカン・スタディーズ（アメリカ研究）は日本ではやらせてもらえない。外務省にも2人しかいない。で、この2人もバカなんです。何にも分かっていない。本当のアメリカ国民の血だらけの闘いを日本人は誰も知らない。だから、ひどい国なんですよ。洗脳された国民ですから。そして内側に計画的に閉じ込められている国民ですからね。

西森　でも、先生。アメリカも同じだと思いますよ。

副島　そうだと思う。本当は一緒だと思う。ただし、アメリカのインテレクチュアルズというのは、上のほうはレベルが高いです。しかも今の世界帝国《ワールド・エンパイア》ですから、優れた人材がたくさん集まってきて、ものすごくレベルが高い。と同時に、エンパイアであることの苦しみというか、内部抗争というか、激しい闘いもありますよね。

日本では、エンライトン（啓蒙）されたあなたや私が優れているといくら言ってみても、お前らみたいなマイノリティは誰からも相手にされないよ、という風にして、脇《わき》にどかされ追い詰められてずっと来ました。

私は死ぬまで闘い続けますから、それはそれで構わない。私は深く深く諦《あきら》めている。私にとっては、このこと（私が徹底的に孤立していること）は、私の利権なんです。日本語という士人言語、浪花節《なにわぶし》言語で私は文章を書ける。書いて本にして出しても殺されない。アメリカだったら、私が書いているようなことを書いたら殺されますよ。

西森　そうですね。

副島　一発で殺されます。そんなことは分かっている。日本ではほったらかしにされて許されている。だから、このことは私の利権（利益）です。日本の権力者、支配者というのはアメリカの手先どもで、アメリカの子分《ヘンチマン》でポーン（手駒《てごま》）ですからね。アメリカ帝国にお金を払う貢《みつ》ぐ係りですから。今回のコロナ騒動でも、百兆円（1兆ドル）ぐらい持っていかれたと思いますよ。本当です。ワン・トリリオン・ダラーズです。それは日本銀行と財務省が裏金で払ったお金です。本当にたいへんなお金を日本はアメリカに払っている。それはもう返ってきません。だから、日本人はいくら努力しても努力しても貧乏なままです。

でも、アメリカ様《さま》にこの75年、守ってもらってよかったじゃないか、認めろ、と、アメリカは言うわけですね。私の主著の一つは『属国・日本論』です。この間、「決定版」を出し直しました（PHP研究所、2019年）。日本は、アメリカの従属国《トリビュータリー・ステイト》、家来《けらい》の国で、ズビグネフ・ブレジンスキーが使った言葉では、「日本はフラジャイル・フラワーだ」です。いつでもすぐ潰される「弱い花」なんだ、と。だから、お前たちは俺たちのアメリカ帝国にせっせとドーネイション（献金）すればいいんだ、と。日本とはそういう国だ。そういうふうに作られています。

西森　でも、先生、それは日本だけじゃないと思いますよ。ドイツだけは、ちょっとだけアメリカと闘っていますけど。他の国もみんなアメリカの属国なんじゃないかと思いますね。

副島　ドイツが敗戦後、一番アメリカに痛めつけられたでしょうね。ヨーロッパ白人の優等民族で、英米と覇権（ヘジェモニー）を争って本気で激突して大敗しましたから。ドイツもアメリカに屈服して従属国になった。帝国の周辺の従属国というのはみんなそうです。ただ、このことを認めるか認めないかが問題です。世界中のポリティカル・サイエンティスト（政治学者）たちは、絶対認めない。彼らこそは、グローバリストだからですよ。人類の歴史（世界史の4000年間）が、すべて「帝国と属国の関係」だったと大きな真実を認めると、自分たちがただの御用《ごよう》学者、御用商人だということがバレてしまう。だからイヤなんですよ。

◆リバータリアンになる人は元極左の人が多い

副島　ただ、アメリカ国内にも左翼《レフトウィング》の作家や知識人はいて、リバターリアンの知識人たちがいます。私はちょうど30年前にリバータリアンを知った人間なんです。ハンター・S・トンプソンという有名なアメリカ作家、ラジカル知識人のコロラド州の家に会いに行ったときに教えてもらった。日本人では私が初めてです。リバータリアンの知識人たちから、世界とはどういうふうにできているか少しずつ習ったんですよ。リバータリアンというのは泥臭い思想です。

西森　そうですね。

副島　アイン・ランド女史みたいな奇抜な思想家もいます。リバータリアンは、きれい事を言いません。リバータリアンはヘンな理想主義を言いません。18歳になってなんとか自力で生きれればそれでいいんだ、と。

西森　いま、そのリバータリアンを、ジョージ・ソロスとコーク兄弟が手をたずさえて、潰そうとしているんですよ。

副島　ええ、分かっていますよ。コーク4兄弟の父親のフレッドは、リバータリアン運動の始めからいる大金持ちで、カンザス州のウィチタを本拠にした大企業です。

ただね、リバータリアンの派閥はアメリカに20ぐらいある。コーク兄弟なんてのは、そのうちの一つに過ぎません。で、このコーク兄弟の派閥が共和党の下院議員の中で46人の勢力を持っています。彼らはトランプの言うことを聞きません。公然と逆らっている。コーク兄弟の会社は外国進出はしない。アメリカ国内だけで石油や天然ガスの掘削機とパイプラインを作っている。で、従業員を大事にして、従業員と一緒にご飯を食べるみたいな人たちです。リバータリアン運動の中ではちょっと特異で、彼らは主流派ではない。彼らのお父さんのフレッド・コークはアメリカの反《はん》共産主義運動の嚆矢《こうし》となったジョン・バーチ・ソサイエティ（協会）の中心メンバーだった。だから反共主義者だったんです。だから、ジョージ・ソロスやスティーヴ・バノンたちといま付き合えるんです。反共産主義こそは自分たちの血に流れる、脳のてっぺんからの信念《ビリーフ》なんです。だから、反共産主義（アンティ・コミュニズム）

と言いさえすれば、自分たちに大きな正義《ジャスティス》がある、という人たちですね。こういうアメリカの現代政治思想の分類と微妙な対立点を日本人は理解できない。私だけでしょうね（と豪語する）。

西森　あの人たちが牛耳っていますよね。

副島　牛耳っているけれども、コーク兄弟はバカではないから、ソロスやバノンに騙《だま》されることはないですよ。あなたがお書きになっているとおり、ディープ・ステイトと闘うアメリカ民衆がいますから。そんなに悲観ばかりしなくていい。トランプ派の軍人や警察署長たちがいます。トランプが暗殺されないのは、彼ら警察幹部や高級軍人たちがトランプを守っている。ＣＩＡやＦＢＩの中にもトランプ派がいます。そういう激しいぶつかり合いをアメリカの政治はやっています。私はその闘いが分かるんです。私は日本の極左過激派運動（エクストリーミスト・レフト・ウィング・ムーヴメント）から出てきた人間ですから。

西森　私もそうなんですよ。

副島　そうでしょう（笑）。この極左過激派運動は、もう50年前ですね。１９７０年前後に大学紛争とか、学生運動といいました。世界中で若者たちのベトナム反戦運動や「パリの５月革命」や中国の文化大革命（文革《ぶんかく》）という悲惨な闘争がありました。その煽りでした。みじめなみじめな闘いでした。たくさんの学生が日本でも死にました。バカな殺し合いをやって。私はあの時の少年兵《しょうねんへい》ですから。

トロツカイト（トロツキスト）のセクトの流れがあって、反ソビエト、反帝国主義をスローガンにした。内部が10ぐらいに分かれていました。私は15歳から、この派閥分析、党派分析の専門家なんです。どこでどのように思想が分裂して派閥《セクト》となって互いにぶつかり合って、わーわー怒鳴り合いのケンカになり分裂していくか。それの専門家なんです。

西森　すごく不思議だと思うんですけど、リバータリアンになる人というのは昔、極左だった人が多いですよね。私は学生運動じゃなくて、動物の権利運動をずっとやっていて、なぜテキサスに移動したかというと、テキサスにはトロフィー・ハンティングという、動物を閉じ込めておいて撃ち殺すという、娯楽のためのハンティングがあって、私はそれを潰すためにテキサスにやってきたんです。そういう場所が２０００か所ぐらいあるんですよ。あと、毛皮《ファー》反対の運動もずっとやっていた。こういう運動をしていると、必ずグループの中に一人、ヘンに過激な人が現れて、毛皮の店を焼き討ちにしようとか、トロフィー・ハンティングの場所に銃を持って行って、ハンティングする人たちを銃殺しようとか言う人が必ず一人いるんですよ。で、その当時は全然気づかなかったんですけど、今から思うと、それはＦＢＩやＣＩＡから送り込まれた人だったと思うんですよ。

副島　そうです。潜入（インフィルトレイト）してきたスパイですね。１９６０年の安保反対運動でも、70年安保の大学闘争も公安警察官がたくさん潜り込んできた。日本の赤軍派という一番過激な連中は、シリアのゴラン高原まで行って軍事教練させられて暴力事件を起こした人たちだ。ドイツ赤軍（バーダー・マインホーフ）も同じことをやった。内部に政治警察の潜入者（インフィルトレイター infiltrator ）がいて煽動する。そしてわざと暴走させて、過激派をただの犯罪者集団に転落させてゆく。政治活動には、必ずこのバイ菌《きん》たちの危険が伴う。西森さんがこの本で書いている、まさしく「グラディオ作戦」に騙されてイタリアの銀行頭取を殺したり、元首相を殺したりした人たちも全部、仕組まれていた。

西森　そうですね。

副島　このことに気づいている人たちは、今の今でも、まだあまりいない。善意のリベラル派たちは考えが甘いんだ。私も30年かけてようやくたどり着いた。私はこのことで血を吐く思いで生きてきました。

だからね、西森さん、公安警察がたくさん潜り込んできて日本の過激派もひどい目に遭った。内部抗争を起こされて、指導部を叩き殺されて、激しい憎しみ合いの坩堝《るつぼ》に陥っていった。それを私は自分で目撃して生きてきた。

私は生き延びなければいけないと深く決意した。ヘンに過激な運動をしてはいけない。生き方としては穏やかな人間でなければいけない。人生は我慢に我慢だと思って努力してきた。とにかくこれらのすべてを書いて本にして遺せばいいと思っています。

西森　副島先生、また別の質問があるんですけど、アメリカでＰＣ（ポリィテカル・コレクトネス）で、ニューヨークでは「不法移民」という言葉を使うと逮捕されてしまうようなところまで行っています。それは結局、言葉を矯正《コレクト》することによって、不法移民という言葉を無くせば、不法移民という概念もなくなる、ということをやっているんですね。怖いことだと思います。

副島　そうですね。不法移民（illegal arrivals イリーガル・アライヴァルズ）というコトバを、それ自体が差別だ、とする。ビジターとかゲストとでも言うんでしょう。その前に、西森さん、それは「不法」ではなく「違法」と言わなければいけないんです。違法移民です。「不法」と「違法」の違いが分かる日本人は法学部を出た人間だけで、わざと言葉を微妙に違えるんです。遺言状《ゆいごんじょう》と普通、日本人は言いますが、法学部を出た人たちは「いごんじょう」と言います。そういうわずかな言葉の使い方のずれをわざとやって、専門家たちが威張るんです。どこの国でもそうですね。専門家というのは、人騙《ひとだま》しです。

アメリカの人権（人種）平等主義者たちがウルトラ過激化して、すべての人間は善人だから、いま牢屋にいる人までみんな外に出しなさい、と主張する。中南米諸国からの難民も全部入国させなさい、と。そしたら、普通の温和なアメリカ白人たちがイヤがりますよ。俺たちもう十分貧乏だ。もうこれ以上入って来ないでくれ、と。しかし、これを公然と言うと、自分がアメリカ憲法違反になるんですね。自分が差別主義者になってしまう。自分が人種差別を認めるレイシストになってしまう。お前は犯罪者だと言われてしまう。

それに対して、トランプ派の人々は、真っ向から「それは違う」と言う。人間はできることできないことがあるんだ、できないことに対してまできれい事を言うのを俺たちはやめたんだ。これがリバータリアンであり、トランプ派です。

◆恐ろしいジョージ・ソロスの「アンティファ」運動

西森　日本で報道されているかどうかよく知りませんが、今、アメリカ中で暴動が起こっていて、昨日（6月1日）なんかはニューヨークのソーホー地区で、シャネルやグッチの店舗が襲撃されて略奪されました。警官はただ見ているんです。黒人が略奪しているのを捕まえると、さらに警官による黒人差別というイメージが高まる。だから警官は何もできないでいるという状態。これがもっと続くと、これまで浮動票だった白人の女性が、法と秩序（law《ロー》 and《アンド》 order《オーダー》）を求めてトランプ寄りになってしまう。だから、黒人たちにとってはかえって不利な状況になると思うんですけどね。どうしてそのことが分からないんだろうと、私は不思議でしょうがない。

副島　あなたはずば抜けて頭がいい人だから最先端のテーマに、ジャーナリストのセンスでサッと飛びついて真実を理解して、すぐに優れた判断を下す能力がある。それでいいのです。本当は、あの黒人暴動のフリをさせた商店略奪、破壊活動は「アンティファ ANTIFA」というアンティファシスト運動です。トランプ・ツィッターの中にも出てきた（5月27日）言葉だ。背後にジョージ・ソロスがいる。全米で５０００人ぐらいの白人の部隊を持っていて、こいつらが計画的に犯罪集団として襲いかかっている。もうここまでバレている。もっともっと真実をバラさなければいけない。

今回、西森さんは『ディープ・ステイトの真実』をお書きになったから、その次の本は、『アンティファ ANTIFA の真実 ── ジョージ・ソロスたちの大犯罪』ですね。

西森　金の流れを追え、ということですね。

副島　その通りです。"Follow the money." です。ソロスは本当に悪いやつで、ソロスこそはヒラリーの応援団長で、代表ですからね。恐ろしい男です。オキュパイ・ウォールストリート運動、「ウォールストリートを占拠せよ」もこのアンティファが仕掛けたものです。あれはソロスの長男坊のロバートが組織している。「１％対99％」１％のお金持ちたちに対し99％の民衆は可哀そうだ、とか、わざとやるんですよ。ああいう人騙しを。このことを分かっているのは日本人は私だけでしょう、残念ながら。

西森　あともう一つ、国連《こくれん》はいいものではない。

副島　ザ・ユナイテッド・ネイションズは、「連合諸国《しょこく》」と訳すのが正しい。それを「国際連合」だなんて、どこにも「国際」なんて書いてない。中国では正しく「聯合《れんごう》諸国」と訳している。日本とドイツとイタリアを両側から挟み撃ちにして攻め殺したときにできた国家連合ですからね。ロシア（ソビエト）を英米が自分の側に取り込んだときに勝負があった。今は「5大国《たいこく》」（ファイヴ・パーマネント・メンバーズ。安保理常任理事国《あんぽりじょうにんりじこく》）という5人のお役人様がいて、ここだけが刀（核兵器）を持てる。だから、今でもユナイテッド・ネイションズ（UN）としてはインドとパキスタンの核兵器を認めません。いつでも取り上げるための駆逐艦がインド洋にいます。だけど、イスラエルが400発の核兵器を持っている。これは内緒にして言わないようにしよう、ということになっています。5大国とは、米、ロ、中国、英、仏です。

西森　UN（ユナイテッド・ネイションズ）は完全にビルダーバーグの手先ですね。私は先生と違って、先見の明がないので、単にニューズを読んでいるだけなんですが、2001年だったか、「リプレイスメント・マイグレイション」というUNの決定が出て、ヨーロッパが老人化しているので、海外からたくさん若い人たちを移住者として呼ぶ、というUNの決定だったんですね。「移民」という言葉もやめて、単に「移住者」をリプレイスメントとして入れようという決定でした。その何年かあとに、「難民《レフュジー》」という言葉も禁じるという国連の決定があって、そのあと、アメリカでは「不法移民」という言葉もやめるようになった。それで子供向けのビデオゲームを国連が作った。たとえば、難民の子どもがパンをもらうためにどれだけ苦労するかということが、そのビデオゲームで体験できるというものなのです。そのビデオゲームをヨーロッパの子どもたちに配っていたんです。そのときからすでに、難民は可哀そうだと洗脳していたんですね。それから5、6年して、シリアの難民たちがたくさんヨーロッパに入ってきた。15歳ぐらいのときにそのビデオを見た人たちが、20歳ぐらいになったときに、シリアの難民がたくさん入ってきた。この流れを見ていると、国連はすでにシリアの混乱を予測していた、というか、ブレジンスキーの企画書と同じというか、その通りに進んでいるんだと私は思いました。

副島　そういうことですね。

西森　単なる予想ではなくて、予《あらかじ》め企画があって。難民が襲ってくるということを分かっていた。5年前からそういうことをやっていたんだと思ったんです。あれもすべて「グラディオ」だったんですね。

副島　そうですね。それで、西森さん、貴女《あなた》はテキサスにいるから分かると思うんだけど、テキサスで一番嫌われている政治家はリンカーンですよ。リンカーンナイト Lincolnite という言葉がある。リンカーン主義者と聞くとテキサス人（Texan テクサン）は、激しく怒ります。この野郎のおかげで、テキサスは南北戦争のあとひどいことになったんだ、と今も思っている。私はテキサス人（3000万人）の気持ちがよく分かる。テキサス人たちの怒りがあって、自分たちは大きく騙されたんだ、と今は気づいている。アメリカは国家分裂する、という本を私は昨年書いた（『国家分裂するアメリカ政治 七顚八倒《しちてんばっとう》』秀和システム、2019年刊）。カリフォルニア州（4000万人）を中心にして西海岸は、アジア人と混ざって生きてゆく。真ん中の農業地帯はテキサス州を中心にまとまる。東海岸はヨーロッパ白人たちとくっついて分裂する。ジョージ・オーウェルが描いた3つの世界になるわけですね。

ただし、私は、政治変動はなるべく穏やかであることが一番いい。UN《ユーエヌ》をいま解体せよとか、そういうことを言わないほうがいい。中国とロシアが、今どうしているかと言うと、極力アメリカと戦わない、争わないという態度を取っています。とにかく自由貿易（国際経済）をやらなければいけない。自由貿易ができなくなることが一番世界にとってよくないことだ。中国がここまで急激に豊かになったのは、自由貿易体制のＷＴＯ《ダブリユティーオウ》（世界貿易機関）に２０００年に入れたからだ。このことが本当に大事なことです。

中国人は、みんなアメリカが新型コロナウイルス（ＣＯＶＩＤ‐19）を、武漢で撒いたって分かっているのです。でもこのことは言っちゃいけないことになっている。攻撃をかけてきたのはアメリカのほうだ。そして、それを中国は立派に防御（迎撃）しきった。だから中国の勝ちだ。私は平気で本に書きました（『もうすぐ世界恐慌』徳間書店、２０２０年5月1日刊）。アメリカのヒラリー派の狂気の軍人どもが撒いたんだ、と。特殊部隊（スペシャル・フォーシズ）が撒いたんだ。昨年の10月18日に武漢で世界軍人運動会というのがあって、そこに３００人の米兵が来ていた。アメリカ軍楽隊も１００人いた。その機材の中に入れていた。武漢で作られたものを改良したものが。遺伝子操作で突然変異を起こしたウイルスを持ち込んで撒いた。中国人はみんな知っています。今の中国は頭がいい。しかし、このことは指導部から一般国民（人民大衆）まで一言も言ってはいけないことになっています。戦争になるから。アメリカが仕掛けたとはっきり言うと。分かっているんです。今の中国のインテレクチュアルズはものすごく頭がいい。

西森　そうなんですか!!

副島　そう。だから、穏やかであることが一番大事なんです。このあとも、着々とUNを含め国際機関を、中国は順番に取っていきます。

西森　WHOは完全に中国支持になっちゃいましたからね。

副島　そうです。アフリカ諸国や南米諸国を中国は取っていますからね。私の日本国内の言論は、中国戦略に加担しているもののように見られています。私は中国の手先のように反共右翼たちから言われる。だけど、私は中国人の友達さえ一人もいません。中国語も分かりません。それでも、次の世界覇権国《ワールド・ヘジェモニー》は中国が握るんだ。私は2007年からこのことが分かった。

2007年に『中国　赤い資本主義は平和な帝国を目指す』（ビジネス社）を書いて、このあとほぼ毎年、中国の現地調査に行き、14冊の自分の中国研究本を出版しています。私はアメリカ研究だけやっているのではありません。

反共右翼たちから中国の手先と言われて嫌われても何ともない。私は冷酷に人類の歴史の近《きん》未来を予測（予言）しているだけだ。穏やかにアメリカを衰退させなければいけない。第3次世界大戦（WWⅢ）を起こさせてはいけない。これを言うと貴女《あなた》が暮らしているテキサスの人たちもいやだろうけど。日本はアメリカの属国であることから、少しずつ少しずつ独立してゆけばいい。古代ローマ帝国の軍隊が、ロンディニウム（今のロンドン）とか、ウィンドボナ（現在のウィーン）とか、ルテティア（今のパリ）とか、ケルンとかから撤退していったとき（5世紀、西暦400年代）から、ゲルマン系の諸族《トライブズ》が国家を作っていったんです。帝国は必ず軍隊を引き揚げていかなければいけないんです。それが帝国の運命だ。大きなところで私の判断はそういうことです。感情的にならないで、穏やかに、静かにじっと世界の変化を見ています。

私は、中国と戦争を絶対にしなければいけない、という気色の悪い連中（世界中にいる。日本にもいる）の気持ちも分かる。ここまで言わなければいけない。なんでヒラリー派（ムーニー Moonie ）がこんなに戦争したがるかというと、このままでは自分たちの世界支配が終わるからですよ。彼らがディープ・ステイトそのものだ。自分たちの世界支配権が奪われたらたまらない。スティーヴ・バノンがそのようにはっきりと書いている。その前に、今の白人文明を守るために、中国を叩き潰せ、いまのうちに、と。それで戦争を仕掛けているわけで。そのことをロシアのプーティンもよく知っている。

◆キッシンジャーが「いい人」になってしまった謎

副島　だからですね、西森さん。世界戦略家（ワールド・ストラテジスト）のヘンリー・キッシンジャーと、キッシンジャーの親分だった〝世界の皇帝〟のデイヴィッド・ロックフェラー（3年前、2017年に101歳で死にました）。この2人が実行した本当の大きな真実を貴女《あなた》にはっきりお教えします。

2014年1月15日、あなたがこの本の第24章で詳しくお書きのヴィクトリア・ヌーランド（ニューランド）米国務次官補が、モスクワに勝手に秘密裡に飛んだ。13桁の番号を伝えると降りることができる。プーティンとか最高権力者しか降りられない秘密空軍基地がモスクワの郊外にあります。そこにヌーランドが無理やり降りた。「私をファッキング・プーティンに会わせろ。私たちがウクライナでやっていることを邪魔するな」と喚《わめ》きながら。もう発狂していますからね。だが、プーティンは会わなかった。彼女は現職の世界ムーニー（統一教会組織）の最高幹部の一人ですから。で、追い返した。その時の彼女らの写真が残っています。セルゲイ・リャブコフという外務次官に会わせました。

2週間後の2月3日にキッシンジャーがモスクワに飛んだ。キッシンジャーが、プーティンに世界が戦争状態に突入しないように静かにプーティンに収《おさ》めさせた。このように、私の頭の中でキッシンジャーがものすごくいい人になってしまったんですよ。分かりますか？この現実政治《リアル・ポリティックス》の恐ろしさが。これが最先端の世界で一番大きな真実なんです。このことをあなたが分からないといけない。ヘンリー・キッシンジャーぐらい悪い男はいなかった。彼が戦後世界を全部デザインしてやってきた。南米のチリのアジェンデ政権を叩き潰したのはキッシンジャーですからね。キッシンジャーとＡＴ＆《アンド》Ｔ（アメリア電信電話会社）です。ＣＩＡの部隊が入って。１９７３年でした。

　ベトナム戦争でもなんでもキッシンジャーが処理した。

　日本の愛国者、優れた民族指導者の田中角栄を、指令を出して、１９７５年に失脚させたのもキッシンジャーですからね。他の日本の首相たちなんて、全部アメリカの子分でしかない。逆らったら殺されるだけですから。

　キッシンジャーの親分、〝ダビデ大王〟デイヴィッド・ロックフェラーは、ロックフェラー家の３代目の五男坊です。このデイヴィッドが戦後は、世界権力を握った。この60年間、ロックフェラーが世界皇帝だったんです。それの直臣《じきしん》、直接の家来が２人いて、金融経済を担当したポール・ボルカーと、世界政治を担当したヘンリー・キッシンジャーです。この２人にダビデ大王が命令して、あれをやれ、それでいいとやってきた。中国に行くときも、「おい、ヘンリー、行くぞ」という感じです。

　これをコンスピラシー・セオリー（×陰謀論。正しくは権力者共同謀議は有る論）だと言われようが、私はもう30年、ずっと書き続けています。

　この〝ダビデ大王〟、デイヴィッド・ロックフェラーが２０１４年に、ハッと気づいた。

「ヘンリー、どうも私は騙されていたようだ。ビルとヒラリー・クリントンは私が死ぬのを待っている。あの2人は恐ろしい悪魔教の宗教の人間たちだ。私が死んだら、あいつらが権力を握る。そして世界中を戦争状態に巻き込もうとしている。ヘンリー、私はもう長くない。お前が何とか食い止めろ」と言った。だからこの後、キッシンジャーのNYのアッパーイーストの古いレジデンス（住居）に、2016年5月18日、トランプが電撃的に訪問した。キッシンジャーからトランプに「ドナルド、家に来てくれ。話がある」と電話があってね。娘婿のジャレッド・クシュナーが同行した。「古代バビロニアの悪霊《デス・カルト》が甦《よみがえ》った」と、キッシンジャーが言った。私はこの、世界最高判断を察知した。だからすぐさまダビデ大王とキッシンジャーが決めたからトランプが当選すると、2016年6月に本にして出しました。それが、トランプ当選を予言して当てた『トランプ大統領とアメリカの真実』（日本文芸社）です。貴女《あなた》にも読んでもらった。この本の冒頭からガンガン、この事実を書いた。写真付きで。以来、日本のメディアも知識人たちも、一切私には絶対に近寄って来ません。彼らの頭（思考力）では、とても付いて来れない。日本は低能が揃っていますから。

西森　キッシンジャーはなんでロシア疑惑やウクライナ疑惑に続くトランプ弾劾まで許しちゃったんですか。キッシンジャーが一言いえば止められたんじゃないんですか。

副島　いや、彼でも止められません。止められないぐらいディープ・ステイトの勢力は強いんです。キッシンジャーでも簡単に止められないぐらいに、この闘いはガップリ四つです。この闘いをキッシンジャーが止められない。世界反共勢力は、というか、ディープ・ステイトの勢力は弱くないです。キッシンジャー（今、97歳）でもまだ必死で動いていますが止められない。それぐらい世界反共《はんきょう》同盟＝ムーニー＝ディープ・ステイトは今も強い。なぜなら、キッシンジャーもこの70年、ずっーと悪いことをやってきたから。自分の子分たち、自分が育てた国務省の高官たちにも裏切られていた。本人もびっくりしている。だから、キッシンジャーの今の忠実な弟子は3人だ。プーティンと習近平とトランプの3人です。だから、この3つの帝国の皇帝たちに、キッシンジャーがまだ生きているうちに、さっさと「三帝会談」を開かせろ、と私は言っているんです。もう来年あたりキッシンジャーも死ぬと思う。ヒラリーたちはキッシンジャーが死ぬのを待っている。絶対に第3次世界大戦に叩き込んでやると。

だからトランプ弾劾《インピーチメント》なんてくだらない策動だった。弾劾派が敗れた、その瞬間（10月18日）にコロナウイルスを武漢で撒いたでしょ。

西森　ああ、そうですね。

あとひとつ質問があるんですが、ウォーターゲイト事件も、ＣＩＡや父ブッシュの「グラディオ作戦」だと思うんですけど。なぜそれもキッシンジャーは止められなかったんでしょうか。

副島　あの時代は、ブッシュ親子だって、ディヴィッド・ロックフェラーの子分ですし、キッシンジャーの世界管理戦略で動いていた。２００１年の「９・11」からネオコン（ここにムーニーがたくさん潜入した）が動きだして、キッシンジャーの管理下からハズれ始めた、と私は見ています。ニクソン（1913年生）という男は、カリフォルニア州の田舎大学出の最低レベルの弁護士だった。反共産主義運動（マッカーシズム）の旗振り人として1950年代に頭角を現した。ニクソンは、1952年にアイゼンハウアーの副大統領になった。でも、1969年からの大統領のニクソンはもう要らないとなった。ニクソンとしてはベトナム戦争を止《や》めるために頑張った。横にいた国務長官のキッシンジャーのほうが、本当は格が上ですからね。キッシンジャーが北ベトナムと交渉した。ニクソンは逆らうようになったんです。

反共運動で、「ハリウッド・テン」たち左翼を議会で虐めた一人がニクソンです。私はダルトン・トランボという男が大好きで、「ローマの休日」とかのシナリオはみんなダルトン・トランボですから。ハリウッドのマッカーシズムの嵐の中でものすごく苦労した人です。私は左翼知識人ですから、一番潔《いさぎよ》く闘ったトランボの気持ちがよく分かる。その頃はニクソンは本当に悪人で、映画の中に出てきます。ニクソンはクェーカー教徒ですから嘘をつかない。「おい、ヘンリー、お前が悪人だということを私は知っている。私を騙して失脚させようとしていることも知っている。でも、もういい。ここで私と二人で神に祈れ」と跪《ひざまず》かせた。本当の親分はデイヴィッド・ロックフェラーですからね。ニクソンだって、ケネディが暗殺されたとき（1963年11月22日）にダラスに呼ばれていて、「おい、次の次はお前だぞ」と言われたんです。

西森　そうですね、ペプシコーラの秘密の取締役会でダラスにいたんですよね。

副島　そうです、いたんです。

だからね、ニクソンなんか小物だから。極悪人だったダビデ大王とキッシンジャーが、私の味方になってしまった。これがなぜなのか私にもよくは分からんと、自分の本に書いたんですよ。この歴史の謎は私自身にも解けない。とにかくヒラリー派、ジョージ・ソロス、アンティファ、今は世界反共《はんきょう》同盟は「ネメシス」（復讐の女神）という言葉に変わりました。この間までWACL「ワクル」World-Anti《アンタイ》-Communist-League だった。NATO《ネイトー》の各国将軍たちだ。彼らは今すぐにでも、ポーランドやリトアニアやウクライナでロシア軍と戦争を始めていい、と決意している。燃えるような信念の反共主義者たちだ。日本の安倍晋三たちもそうです。このムーニーの計画を止《と》めないと世界戦争になる。なんとしても止めないといけない。だから、今はキッシンジャーと三皇帝が私の味方なんですよ。

西森　びっくりしました。

副島　西森さん。びっくりしたでしょ。この大きな見方ができる人が世界で超一流の知識人。あなたが付き合っている程度の人たちはまだ二流、三流。世界の最先端のずば抜けた頭脳の男たちはみんなこのことを知っています。ワシントンやニューヨークでも。テキサスでも。日本では私だけです。このためには、知識の抽象化と高度化が必要なんです。ここに行き着くには、それなりの人生の年輪と、苦労と、もって生まれた頭のよさが必要です。人間は、最初からオペラ歌手、最初から運動選手、3歳、5歳のときからテニスプレーヤーやピアニストです。才能というのは差別的なものなんです。オペラ歌手とかは最初から歌手なんです。

西森　まったくその通りだと思います。努力でどうなるものでない。

副島　努力はそのあとの話であって。能力がないのがいくら努力してもダメ。私はここは徹底的に差別主義者です。私なんか、5歳、7歳のときから政治知識人なんです。毛沢東と劉少奇《りゅうしょうき》の対立を知っていましたからね。中学生のときから自分で勝手に活動家でしたから。世界がどのように分裂して争っているか、を知っていた。世界の枠組み、構造体が15歳で大きく見えていた。それでもいっぱいダマされて、ヒドい目に遭ったりした。20歳の大学時代からあとはゴハンを食べること、と生き延びることに必死で、すっかりバカになりました。それでも苦心して、日本というアジア土人の国で自力で大きな枠組みの知識を吸収していった。

だから、この本を読んでいて、強く思ったのですが、西森さん自身が疑問に思っている。その中心部分は、「急進リベラルだったはずの自分が、なぜトランプ支持の保守派（リバータリアン）になってしまったのか」の疑問を自分の脳に向かって、自分で解かなければいけない。分かりますか。左翼《レフト》だったはずなのに、なんで自分は穏《おだ》やかな保守派になってしまったんだろうか。私もまったく同じなんです。この問題こそは西森さんと私が自分で解かなければいけない最大の問題だ。それが時代の転変、変わり目なんですね。ここで質が大きく転換したんです。

◆コロナウイルスの大統領選への影響

西森　もう一つ質問があるんです。アメリカはコロナウイルスのせいで、日本でいうテレワークというのが一般化してしまって、シリコンバレーの人たちがみんな、シリコンバレーに住まずに、どこに住んでもいいからインターネットで仕事ができるようにしましょう、ということになってしまった。そうなると、前回の２０１６年11月の大統領選挙では、ヒラリーとトランプの得票差は３００万票ぐらいだったんですが、その３００万票っていうのはすべてカリフォルニアの差なんですね。カリフォルニアの人たちは、テキサスには来ないと思います。しかし、フロリダに10万人ぐらい移動すると。もうフロリダは完璧にレッド・ステイト（共和党の州）からブルーステイト（民主党の州）になるんですよ。アリゾナに民主党支持の反トランプ派が5万人ぐらい移住するだけで、アリゾナは完璧にブルーステイトに変わってしまう。コロナウイルスのせいでテレワークが一般化して、カリフォルニアの人たちがフロリダとかアリゾナとかユタとかに移住すると、ユタ、アリゾナ、フロリダは完璧にブルーステイトになって、もう二度と共和党が勝てない国になってしまうと思うんです。この意味でコロナウイルスの影響は非常に大きい。

副島　そうですか。そこまで細かく投票数が計算されているのですか。私には知りえない知識です。どうも有難う。あなたがこの本の「あとがき」に、トランプのおかげでディープ・ステイトの存在が明らかになってよかった、と書いていたとおりです。あの4年前のトランプ大統領の誕生は、青天《せいてん》の霹靂《へきれき》で、我々人類に唯一許された果実《フルーツ》だったんでしょうね。ありえないことが起きた。アメリカン・デモクラシー（民衆政治）の真の強さが、突如、出現しました。本当に、人類のハピネスの最高の段階だった。それは私もよく分かる。

そして今年、2020年。トランプ再選を賭けた再びの大統領選です。西森さんのほうが私なんかよりもアメリカ政治の細かいところをよく分かっておられる。10万票単位まで票が読めるわけだから。ただね、私たちは希望を持っていなければいけない。

2016年の選挙のときは、突如、民衆の波、1000万票、ヒラリーに行くはずのが、1000万票、トランプに来ちゃったでしょ。津波のように波が上がって、トランプが勝ったでしょ。私は本当の本当の数字を計算したら、ヒラリー4000万票 対 トランプ7000万票で、トランプが圧倒的に勝っていたと計算しました。ヒラリー派は vote fraud《ヴォウト フロード》の不正選挙、投票数の詐欺犯罪もやりました。この vote fraud をやっても、それでもヒラリーは負けた。それであいつらディープ・ステイトたちは真っ青になったんです。当日の選挙開票の報道で一番権威があるＡＢＣがＮＹのタイムズ・スクエアに張り出しを作ってね。そこにネオコンの最高幹部の男が座っていた。ウィリアム・（〝ビル〟）クリストルという男です。あいつがフロリダとオハイオが陥落したとき、もじもじして、下に俯《うつむ》いて「僕はもうカナダに逃げようかな」とポツンと言いました。

西森　今となっては、懐かしい一コマですよね。

副島　そう。自分たちは絶対に負けないと思っていたわけですね。インチキ選挙の仕掛けもしてあるから絶対に負けないと思っていた。フロリダとオハイオとマサチューセッツまで取られてしまって、ボロ負けに負けた。

アメリカン・デモクラシーを作っているアメリカ民衆への信頼がなければいけない。私にとって、最後の信頼はそれなんです。民衆《ピーポー》、hoi polloi（ホイポロイ）は鈍重《どんじゅう》ですが、いざとなったら、最後の最後で立ち上がりますから。

西森　私は、今回はどうも無理そうな気がしているんです。なぜかと言うと。アメリカは投票するために記録しなければいけないので、それが3か月前まではできるので、本当にカリフォルニアの人たちがフロリダとアリゾナとユタに移住してしまったら、もう絶対にトランプは勝てないと思うんです。そこで、私がすごく不思議に思うのは、そういう人たちというのは、みんなリベラルで、平等な世界を望んでいるわけなんです。ジョージ・ソロスが平等な世界を作ってくれるって、彼らは信じているんですね。でも、ソロスが言う平等というのは、中流の人たちを落として、みんなを貧乏にするというのがソロスの言う平等だと思うんです。でも、このことは普通の頭のある人だったら、分かると思うんですよ。だって、そんなにたくさん不法移民を入れて、安い賃金で働かせたら、みんなが不幸になるでしょ。どうしてそれが分からないのか、私はそれが不思議なんです。

副島　あなたのその語り方、しゃべり方の様子は、まさしくアメリカの政治活動家の人たちの信念の表明のしかたそのものですね。常に切迫している。毎日闘っているから。あなたの言うとおり、これからアメリカがたいへんなことになって、世界は動乱状況になるのでしょうね。絶望的状況になるかもしれない。トランプが再選されなかったら。

西森　本当にそう思います。

副島　あなたはこの本で克明に、バイデンは悪人だ、オバマも悪人だとずっと書いている。この真実が、この本によって正確に暴かれて日本国民に伝えられることが、大変重要なことです。

でも、それでは私たちは絶望するしかないのか、といったときに、別の希望が生まれます。トランプ派だって簡単には負けませんよ。

西森　そうだといいんですけど。

◆アメリカと中国の戦争を画策している連中を断固阻止する

西森　もうひとつ先生に質問があるんですけど。2010年に、100年前の第1次大戦のアメリカ参戦の原因となったと言われるルシタニア号の沈没（1915年5月7日）に関して、イギリス政府が、あれは単なる客船ではなくて、実際に軍需品を積んでいたということを正式に認めた。それなのに、このことをちゃんとアメリカのマスコミは伝えていない。それからユーゴスラヴィア内戦でジェノサイドの首謀者としての濡れ衣を着せられたミロシェヴィッチが、2016年に国際司法裁判所（ICJ）で完全に無罪宣告された。このこともマスコミは伝えない。私たちが何か言うと、それはコンスピラシー・セオリーだって言われる。でもコンスピラシー・セオリーと言われてきたものが事実だったと、どんどん分かってきているのに、どうして伝わらないんでしょうね。

副島　分かっても分かっても圧し潰すんです。ディープ・ステイトの主要な一角は、メディア（テレビ・新聞）です。日本のメディアもその子分たちだ。真実を圧し潰すだけの力を持っている。体制、権力というのはいつもこうだった。でもね、西森さん、もう少し大きく、ゆったり考えて。どうせこいつら悪いことばっかりしてきたんだと。大きいところで、分かっている人はほんのわずかだけれども、この真実追求の努力を続けるということでしかない。

大きな真実が、いろいろ分かってきている。でも、私はそれを本に書いて残すということ以上のことはできない。私には何の力もない。ということを死ぬほどよくわかった上でコツコツとやってきました。

西森　最後にどうしても聞きたいことがあるんです。コロナウイルスの影響で、今、ニューヨーク州のクオモ知事が、ブルームバーグと、グーグルのエリック・シュミットと結託して、キャッシュレス、カードレスの世界を作ろうとしているんですよ。電子コインみたいなもので、キャッシュもカードもなしで、銀行も何もなくなっちゃって、すべてがエレクトロニクスの中で金銭がやり取りされるという世界を作ろうとしている。そうなると、もし誰かが気に入らないことを言ったら、電子的なオンラインの世界で、その人の口座をすべて凍結することもできちゃうでしょ。そうなると、ビルダーバーグが言ってる「ワンワールド」が実現されることになると思うんです。そうなったときに、私たちはどうやって闘えばいいのかって思うんですよ。

副島　私はテクノロジーの進歩に対してはあんまり逆らわないという人間です。逆らいようがない。あんまり知識もないし、電子マネーに対してもあんまり言いたくもないんだけど。ただし、本当に闘うんだったら、土地だけに唯一課税しろ、とアメリカで唱えたヘンリー・ジョージという男（ニューヨーク市長になりかけて負けた）と、ウイリアム・ジェニングス・ブライアンのところに戻って、貨幣は金貨、銀貨中心にする（バイメタリスト運動）。中央銀行を廃止せよ、というアメリカ民衆の闘いに戻るべきです。なぜなら、セントラル・バンク（今はＦＲＢ）を作ると、やがて、自分の子孫たちの代に、巨大な借金を背負わされて、あとの世代がお金の奴隷にされるからだ。そのときアメリカのデモクラシーは死ぬ、とよくよく分かっていました。アメリカ民衆が本気で闘ったのは１８９６年、１９００年、あの時の大統領選挙なんですよ。この頃のウイリアム・ジェニングス・ブライアンやヘンリー・ジョージを押し立てて本気で闘った。バイメタリスト（金銀複本位制支持者）というのだが。高純度の金貨と銀貨を農民でも１００％のものを作れるようにしろ、と唱えた。余計な中央銀行は作るな。自分たちのデモクラシーが壊されるんだ、と。この人たちの系譜がいまもアメリカにいますから。尋ねて見つけ出して聞いてください。ウイリアム・ジェニングス・ブライアンが、どれぐらいアメリカ民衆に愛されたか。彼がポピュリスト（民衆主義者《みんしゅう》）の筆頭です。自分の子分だったウドロー・ウィルソンを大統領にした途端に、こいつが裏切ってＮＹの金融財界人たちの手先の本性を現した。

それに対して、リンカーンナイト（リンカーン主義者）こそは、アメリカ憲法がそのまま実現されるべきだと信じ込んでいる急進リベラル派のまま洗脳されている今の若者たちだ。金髪のねえちゃんたちみたいなのがいっぱいいるでしょ。南米人や黒人を抱きしめて本気で愛せるわけないのに。本当は差別主義者のくせに。まるで自分たちが理想主義の偉大なる人間であるかのようなふりをし続けている。極限にまで自分たちを持っていって。バカなんですよ。頭の悪いリベラル派がそこに絡めとられてゆくのは仕方がないんだけど。やっぱり、今は異常事態で、集団発狂状態に入っている、人類が。新しい発狂状態に入っています。新しい大きな戦争《ラージ・ウォー》をするための。

最後に。なんでヒラリーやソロスたちムーニー勢力＝ディープ・ステイトがそんなに戦争をしたがるかと言うと、大戦争をして、いま77億人ぐらい人類がいるんだけど、これを半分ぐらいに減らして、焼け野が原にしてもう一回全部キレイに作り直せばいいじゃないかと。これがね……

西森　ニュー・ワールド・オーダーですね。

副島　そうそう。ロックフェラー1世石油財閥が1914年から世界を支配した（ヨーロッパはWWIで計画的に火の海になった）ときからのNWO《エヌダブリュオウ》「新世界秩序」です。これなんですよ、今のビル・ゲイツたちも。

西森　ビル・ゲイツはまったくその通りだと思います。

副島　だから、燃やし尽くして、焼き尽くして、人類の未来都市をもう一回作ればいいじゃないかと。アフリカ人とか、黒人とか、あんな下等なのはいいんだと本音では思っている。だから、私は欧米白人という言葉を使う。もうすぐ欧米白人の文明が終わってゆくから、焦っているんですよ。中国がなんとかしますよ。いまの中国人は頭のいいのがいっぱい揃っているし、気合が入っていますから。

西森さん、最後に簡単に真実を言います。この「ネメシス」やムーニーという反共精神に凝り固まった発狂集団を作ったのは、ローマン・カソリックです。ローマン・カソリックとCIAが作った。ローマ法王の中でも少しはまともなローマ法王は、イエズス会を禁止しました。いまのローマ法王はイエズス会そのものです。反共精神丸出しの人たちです。

西森　イエズス会はもともとひどいですよね。

副島　そうです。この500年間、ずっとヒドい。日本の織田信長を発明されたばかりの黒色火薬で本能寺で爆殺（1582年）したのもイエズス会のバテレンたちです。この本も私は書きました（『信長はイエズス会に爆殺され、家康は摩り替えられた』PHP研究所、2015年）。現在起きている事態は、とにかく、アメリカは中国に戦争を仕掛けろ、です。すべてはこの動きの一環です。すでにアラブ世界は2014年6月に突如、シリアに出現したダーイッシュ（IS《アイエス》「イスラム国」）のおかげでめちゃくちゃにされました。ISを作ったのは西森さんもお書きになっているとおり、ヒラリーたちですからね。マケインとか、オバマ、バイデンも加わって。

同時に悪いのはローマン・カソリックと、それからイギリス国教会（アングリカン・チャーチ）ですね。最悪の連中です。彼らの裏側の本当の信仰は悪魔教です。悪魔を崇拝している人たちだ。元々この世界は悪なんだという思想から始めるみたいです。

西森　キリスト教自体が、悪魔の存在を信じるからこそイエスがいるという二極の考えから出来ていますよね。悪魔が存在しなかったら、それを罰するイエスの価値が生まれないということで。このキリスト教と悪魔という構図そのものが、ＮＡＴＯ対《たい》ソ連（ロシア）という構図と同じですね。ソ連（ロシア）という悪がいなかったらＮＡＴＯの意味がない。悪魔がいなかったらイエス・キリストの意味がない。悪魔の存在がないと成り立たない。

副島　そういうことです。ただね、私はムスリム（イスラム教徒）に対してもわりと厳しい見方をしていて、イスラム教内部にも恐ろしい集団がやっぱりいるんですよ。私は甘い目では見ていません。イスラムだから正しいなんて言いません。

西森　もちろん、私もそんなことは思っていません。むしろ、ムスリムにも悪い人たちがいるから彼らを「イスラム過激派」と言っていい、と私が言うと、ムスリムのことを何にも知らないリベラルな人たちが、いきなり「それはムスリム差別だ」と、私に向かって言うことに、まったく信じられない思いをしているんです。

副島　あとは、あなたは相当に危機感を持っているけれども、人類が敗北してヒドいことになっていったらどうするんだと、悲愴な感じです。どうせ私はあと10年で死ぬから、もう諦めている。

西森　私は長生きしそうなんですよ。おばあさんが１０５歳まで生きたので。だから、金貨を買っておきましょう（笑）。

副島　そう。金を買うのが一番正しい。いくらデジタル・マネーとかそんなこと言ったって、いざとなれば壊れますよ、そんなもの。食べ物と住むところと、着るものと、金貨さえあれば、生きていけますよ。

西森　あと、銃を使えるようにしておかなければいけないと思っているところです。

副島　ああ。日本人は銃は無理だね。麻薬と銃と爆弾とばい菌を、日本政府は徹底的に禁圧しますからね。アメリカの南部リバータリアンが銃を携帯するのは、家の中にまで入って来るヘビや毒虫を撃ち殺す必要があるからだ。自衛のための武器です。

西森　今回の暴動を見ていて、みんなほんとに銃で自分の店を守っている。これはもう私もライフルぐらい使えるようにならなければいけないって本当に思っています。

副島　アメリカにいたら本当にそう思うでしょうね。

西森さんもたいへんでしょうけど、がんばって闘いぬいてください。私は私で日本で、日本土人《どじん》言語でわーわー書き続けて、本当の真実を死ぬまで暴き立てて、みんなに知らせます。

西森　今日は本当にありがとうございました。

（終）

副島隆彦（そえじま たかひこ）

評論家。副島国家戦略研究所（ＳＮＳＩ）主宰。１９５３年、福岡県生まれ。早稲田大学法学部卒業。外資系銀行員、予備校講師、常葉学園大学教授等を歴任。政治思想、法制度、金融・経済、社会時事、歴史、英語研究、映画評論の分野で画期的な業績を展開。「日本属国論」と米国政治研究を柱に、日本が採るべき自立の国家戦略を提起、精力的に執筆・講演活動を続ける。主著『世界覇権国アメリカを動かす政治家と知識人たち』（講談社＋α文庫）、『決定版 属国・日本論』（ＰＨＰ研究所）、近著に『裏切られたトランプ革命』（秀和システム）、『目の前に迫り来る大暴落』（徳間書店）他、著書多数。

■著者プロフィール

西森マリー（にしもり まりー）

ジャーナリスト。エジプトのカイロ大学で比較心理学を専攻。イスラム教徒。1989年から1994年までＮＨＫ教育テレビ「英会話」講師、ＮＨＫ海外向け英語放送のＤＪ、テレビ朝日系「ＣＮＮモーニング」のキャスターなどを歴任。1994年から４年間、ヨーロッパで動物権運動の取材。1998年、拠点をアメリカのテキサスに移し、ジャーナリストとして活躍している。著書に『世界人類の99.99%を支配するカバールの正体』（秀和システム）、『ドナルド・トランプはなぜ大統領になれたのか？』（星海社新書）、『ギリシア・ローマ神話を知れば英語はもっと上達する』『世界のエリートがみんな使っているシェイクスピアの英語』『聖書をわかれば英語はもっとわかる』（以上、講談社）、『レッド・ステイツの真実 ―― アメリカの知られざる実像に迫る』『西森マリーの　カード、英語で書きましょう！』（以上、研究社）、『英語で楽しく自己紹介！』（ジャパンタイムズ）他多数。

[新版《しんぱん》] ディープ・ステイトの真実《しんじつ》

日本人《にほんじん》が絶対《ぜったい》知《し》らない！

アメリカ“闇《やみ》の支配層《しはいそう》”

発行日　2021年　7月25日　第１版第１刷
　　　　2022年　4月10日　第１版第２刷

著　者　西森《にしもり》　マリー

発行者　斉藤　和邦

発行所　株式会社　秀和システム
〒135-0016
東京都江東区東陽2-4-2　新宮ビル2F
Tel 03-6264-3105（販売）Fax 03-6264-3094

印刷所　三松堂印刷株式会社　Printed in Japan

ISBN978-4-7980-6536-6 C0031

定価はカバーに表示してあります。
乱丁本・落丁本はお取りかえいたします。
本書に関するご質問については、ご質問の内容と住所、氏名、電話番号を明記のうえ、当社編集部宛FAXまたは書面にてお送りください。お電話によるご質問は受け付けておりませんのであらかじめご了承ください。

■好評既刊■

世界人類の99.99%を支配する
カバールの正体

西森マリー *Marie Nishimori*［著］

副島隆彦 *SOEJIMA Takahio*［監修］

ISBN978-4-7980-6483-3　四六版・272頁・本体1600円+税

もういい加減、私たちを「陰謀論者」と呼ぶのを諦めるがいい。
これだけの証拠が出回って、〝あの者たち〟が実は何物で、
人類の99・99%を騙して何をしてきた人たちか、バレ始めた。
あの者たち、その真実の名を「カバール」という。
懼《おそ》れ慄《おのの》きながら、覚悟するがよい。
まもなく、私たちのすべてに目覚めの時がくる ——

目次